지수와 함께 떠나는
문화유산을 찾아서

지수와 함께 떠나는

문화
유산을
찾아서

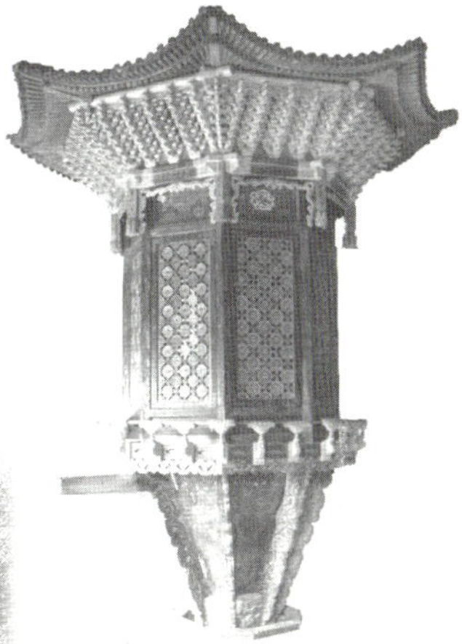

문화유산 해설사 필독서

● **머리말** ●

최첨단기기의 홍수 속에 사는 우리가 박물관에 가서 흔히 학창시절 교과서에서 본 모습 그대로 놓인 돌도끼나 기와, 토기, 장신구 등과 같은 것들을 보고 큰 감동을 받거나 우리들의 관심을 끌기는 어려울 것으로 보입니다. 우리가 옛날로 돌아가 선사 시대 사람이나, 삼국 시대 사람이 된다면 새로운 돌도끼나 왕들의 장식품을 보고 흥분했을지도 모를 일이지만, 21세기를 살고 있는 지금 몇 천 년 또는 몇 백 년 전의 돌덩이나 쇠붙이들이 흥미를 끌기는 어려운 것이 사실입니다. 그러므로 우리는 우리의 문화재에서 느낄 수 있는 한국인의 감정을 끌어내고 그를 통해 당시의 문화나 경제생활을 접해본다면 우리의 문화유산에 대한 느낌이 훨씬 더 가슴에 와 닿을 것입니다.

우리의 문화재를 자주 접하고 기억하고 이해해야 하는 이유 또한 우리가 공유하고 있는 감정들을 다시 발견하고 다듬어 가고 익숙해져 가기 위함일 것이란 생각이 듭니다. 정말 우리가 한 민족일 수 있게 하는 건 어쩌면 이름이나 말이나 생김새보다도 맑은 하늘을 보고 느끼는 감정, 아리랑을 듣고 느끼는 감흥, 우리의 문화유산을 보고 느끼는 멋에 대한 감정 때문일 것입니다.

우리는 학창 시절에 수학여행등으로 경주 불국사, 석굴암, 첨성대, 기타 여러 문화재를 보러 다녔지만, 지금 생각하면 특별히 생각나는것이 없을지도 모릅니다. 그 이유는 아마도 그때는 학교를 벗어나는 즐거움이 앞섰고, 문화재를 관람하는 것은 어쩌면 형식적으로, 우리 조상들의 숨결이 살아 숨 쉬는 문화유산들을 자세히 음미하면서 살펴보지 않았기 때문일 것입니다.

'우리나라는 전 국토가 박물관이다.', '문화재는 아는 것만큼 보인다.'는 말이 있습니다.

우리는 지금 무분별한 개발로부터 전통문화의 훼손을 막고, 사라져 가는 소중한 가치를 지닌 문화유산들을 잘 보존하려면 어떻게 해야 할까요?

먼저 우리의 소중한 문화유산에 관심을 갖게 하고, 무심코 지나치던 돌덩이 하나, 나무 한 조각, 쇠덩어리 하나라도 소중한 문화유산으로 보고 그 가치를 우리 가슴속 깊은 곳에 간직하며 전국에 널려 있는 우리 문화재를 답사해 본다면 좋지 않을까요? 돌덩이, 나무, 쇠덩어리를 그 자체로만 본다면 단순한 피조물에 지나지 않지만, 그것들이 서로 얽혀 있는 상황을 시대와 결부시켜 이해할 수만 있다면 그 대상들은 살아 숨 쉬는 하나의 문화재로 우리에게 다가옴을 느낄 수 있을 것입니다.

최근 우리의 귀중한 문화유산인 숭례문이나 수원화성, 낙산사, 내장사 대웅전 등이 화재로 인해 소실되었다는 소식을 연이어 접해 몹시 안타까운 마음을 느낍니다. 이렇듯 우리가 가지고 있는 문화유산이 누군가의 부주의로 혹은 무관심 속에 사라지고 있는 것이 현실입니다. 지금 이 순간 만들어지는 어떤 무언가가 후대에는 하나의 귀중한 문화유산으로 남을지도 모르고, 혹은 이 순간에 없어지는 무언가가 그 시대를 대표하는 대단한 문화유산일지도 모릅니다. 그렇기 때문에 우리는 지금 이 순간부터라도 더 늦기 전에 문화유산에 대한 관심과 사랑을 가져야 할 것입니다.

저는 문화유산 여행이라고 해놓고 다른 책과 똑같이 여행지의 음식점이나 지리에 대한 설명을 해놓은 책을 좋아하지 않습니다. 그래서 본서를 쓰면서 '우리나라는 전 국토가 박물관이다.'란 말을 되새기며 전국에 널려 있는 우리의 소중한 문화유산을 답사하여 사진 작가가 직접 찍은 사진을 곁들여 이 책을 내게 되었습니다.

현재 많은 학자를 비롯하여 우리 문화재에 관심이 많은 분들께서 지적하는 것으로, 70년대 이후 문화재 보존이라는 명목 하에 전국 곳곳에서 행해지는 문화유산에 대한 개념없는 무분별한 덧칠은 중단되어야 한다고 생각합니다. 이 행위는 문화재를 보존하는 것이 아니라 파괴하는 것입니다. 조상들의 슬기가 배어있는 문화유산에 관해 그 원리도 제대로 이해하지 못하는 사람들이 곳곳에서 막대한 돈을 들여가면서 문화재를 보존한답시고 시멘트를 바르고, 페인트칠을 하고 있습니다. 따라서 이렇게 복원된 문화유산에서 느껴지는 당혹감은 말로 표현하기가 어렵습니다.

최근 책을 통해서 우리가 그동안 등한시 해왔던 문화유산에 대한 관심을 많이 갖게 되는 것은 반가운 일이지만, 사람들이 문화유산을 보는 관점이 너무 획일화되지는 않을까 하고 염려되는 부분도 없지 않아 있습니다. 어쩌면 작가가 느낀 감정들이나 감흥들이 독자들에게 다소 무분별하게 받아들여질 수도 있습니다. 그러나 이 책을 읽은 독자들이 책에서 소개한 여행지에 가서, 그 문화유산들을 보고, 작가가 받은 느낌과 자신이 보고 느낀 감흥을 비교해서 되새겨 본 다면 보다 좋은 여행이 될 수 있을것을 확신합니다.

아직도 우리는 독자들에게 문화유산과 답사지에 대한 호기심을 말끔히 씻어줄 만한 책이 턱없이 부족한 것이 사실입니다. 이러한 점에서 '문화유산을 찾아서'라는 이 책은 독자들에게 문화유산의 소중함과 기본 지식을 전해주는 역할을 톡톡히 했으면 합니다. 앞으로 이런 문화유산과 답사지에 대한 정보를 그에 얽힌 설화와 과학적인 원리까지 상세하고도 재미있게 건네줄 책이 많이 나왔으면 좋겠습니다.

끝으로 본서가 문화유산을 찾아보기 위하여 전국 여행을 하는 분들에게 조금이나마 우리의 문화유산을 이해하는데 도움이 되기를 바라며 오랜 시간 함께 여행하며 수고한 '지수'와 부산 동래 여중 '윤성경'에게 감사 드립니다.

저자 현묵 김광호

차례

Chapter 1 문화유산의 이해
문화유산의 개념 · 16

문화재의 분류 · 17

Chapter 2 불교 유산
절(寺刹) · 28

당우(堂宇) · 37

탑(塔)과 가람 배치 · 101

불상(佛像) · 139

부도(浮屠) · 172

탑비(塔碑) · 196

석등(石燈) · 203

당간지주(幢竿支柱) · 217

불화(佛畵) · 226

범종(梵鐘) · 236

Chapter 3 궁궐 유산
궁궐의 정의 · 254

궁궐의 역사 · 254

조선시대 여러 종류의 궁궐과 기능 · 258

궁궐의 업무공간 · 269

Chapter 4 **성곽 유산**

성곽의 정의 · 271

성곽의 기원 · 271

성곽의 구성요소 · 276

성곽의 종류 · 290

우리나라 성곽의 특징 · 294

Chapter 5 **고분 유산**

고분의 정의 · 300

고분의 기원 · 300

선사 시대의 고분 · 301

삼국 시대의 고분 · 307

고려 시대의 고분 · 312

조선 시대의 왕릉 · 314

Chapter 6 **석조 유산**

돌다리 · 318

석빙고 · 338

첨성대 · 347

부록

대한민국의 국보 · 352

찾아보기 · 364

● 문화유산을 찾아서 떠나보기 전에..... ●

1 문화유산을 찾아서 떠나보기 전에 내가 찾아보고자 하는 문화유산이 먼저 어떤 종류의 문화유산인지를 알고 떠나면 좋습니다. 예를 들어 문화재가 국보인가? 보물인가? 와 같은 형태를 정하고 시대적 배경과 형태 기법 등을 자세히 알고 찾아가 본다면 상당히 흥미로울 것입니다.

2 우리가 문화유산을 찾아 볼 때도 계절이 중요합니다. 봄이라면 이제 새싹들이 피어오르는 시기이니 사찰에 있는 불상이나 탑, 범종, 왕릉 등이 좋을 것 같고, 여름이라면 계곡 등지와 청량한 산속에 숨어 있는 마애불, 삼존석불, 석굴암 같은 곳이 좋습니다. 하지만 문화유산 여행을 떠나기 전에 무더위에 항상 필수적인 음료수는 준비하시고 산속에 해충이나 독이 있는 짐승들에게 주의하셔야 됩니다. 가능하면 긴 바지와 해충이 달려들지 않도록 뿌리는 약 등을 준비하시는 것이 좋습니다. 가을에는 높고 맑은 하늘이 내려다보이는 성곽이나 읍성 또는 사라져가는 옛날 다리를 찾아 단풍이 물들어 있는 문화재를 보시는 것이 좋을 듯합니다. 마지막으로 겨울에는 박물관이 좋을 듯합니다. 날씨 탓에 춥기도 춥지만 박물관에 가서 문화재를 보면 깊고 깊은 우리 역사를 한 눈에 흠뻑 느낄 수 있어서 좋습니다. 그러나 추운 겨울에도 불구하고 용기가 있다면 깊은 산속에 홀로 있는 당간지주, 탑, 옛날 절터(사지) 등이 운치가 있어 매우 좋습니다.

3 문화재를 찾아 여행하면서 꼭 만나고자 하는 문화재만 보지마시고, 그 지역에 있는 다른 것들에게도 인사를 하고 오면 좋을 듯합니다. 판에 박힌 여행은 다녀와서 후회하는 경우가 많습니다. 그 이유는 자연에게 감사하고 계절이 변화하는 것은 항상 같은 이치이지만 보는 사람과 시간과 장소에 따라서는 여행 후에 느끼는 감정이 무척 달라지기 때문입니다.

4 문화재를 찾아 떠날 때는 여행 수첩과 카메라, 지도, 차량 네비게이션 등은 필수품입니다. 요즘은 지방자치제라서 전국 지도를 구하기가 힘듭니다. 그러나 해당 지역에 가면 그 지역 관광 안내 지도는 쉽게 구할 수 있고, 또한 매우 자세한 안내가 되어있습니다. 그리고 해당 지역의 문화유산 해설사분들이 아주 자세하게 설명해주는 곳도 많은데, 이때에는 꼭 경청해야 큰 도움이 되며, 스스로 아는 내용이라고 설명을 대충 듣는다면 엄청 후회하게 됩니다.

5 문화유산 여행 일정을 짜는 대 교통편은 정말 중요합니다. 대중교통을 이용하시는 분들에게는 고속버스 시간표와 현지 시외, 시내버스 시간을 맞추기가 상당히 어렵습니다. 시간이 충분하신 분들은 여유롭게 일정을 소화하겠지만, 그렇지 않은 분들에게는 힘이 많이 듭니다. 이런 경우에는

현지에 도착해서 관광 안내소나 버스 터미널 등에서 일정에 대하여 의견을 듣는 것이 좋습니다. 이때 아주 친절한 곳도 있지만 그렇지 않은 곳도 더러 있으니 유의하시기 바랍니다. 관광지에 들어가면 입장권과 안내 책자를 꼭 챙기셔서 다니기 바랍니다. 안내 책자는 여행을 하는데, 여러모로 도움이 많이 됩니다.

6 문화유산 여행을 하면서 빠질 수 없는 것이 먹거리 문제입니다. 문화유산 여행을 하면서 식사를 대충 먹을 것인가? 아니면 그 지역에서 이름난 맛 집을 찾아서 음식을 맛있게 먹을 것인가? 등을 결정하는 것도 중요한 일 중의 하나입니다. 여행객들의 대부분의 특성은 잠자리와 먹는 것으로 그 지역을 평가하는 분들이 많습니다. 이럴 때는 어찌할까요? 그 답은 현지인의 도움을 받는 것이 가장 좋습니다. 잠자리는 그 지역에 온천(용암천, 해수탕, 탄산, 유황 등)을 이용하면 피로를 훨씬 빨리 풀 수 있습니다.

7 마지막으로 문화재는 후세에 물려주어야 하는 우리의 찬란한 문화유산이기에 절대로 만지거나 가까이 다가가서 이상한 행동을 하는 것은 금물이며, 외국인들도 관광을 많이 오는 것을 항상 생각하셔서 주의 깊게 감상하는 것이 필요합니다.

화순 운주사

문화유산의 이해

문화유산의 개념

문화재의 분류

문화유산의 이해

문화유산의 개념

　문화유산이란 장래의 문화적 발전을 위하여 다음 세대 또는 젊은 세대에게 계승하고 상속할 만한 가치를 지닌 사회의 문화적 소산을 말합니다. 따라서 문화유산에는 의식주, 생산, 분배, 교환 또는 신앙, 윤리, 예술, 학술, 정치 등에 걸친 생활형성의 양식과 내용이 모두 포함된다고 할 수 있습니다.

　문화유산의 계승에는 무의식적·무비판적인 것과 의식적·비판적인 것이 있습니다. 어떤 기준에 의해 선택·수정되지 않으면 계승할 만한 가치 있는 문화내용으로 보기 어렵습니다. 그 문화내용은 물질적인 것, 정신적인 것, 제도적인 것으로 구분할 수 있습니다.

　유산이란 원래 선인(先人)이 남긴 재보(財寶)·가옥·토지 등 화폐가치가 있는 것을 가리켰으나, 널리 문화가치가 있는 것까지도 포함하는 뜻에서 이 용어를 쓴 것은 오래되지 않았습니다. 근래 세계 여러 나라에서는 자국의 문화유산을 보호하기 위한 규제가 강화되고 있으며, 우리나라에서도 문화재보호법을 제정·공포하여 시행되고 있습니다. 그 후, 문화유산이라는 말이 문화재란 말로 현재 대체·사용되고 있습니다.

문화재의 분류

유형 문화재

유형 문화재는 형태가 없는 무형 문화재와는 달리 건조물·회화·조각·공예품·서적·서예 등 일정한 형태를 갖춘 것으로, 역사적·예술적 또는 학술적 가치가 높은 것을 말합니다. 유형 문화재 가운데 중요한 것은 보물로 지정하며, 보물 가운데 더욱 높은 가치를 지닌 것을 국보로 지정합니다.

국보(國寶)

국보는 우리나라에서 건축물이나 유물 등의 유형 문화재 가운데에 중요한 가치를 가져 보물로 지정될 만한 문화재 가운데 인류 문화적으로 가치가 크고 유례가 드문 것, 독특하고 희귀한 것 등으로 인정되어 따로 지정된 문화 유산을 말합니다.

대한민국의 국보 제1호는 숭례문이고, 제2호는 원각사지 10층 석탑이며, 제3호는 북한산 진흥왕 순수비입니다.

보물(寶物)

대원각사비

보물은 유형 문화재 중 역사적·학술적·예술적·기술적 가치가 큰 것을 자문기관인 문화재위원회의 심사와 토의를 거쳐 정부가 지정한 문화재로, 국보의 가치만큼 시대를 대표하거나 독특한 것이 아니거나, 역사적 인물과 관계가 없더라도, 일반적인 지정의 기준에 미치면 보물이 됩니다. 그래서 보물의 수는 국보보다 많고 사물의 성질, 모양, 형식 등이 서로 같은 것들이 많습니다. 보물 제1호는 1800년대에 지어진 흥인지문(동대문)이고, 제2호는 서울 보신각종이며, 제3호는 대원각사비입니다.

무형 문화재

무형 문화재는 인류의 정신적인 창조와 보존해야 할 음악·무용·연극·공예기술 및 놀이 등 무형의 문화적 소산으로서 역사적·예술적 또는 학술적 가치가 큰 것으로, 물질적으로 정지시켜 보존할 수 없는 문화재 전반을 가리킵니다. 우리나라에서는 무형 문화재 가운데 보존의 가치가 있다고 생각되는 기능 및 예능에 대해서는 '문화재보호법'에 의거하여 문화재위원회의 자문을 거쳐 지정, 보호하고 있습니다. 이의 지정은 형태가 없는 기능 또는 예능이기 때문에 이를 보유한 자연인이 그 대상이 됩니다. 무형 문화재 제1호는 1964년 중요 무형 문화재로 지정된 종묘제례악(宗廟祭禮樂)이며, 이는 2001년 세계무형유산으로 등재되었습니다.

기념물

기념물이란 절터, 옛무덤, 조개무덤, 성터, 궁터, 가마터, 유물 포함층 등의 사적지(史蹟地)와 특별히 기념이 될 만한 시설물로서 역사적·학술적 가치가 큰 것, 경치 좋은 곳으로서 예술적 가치가 크고 경관이 뛰어난 것, 동물(그 서식지, 번식지, 도래지를 포함), 식물(그 자생지를 포함), 지형, 지질, 광물, 동굴, 생물학적 생성물 또는 특별한 자연현상으로서 역사적·경관적 또는 학술적 가치가 큰 것을 가리킵니다.

사적

사적이란 역사적으로 중요한 사건이나 그 자취로, 역사적 또는 학술적인 가치가 큰 것을 자문기관인 문화재위원회의 심의를 거쳐 '사적'으로 지정된 것을 말합니다. 이러한 사적은 그 터를 중심으로 지정되는데, 사적은 역사적 현장의 사실이 차지하게 되는 비중이 높아 역사적 가치가 높은 것이 큰 차이점입니다. 사적 제1호는 1963년에 지정된 경주의 포석정지(鮑石亭址)입니다.

포석정

명승

명승은 유적과 더불어 주위 환경이 아름다운 경관을 이루고 있는 곳을 국가가 법으로 지정한 곳으로, 지정 문화재의 종류 중 기념물에 해당하는 것이며, 지정되는 기준을 보면, 첫째 이름난 건물이 있는 경승지 또는 원지(苑地), 둘째 화수(花樹)·화초·단풍 또는 새와 짐승 및 어충류(魚蟲類)의 서식지, 셋째 이름난 협곡·해협·곶·급류·심연·폭포·호소(湖沼) 등, 넷째 이름난 해안·하안·도서 기타, 다섯째 이름난 풍경을 볼 수 있는 지점, 여섯째 특징이 있는 산악·구릉·고원·평야·하천·화산·온천·냉광천 등입니다. 일단 명승지로 지정이 되면 그 구역 내에서는 현상 변경은 물론 동식물·광물까지도 법률로 보호됩니다.

명승은 유적보다는 자연의 기념물적 요소가 더 큰 것을 말하고 있어, 자연보다 유적의 요소가 더 큰 비중을 차지하고 있는 '사적 및 명승'과는 구별되고 있습니다.

단양 사인암

문화 유산의 이해 19

사적 및 명승

사적 및 명승은 역사적 유적과 주위환경이 어울려 아름다운 경관을 구성하고 있는 곳을 국가가 법적으로 지정한 기념물을 말합니다. 사적 및 명승의 지정은 <문화재보호법> 제6조에 근거하여 문화재위원회의 심의를 받아 문화재청장이 지정합니다.

천연 기념물

천연 기념물이란 학술 및 관상적(觀賞的) 가치가 높아 그 보호와 보존을 법률로써 지정한 동물(그 서식지)·식물(그 자생지)·지질·광물과 그 밖의 천연물을 가리킵니다. 천연 기념물은 '국가지정문화재'의 한 종류로, 천연 기념물의 지정, 관리, 해제는 문화재청에서 실시하며, 천연 기념물은 다시 식물, 동물, 광물, 천연보호구역으로 나뉩니다. 우리나라의 천연 기념물 제1호는 달성의 '측백수림'입니다. 천연 기념물 가운데, 동물과 식물은 생명이 있는 대상이기 때문에 죽거나 이동하면 천연 기념물에서 해제되는 경우가 많습니다.

강화 사기리 탱자나무 (제79호)

민속자료

민속자료는 의식주·생업·신앙·연중행사 등에 관한 풍속이나 관습, 이에 사용되는 의복·기구·가옥 등으로 한국 민족의 기본적인 생활문화의 특색을 나타내는 전형적인 것을 가리킵니다. 민속자료 가운데 중요한 것을 중요 민속자료로 지정할 수 있는데, 이것은 문화재청장이 문화재위원회의 심의를

안동 하회마을

거쳐 지정합니다. 이렇게 지정된 문화재인 중요 민속자료는 국가지정문화재에 해당하며, 덕온 공주 당의·안동 하회마을 등이 유명합니다.

문화재 자료

문화재 자료는 시·도지사가 국가지정문화재 또는 시도지정문화재로 지정하지 않은 문화재 중 향토문화 보존에 필요하다고 인정되는 것을 시·도 조례에 따라 지정한 문화재를 가리킵니다.

예천 초간정

세계 문화유산

세계 유산이란 인류 전체를 위해 보호되어야 할 현저한 보편적 가치가 있다고 인정되어 유네스코 세계 유산 일람표에 등록한 문화재를 말하며, 세계 유산에는 '자연 유산'과 '문화유산', '복합 유산' 등 3가지가 있습니다. 이중 세계 문화유산에는 역사적·과학적·

종묘 정전

예술적 관점에서 세계적 가치를 지니는 건축물·고고유적과 심미적·민족학적·인류학적 관점에서 세계적 가치를 지니는 문화지역 등이 포함됩니다. 세계 문화유산은 움직일 수 없는 건축물, 성곽, 탑 등이며, 이집트의 누비아

유적지, 피라미드, 그리스의 아크로폴리스, 인더스문명의 발생지 모엔조다로, 안데스산맥의 마야문명 유적지인 마추피추, 중국의 만리장성, 돈황의 막고굴, 인도의 아잔타 석굴, 이탈리아의 피사의 사탑, 선사 시대 유적지인 알타미르 동굴벽화 등이 포함되어 있습니다. 우리나라에서는 2010년 현재 종묘, 불국사와 석굴암, 해인사 팔만대장경 판전, 수원 화성, 창덕궁, 고인돌, 경주 역사유적지, 조선 왕릉, 하회 마을 및 양동 마을 등 총 9점의 문화유산이 세계문화유산 목록에 올라있고, 북한의 '고구려 고분군'이 2004년 7월 세계문화유산에 등재되었습니다.

◆ 한국의 세계유산 · 기록유산 · 무형유산 지정현황 ◆

1995년 12월 세계유산위원회 제19차 회의에서 종묘, 불국사와 석굴암, 해인사 팔만대장경판전이 등재되었고, 이어 수원화성, 창덕궁이 제21차 회의에서 등재되었으며, 2000년 12월 제24차 회의에서 경주 역사유적지구와 고창 · 화순 · 강화 고인돌 사이트 등재, 2009년 6월 제33차 회의에서 조선 왕릉 40기가 등재, 2010년 8월 제34차 회의에서 안동 하회마을과 경주 양동마을의 등재가 확정됨으로써 현재 총 9곳의 유산이 세계문화유산 목록에 올라 있습니다.

그리고 한국의 세계기록유산에는 훈민정음, 조선왕조실록, 직지심체요절, 승정원일기, 팔만대장경, 조선왕조의궤, 동의보감, 일성록, 5 · 18 기록물 등이 있습니다.

유네스코가 2001년 제정한 인류 구전 및 무형유산 걸작에는 중요 무형문화재 제56호인 종묘제례악(2001년 5월 18일 지정), 중요 무형문화재 제5호인 판소리(2003년 11월 7일 지정), 강릉단오제(2005년 11월 25일 지정), 중요 무형문화재 제3호 · 제8호 · 제39호 · 제50호 · 제71호인 남사당놀이 · 강강술래 · 처용무 · 영산재 · 제주 · 칠머리당영등굿(2009년 9월 20일 지정), 가곡 · 대목장 · 매사냥(2010년)이 있습니다.

또한, 2011년 중요 무형문화재 제76호인 택견 · 제58호인 줄타기 · 제14호인 한산 모시짜기가 추가로 등재되었습니다.

Chapter 2

불교 유산

절(寺刹)

당우(堂宇)

탑(塔)과 가람 배치

불상(佛像)

부도(浮屠)

탑비(塔碑)

석등(石燈)

당간지주(幢竿支柱)

불화(佛畵)

범종(梵鐘)

불교 유산

　우리는 왜 불교를 알아야 할까요? 불교는 우리 민족, 더 나아가서 동양인에게 그저 하나의 종교가 아닙니다. 불교는 한 때 전 동양의 정신세계를 지배했고, 지금도 엄청난 영향력을 가지고 있습니다. 지난 오랜 역사 동안 인도 동쪽으로 있는 국가 가운데 불교를 국교로 받아들이지 않은 국가는 그리 많지 않습니다. 그런가 하면 중국이 공산화되기 전까지 불교는 세계에서 신도 수가 가장 많은 종교였습니다. 그래서 불교가 동양 문화 형성에 끼친 영향은 매우 크다고 할 수 있습니다.

　우리나라에는 삼국 시대에 이러한 영향력을 가진 불교가 전래되어 우리 한반도에 1,600년 이상 존재해 왔습니다. 그래서 신라와 고려의 찬란한 불교문화를 이루어냈습니다. 이 가운데에는 우리가 잘 아는 것처럼 세계적인 문화유산이 많습니다. 직지심체요절부터 시작해서 석굴암과 불국사, 에밀레종, 경주 남산, 고려대장경 등등 이것들을 어찌 손으로 다 셀 수 있겠습니까? 그래서 한국의 유적은 약 60~70%가 불교와 관련되어 있다고 해도 과언이 아닙니다. 그리하여 우리나라의 문화유산 속에는 불교라는 큰 기둥이 있습니다. 이런 이유로 해서 우리 문화유산을 알기 위해서는 불교를 반드시 알아야 합니다.

 # 절 (사찰)

절의 정의

절이란 불상, 탑 등을 모셔놓고 승려와 신자들이 거처하면서 불도를 닦고 교리를 설파하는 건축물 혹은 그 소재 영역을 뜻합니다. 즉, 절은 불상을 모시고 승려들이 거주하면서 불도를 닦고 불교의 교법을 설하는 곳입니다. 절은 사원·사찰·가람이라고도 하며, 우리말로는 절이라고 합니다.

절의 어원

우리나라에서는 일반적으로 '절'이라고 부르게 된 이유를 다음과 같은 3가지 정도로 구분하여 설명하고 있습니다.

① 고구려의 아도화상이 신라 땅에 들어와 지금의 경상북도 선산군 모례(毛禮)장자의 집에서 머물며 불교를 전파한 것에서 유래하여 음운변화를 거쳐 절로 변화했다고 보는 것이 그 하나의 어원입니다.

음운변화 과정 : 모례 → 털례〈모(毛)가 한자로 '털모'〉 → 철례 → 절례 → 절

◆ 모례장자와 아도화상에 대하여 전해 내려오는 이야기 ◆

아도화상이 모례장자의 집에서 머슴살이를 하였는데 어찌나 성실하고 일을 잘하던지 양과 소를 각각 1,000마리씩 길러 모례장자를 놀라게 하였어요. 아도는 품삯을 한 푼도 받지 않고 떠나면서 칡순을 따라오면 자신을 만날 수 있을 것이라 하였어요. 엄동에 칡순이 모례의 집 문턱으로 들어오자 모례는 칡순을 따라 걸음을 옮겼어요.

모례가 칡순을 따라가니 아도가 있었고, 아도가 오쟁이와 바릿대를 모례 앞에 내놓으며 시주를 청하니 모례는 흔쾌히 승낙하였어요. 모례가 곡식을 가져와 담았으나 1,000석을 넣어도 다 채워지지 않았어요. 아도는 이 시주를 받아 도리사를 지었다고 해요.

도리사는 계속 번창하여 갔고, 모례는 더 이상은 시주를 하지 않으려 하였어요.

하루는 모례가 탁발승에게 더 큰 부자가 되는 길을 물었어요. "이곳 지형이 배 모양이므로 여기에 돛을 세우면 더 큰 부자가 될 것입니다." 이러한 탁발승의 말을 듣고 모례가 비석을 세우자 그로부터 가세가 기울기 시작하더니 곧 집안이 망하였다고 해요.

아도화상

아도화상 유적지

② 팔리어인 '테라(Thera)에서 유래 : 일본에서는 절을 '데라'라고 하는데, 팔리어(Pali語) 테라(Thera)에서 왔다는 설과 '털레의 집'에서 연유된 것이 일본으로 전해졌다고 보는 두 가지 설이 있습니다. 테라는 장로(長老)를 뜻하기 때문에 큰스님이 머무는 곳이라는 의미가 됩니다.

③ 속설로는 절을 많이 하는 곳이라고 해서 '절'로 되었다고도 하나 확실하지는 않습니다.

절의 또 다른 이름

① 사(寺) : 중국에서 유래된 것으로, 원래는 '외국의 사신을 접대하는 공사(公司)'였는데, 인도의 가섭마등과 축법란 두 스님이 불교경전(부처님의 가르침을 적은 책)을 가져와 '홍려사'에서 묵은 데서 비롯되었으며, 뒤에 '백마사'를 지어 머물게 한데서 유래하였습니다.

② 도량(道場) : '불법(불법)의 도를 닦는 곳'이라는 뜻으로, 한문음으로는 '도장'이라고 읽으나, 불교적 용어로는 '도량'이라고 읽습니다.

③ 가람(伽藍) : 승려들이 모여서 수행하는 범어(고대 인도의 표준어)인 승가람마(僧伽藍摩)의 약자로, '공동체의 집'이란 뜻입니다.

④ 정사(精舍) : 수행 정진하는 스님들이 계시는 곳으로, '마음이 깨끗한 사람들이 모여 사는 집'이라는 뜻입니다.

⑤ 선원(禪院) : 스님들께서 '참선하는 곳'입니다.

⑥ 사찰(寺刹) : 불전(불당) 앞에 세우는 '당간을 찰(刹)'이라고 하는데서 유래된 말로, 절의 또 다른 이름입니다.

⑦ 사원(寺院) : 중국에서 유래된 말로, 담으로 둘러진 집과 회랑(건물의 중요 부분을 둘러 싼 지붕이 있는 큰 복도)이 있는 집을 원(院)이라 하였는데, 당나라 때부터 불교의 건축물에 이 이름이 사용되기 시작한데서 유래되었습니다.

⑧ 암자(庵子) : '큰 절에 딸린 작은 절'이라는 뜻으로, 거의 큰 절 안에 있습니다.

⑨ 산림(山林) : 맑고 깨끗한 청정 지역, 즉 '산과 나무가 있는 곳'이라는 뜻입니다.

⑩ 총림(叢林) : 선원(선학을 공부하는 곳), 율원[수행자의 계율(생활 규범)을 공부하는 곳], 강원(경전을 공부하는 곳), 염불원(염불 수업을 하는 곳)을 고루 갖춘 종합 도량으로, 대학으로 치면 '종합 대학'에 해당하는 곳입니다.

⑪ 아란야(阿蘭若) : 마을에서 멀리 떨어진 '수행하기 적당한 한적한 숲'이란 뜻입니다. 범어로 줄여서 '란야'라고도 합니다.

⑫ 포교당(布敎堂) : 불교의 '포교(전파, 교육)를 전문'으로 하는 곳으로, 포교원이라고도 합니다.

우리나라 최초의 절

우리나라 최초의 절은 고구려의 불교 전래 이듬해인 소수림왕 3년(373), 평양에 세워진 이불란사와 성문사입니다. 신라의 경우에는 아도가 선산 지방에서 최초의 포교 활동을 한 모례의 집을 들 수 있으나, 공식적인 최초의 절은 이차돈의 순교를 빚은 천경림의 흥륜사를 효시로 보고 있습니다. 이 흥륜사지는 오릉(五陵) 곁의 절터로 추정되었으나, 현재는 이곳이 영묘사이고, 영묘사 터가 흥륜사일 것이라는 주장이 대두되고 있습니다.

기능별로 본 우리나라 절의 3가지 특징

고대 우리나라의 절은 주로 중국이나 일본의 경우와 마찬가지로 도시 중심지에 건립되는 것이 상례였으나, 시대 상황과 사회적 여건에 따라 절에 따라서는 수행 또는 포교에 역점을 두는 특수성을 나타내기 시작하였습니다. 그리고 그에 의한 입지 조건에 따라서 서로 다른 특징적 면모를 보이게 되었는데, 기능별로 볼 때 우리 나라의 절은 대략 다음과 같은 3가지 특징이 있습니다.

평지가람형

평지가람형은 수도를 중심으로 하여 넓은 사역(寺域)에 걸쳐 장엄한 건축물을 가지는 것이 보통입니다.

특히, 왕실의 원당(願堂)이나 국찰(國刹) 등이 많고, 동시에 교통의 편리함 때문에 대중적 불교의 형성에도 큰 영향을 끼칩니다.

여주 고달사지

산지가람형

경주 감은사지

산지가람형은 심산유곡에 자리 잡은 것으로, 이것은 신라 말엽에 들어 온 선종(禪宗)의 영향과 풍수지리에 의거하여 주로 수행생활에 적합하도록 설계된 특징을 지니고 있습니다. 이와 같은 사원은 현재까지도 수도 도량의 전통을 지켜 오고 있습니다.

석굴가람형

군위 삼존석굴

석굴가람형은 천연이나 인공의 석굴에 사원을 건립하는 것으로, 우리나라의 경우에는 암벽을 뚫어서 만들거나 석재로 지어서 거주 장소나 법당을 세우게 되는데, 주로 기도 도량의 기능을 지니고 있습니다.

◆ 불가에서 말하는 삼보와 삼보사찰 ◆

불가에서 말하는 삼보(三寶 : 佛·法·僧)는 불가에서 귀하게 여기는 '세 가지 보물'로, 불(佛)은 '거룩한 부처님'을 가리키고, 법(法)은 '거룩한 가르침'을 가리키며, 승(僧)은 '거룩한 스님'을 가리킵니다. 이러한 불교의 삼보를 사찰에 대비하여 비유하기도 합니다.

즉, 통도사는 부처님의 진신 사리를 봉안했다는 점에서 '불보(佛寶) 사찰', 해인사는 팔만대장경판을 보존했다고 하여 '법보(法寶) 사찰', 송광사는 지눌(知訥) 이래 16국사를 배출했다고 하여 '승보(僧寶) 사찰'로 일컬어지고 있습니다.

* **통도사** : 경상남도 양산시 하북면 지산리 영축산에 있는 절로, 우리나라 삼보사찰 가운데 하나인 불보(佛寶) 사찰이며, 646년(선덕여왕 15)에 자장율사가 창건하였습니다. 산 이름을 영축산이라 한 것은 산의 모양이 인도의 영축산과 모양이 매우 비슷하기 때문이라고 하나, 그 옛 이름은 축서산(鷲棲山)입니다. 절 이름을 통도사라 한 까닭은 첫째 전국의 승려는 모두 이곳의 금강계단에서 득도한다는 뜻이고, 둘째 만법을 통달하여 일체 중생을 제도한다는 뜻이며, 셋째 산형이 인도의 영축산과 통한다는 뜻 등이 포함되어 있습니다.

* **해인사** : 경상남도 합천군 가야면 가야산 남서쪽에 있는 사찰로, 불교의 삼보 가운데, 부처님의 가르침인 '법'을 담고 있는 법보사찰입니다. 신라 때 지어진 절로 의상의 맥을 잇는 제자인 순응과 이정 스님에 의하여 창건된 화엄종 사찰인데, 해인사가 법보종찰로 역할을 하게 된 것은 조선 태조 때로 강화도에 보관하던 대장경을 지금의 서울시청 부근에 있던 지천사로 옮겼다 다시 해인사로 옮기면서부터입니다.

해인사는 불보사찰 통도사, 승보사찰 송광사와 함께 우리나라의 3대 사찰로 꼽히는 곳으로, 고려 때 만들어진 우리의 소중한 문화재인 팔만대장경을 봉안하고 있습니다.

팔만대장경이란?

팔만대장경은 고려 고종 때 15년에 걸쳐 완성한 대장경으로, 국보 제 32호입니다. 대장경이란 범어로 '세 개의 광주리'라는 뜻으로, 부처님의 말씀을 담고 있는 경(經), 부처를 따르는 사람들이 지켜야 알 도리를 밝히고 있는 율(律), 부처의 가르침을 해석하고 있는 론(論)으로 구성되어 있습니다. 세계적으로 여러 종류의 대장경이 있지만 그 완성도 면에서 가장 높은 평가를 받고 있는 것이 바로 이 팔만대장경인데, 경판의 개수가 팔만 개라 해서 이름 붙었으며, 경판의 크기는 가로 70㎝, 세로 25㎝, 두께 3.5㎝로 양면에 한 자 1.5㎝ 크기로 450여 자의 글자가 새겨져 있습니다.

* **송광사** : 전라남도 순천시 송광면 조계산 서쪽에 있는 사찰로, 우리나라 삼보사찰(불보, 법보, 승보) 중 하나인 승보사찰로서 유명합니다. 송광사는 신라 말 '체징'이 길상사라는 소규모 절을 지은 것에서 비롯되어, 보조국사 지눌에 의해 대찰로 중건된 후 고려부터 조선 초까지 16명의 국사가 배출된 곳입니다. 경내에는 16국사의 진영을 봉안한 국보 제56호 '송광사 국사전' 등 3점, 보물 12점 등 다수의 중요 문화재와 국사의 부도를 모신 암자가 위치하여 역사적·학술적으로 그 가치가 큰 사찰입니다.

우리나라 절이 주로 산지 가람형인 까닭

한국인의 산악숭배 경향

명산의 봉우리마다 불보살(佛菩薩)의 명호가 붙여지고 그곳을 골라 절터로 잡는 것은, 우리 고유의 산악숭배사상이 불교로 흡수되는 과정을 나타내는 것입니다. 특히, 금강산 법기보살(法起菩薩)에 관한 신앙과 풍수지리 등 도참설(圖讖說)의 영향으로, 마침내 이 땅을 불국토(佛國土)라고 믿는 독특한 사상을 낳게 된 것입니다.

실리적인 호국호법의 의지

일본과 경계선이었던 동래에 범어사를 세우고 토함산에 불국사와 석불사(石佛寺, 현재 석굴암)를 창건한 것이나, 백제와 국경을 접하는 지리산·태백산 등에 절을 건립한 것은 조국 수호의 강인한 의지가 불력(佛力)으로 승화되는 사상성의 발로라고 볼 수 있습니다.

초세속주의의 경향

우리나라는 불법을 세속의 계도(啓導)라는 입장에서 받아 들였기 때문에, 이와 같은 탈속의 경지가 존중되었고, 나아가서는 자연주의적 고대 불교의 인간관이 절을 자연과의 조화라는 관점에서 산속에 건립하도록 만들었던 것입니다.

 # 당우 (堂宇)

절에서 가장 중요한 구조물은 당우와 탑입니다. 우리나라의 절은 각기 다른 건축물을 갖추지만, 그 기본에서는 흔히 칠당가람(七堂伽藍)을 갖추고 있습니다. 일반적으로 칠당가람은 불전·강당·승당·주고·욕실·동사·산문의 일곱 가지입니다.

불전

불전은 본존불(本尊佛) 및 보살·호법신중(護法神衆) 등을 봉안하는 사원의 중심 건물입니다. 인도에서는 부처님을 금빛 나는 분이라는 뜻에서 금인(金人)이라고 하는데, 거기에서 파생되어 부처님을 모신 집을 금당(金堂)이라고 합니다.

우리나라 절에는 대웅전, 대광명전, 극락전 등을 비롯하여 많은 불전들이 있습니다.

◈ 사찰 건축에 쓰인 지붕과 공포에 대한 용어 해설 ◈

1. 지붕

지붕이란 건축물의 상부를 덮어 외부와 차단하고, 비바람이나 직사 일광으로부터 내부를 보호하는 부분으로, 사찰 건축에 쓰인 지붕은 그 모양에 따라 크게 맞배지붕, 우진각 지붕, 팔작지붕, 모임지붕으로 구분됩니다.

예산 수덕사 대웅전

맞배지붕 : 지붕면이 양면으로 경사를 짓는 가장 간단한 지붕 형식으로, 지붕면이 양면으로 경사를 이루어 책을 반쯤 펴놓은 '八'자 모양입니다. 앞뒤에서 지붕면을 보면 직사각형 모양이고, 옆면에서는 지붕면의 테두리만 보입니다. 용마루와 내림마루만 있고 추녀마루는 없고, 좌우 측면은 人자형의 구성 그대로 두는데 박공을 달아 장식합니다. 맞배지붕의 예로는 예산 수덕사 대웅전, 서산 개심사 대웅전, 안동 봉정사 극락전, 창녕 관룡사 약사전 등이 있습니다.

덕수궁 대한문

우진각 지붕 : 지붕면이 사방으로 경사를 짓고 있는 지붕 형식으로, 지붕 모서리의 추녀마루가 처마 끝에서부터 경사지게 오르면서 용마루에서 합쳐집니다.

이 지붕은 정면에서 보면 사다리꼴 모양이고, 측면에서 보면 삼각형 모양으로 보입니다. 내림마루가 없고, 용마루와 추녀마루만 있습니다. 우진각 지붕의 예로는 남대문, 창덕궁, 돈화문, 덕수궁 대한문, 해인사 대장경판고 등이 있으며, 궁궐 건축 중에 정문이나 문루 등에 많이 보이는 형식입니다.

강화 전등사 대웅전

팔작지붕 : 우진각 지붕의 윗부분을 잘라 내고 맞배지붕을 얹어놓은 것 같은 복합형 지붕 형식으로, 지붕면의 정면은 사다리꼴과 직사각형을 합친 모양이고, 옆면은 사다리꼴에 삼각형을 올려놓은 모양입니다. 이 지붕은 용마루, 내림마루, 추녀마루를 모두 갖춘 지붕이며, 가장 완비된 지붕 형식으로 기와지붕의 구성에 아주 적합합니다. 가구가 맞배지붕이나 우진각 지붕보다 복잡하지만 외관상 위용이 있어서 궁궐 건축과 사찰 건축에 있어 정전, 금당 같은 중심이 되는 건축에 즐겨 사용되었으며, 대표적인 예는 경복궁 근정전, 안동 봉정사 대웅전, 강화 전등사 대웅전, 창녕 관룡사 대웅전 등이 있습니다.

논산 개타사지

모임지붕 : 지붕의 추녀마루가 처마 끝에서부터 경사지게 오르면서 지붕 중앙의 한 점에서 합쳐지는 지붕 형식으로, 지붕의 평면 모양에 따라서 사각형인 경우 사모지붕, 육각형인 경우 육모지붕, 팔각형인 경우 팔모지붕이라고 합니다. 이 지붕은 용마루와 내림마루가 없고 추녀마루만 있으며, 주로 당(堂)이나 탑 등에 많이 쓰입니다. 논산 개타사지 등이 있습니다.

2. 공포

공포란 목조 건물에서 지붕 처마 끝의 하중을 받치기 위해 기둥머리 같은 데 짜 맞추어 댄 나무 부재로, 지붕의 하중을 기둥에 전달하는 기능을 하며, 그 종류는 다포 양식, 주심포 양식, 익공 양식 등으로 구분합니다.

영주 부석사 무량수전

주심포 양식 : 목조 건물에서 공포가 기둥 위에만 있는 양식으로, 조선 시대 이전에 많이 사용되었으며, 지붕은 맞배지붕이 많습니다. 이 주심포 양식이 쓰인 예로는 예산 수덕사 대웅전, 안동 봉정사 극락전, 영주 부석사 무량수전, 강진 무위사 극락전 등이 있습니다.

봉정사 대웅전

다포 양식 : 기둥 위에만 공포를 설치하던 주심포 양식과는 달리 기둥과 기둥 사이에도 공포를 만들어서 끼워 넣음으로써 건물을 보다 크고 화려하게 만든 양식으로, 목조건축양식에서 가장 화려하고 복잡한 구조와 형식을 갖추고 있습니다. 다포 양식을 보여주는 건축물로는 봉정사 대웅전, 개심사 대웅전, 성불사 응진전, 서울 남대문 등을 들 수 있으며, 이 양식은 구조가 복잡하고 화려하여 주로 궁전이나 사찰의 주전(主殿) 등 권위 있는 건물에 많이 사용되었습니다.

서울 동묘

익공 양식 : 목조 건물의 주심포계 중에서 새 날개 모양의 살미 부재를 끼운 공포 형식으로, 익공이 하나인 경우를 초익공, 두 개인 경우를 이익공이라 합니다. 익공 양식의 주요 건물로는 해인사 장경판고, 대흥사 대광명전, 경복궁 경회루, 서울 동묘, 수원 화서문 등이 있습니다.

대웅전

　대웅전은 석가모니불을 모신 불전을 가리킵니다. 대웅전은 격을 높여 대웅보전(大雄寶殿)이라고도 하며, 항상 사찰의 중심에 있습니다. 대웅전에는 사바세계의 교주인 석가모니불을 중심에 두고 문수보살과 보현보살을 협시(脇侍)로 봉안하는 것을 기본으로 하고 있습니다. 대웅전의 중심에 불상을 안치하고 있는 불단을 수미단(須彌壇)이라고 하는데, 이는 불교의 세계관에서 그 중심에 위치한 수미산 꼭대기에 부처님이 앉아 자비와 지혜의 빛을 발하고 있음을 상징합니다. 대웅전의 내부는 다른 어떤 건물보다 화려하고 장엄하게 되어 있으며, 일반적으로 목조보개(불단 위 천장에 있는 구조물 닫집이라고도 함) 및 불단의 조각이 매우 섬세하여 목조공예의 진수를 찾을 수 있습니다. 또한 대웅전 내에는 많은 탱화들이 봉안되어 있는데, 석가모니불의 후불탱화로는 주로 영산회상도(靈山會上圖)가 봉안되어 있으며, 이는 부처님이 영축산에서 제자들을 모아 설법하는 정경을 묘사한 것입니다. 불단 주변은 여러 가지 화문(花文)과 천의(天衣)를 날리는 비천(飛天)의 모습을 사실적으로 화려하게 장식하고, 주불 위에는 닫집을 만들어 화엄의 여의주(如意珠)를 입에 물고 있는 용과 극락조(極樂鳥) 등을 장식합니다. 천장에는 보상화문(寶相華文)과 연화문(蓮華文) 등을 조각하여 불전에 나오는 천우보화(天雨寶花)의 의미를 상징적으로 나타냅니다.

　우리나라 절의 대웅전 중 중요 문화재로 지정된 대웅전으로는 안동 봉정사에 있는 조선 초기의 다포계(多包系) 양식의 목조 건물인 봉정사 대웅전(국보 제311호), 서산 개심사에 있는 조선 시대의 불전인 개심사 대웅전(보물 제143호), 예천 용문사에 있는 조선 중기의 목조 불전인 용문사 대장전(보물 제145호), 강화 정수사에 있는 조선 초기의 불전인 정수사 법당(보물 제161호), 예산 수덕사에 있는 현재 우리나라에 남아 있는 고려 시대 건물 중 특이하게 백제 시대의 양식을 보여 주는 건물인 수덕사 대웅전(국보 제49호), 청양 장곡사에 있는 장곡사 상대웅전(보물 제162호)과 하대웅전(보물 제181호),

강화 전등사에 있는 전등사 대웅전(보물 제178호), 창령 관룡사에 있는 관룡사 대웅전(보물 제212호), 고창 선운사에 있는 선운사 대웅전(보물 제290호), 부안 내소사에 있는 내소사 대웅보전(보물 제291호), 부안 개암사에 있는 개암사 대웅전(보물 제292호), 구례 화엄사에 있는 건물 중 각황전(국보 제67호) 다음으로 큰 목조 건물인 화엄사 대웅전 (보물 제299호) 등이 있습니다.

* **안동 봉정사 대웅전(국보 제311호)** : 조선 초기의 다포계(多包系) 양식의 목조 건물로, 중심 법당인 대웅전에는 석가모니불상을 중심으로 문수보살, 보현보살을 좌우로 모시고 있습니다(대웅전 내부 모습 참조). 이 대웅전의 규모는 앞면 3칸, 옆면 3칸이며, 지붕은 옆면에서 볼 때 여덟 팔(八)자 모양을 한 팔작지붕입니다. 이 대웅전은 지붕 처마를 받치기 위해 장식하여 만든 공포가 기둥 위뿐만 아니라 기둥 사이에도 있는 다포 양식인데, 밖으로 뻗친 재료의 꾸밈없는 모양이 고려 말과 조선 초 건축양식을 잘 갖추고 있고, 앞쪽에 툇마루를 설치한 것이 매우 특이합니다.

천등산 기슭에 있는 봉정사는 신문왕 2년(682) 의상대사가 지었다고 해요. 부석사를 세운 의상대사가 부석사에서 종이로 봉황새를 만들어 날려 보냈는데, 그 새가 내려앉은 자리에 절을 짓고 '봉정사'라 이름지었다는 전설이 전하여 오고 있습니다. 이 봉정사는 영화 '동승'의 촬영지로도 유명한 곳입니다.

* 서산 개심사 대웅전(보물 제143호) : 충청남도 서산시 운산면 개심사에 있는 조선 시대의 불전으로, 건물의 크기는 앞면 3칸, 옆면 3칸 규모이고, 지붕은 옆면에서 볼 때 사람 인(人)자 모양인 맞배지붕이며, 지붕 처마를 받치는 공포가 기둥 위뿐만 아니라 기둥 사이에도 있는 다포 양식입니다.

대웅전 내부에는 국내에서 제일 오래된 목조 아미타삼존불상(보물 제1619호)이 모셔져 있습니다(대웅전 내부 모습 참조). 대웅전은 다포의 초기 양식을 잘 보여 주는 아름다운 건물로서, 쇠서받침의 형태나 살미를 다룬 기법에서 15세기 사원 건축의 특성을 잘 보여주고 있습니다. 또한 이 건물은 건물의 뼈대를 이루는 기본적인 구성이 조선 전기의 대표적 주심포 양식 건물인 강진 무위사 극락전(국보 제13호)과 대비가 되는 중요한 건물이기도 합니다.

범종각

서산 개심사는 수도권 부근의 사찰 중에서 매우 분위기 있는 사찰로 알려져 있으며, 옛 모습이 그대로 남아 있어 고풍스런 운치가 돋보이는 절입니다. 이 절의 기록에 의하면 신라 진덕여왕 5년, 백제 의자왕 14년 혜감국사가 지었다고 되어 있는데, 진덕여왕 5년(651)과 의자왕 14년(654)은 다른 해에 해당되어 이 사이에 지어졌을 것으로 추측됩니다. 이 절은 1941년 대웅전 해체 수리 시 발견된 기록에 의해 조선 성종 15년(1484)에 고쳐지었음을 알 수 있습니다.

* **예천 용문사 대장전(보물 제145호)** : 경상북도 예천군 용문면 용문사에 있는 조선 중기의 목조 불전으로, 건물의 크기는 정면 3칸, 측면 2칸 규모이고, 지붕은 다포계 단층 맞배지붕입니다. 대웅전 내부에는 국내 최고의 목불좌상 및 목각탱화(보물 제989호)가 모셔져 있습니다. 대웅전은 나직한 자연석 기단 위에 주춧돌을 놓고 민흘림기둥을 세웠고, 비록 작은 규모의 건물이지만 뛰어난 조각 솜씨와 조선 중기의 건축 양식을 잘 나타내고 있습니다. 한편 이곳에는 높이 4.2m, 둘레 3.15m인 섬세히 조각된 연꽃 문양이 고려 예술의 진수를 보여주고 있는 윤장대(보물 제684호)가 있습니다. 윤장대는 고려 명종 3년(1172년)에 자엄 스님이 대장전을 지으면서 안치한 것으로, 글을 읽지 못하는 중생을 위해 돌리는 것만으로도 경전을 읽는 것과 같은 공덕을 얻을 수 있도록 하기 위해 '회전식 불경 보관대'를 양쪽에 1개씩 2개를 만들었습니다.

윤장대 (보물 제684호)

예천 용문사는 소백산의 숨은 보배이고 천년 고찰로, 예천읍에서 북쪽으로 15km 정도 떨어진 소백산 기슭에 위치하며, 신라 경덕왕 10년(870)에 이 고장 출신의 두운대사가 창건한 천년고찰로 유명합니다. 용문사 명칭에는 2가지의 유래가 있는데 "고려 태조가 삼한 통일을 위하여 두운대사를 방문코자 동구에 이르니 바위 위에서 청룡 2마리가 나타나 인도하였다" 하여 절의 이름도 용문사로 불리워졌다는 것이 그 하나이고, 또 하나는 고려 명종 원년(1171)에 태자의 태를 절의 왼쪽 봉우리에 묻고 청기사로 고쳤다가 다시 소백산 용문사로 고쳐 오늘에 이르고 있는 것 입니다.

* 강화 정수사 법당(보물 제161호) : 인천광역시 강화군 화도면 정수사에 있는 석가모니불상을 모신 대웅보전으로, 조선 초기에 건립되었고, 규모는 앞면 3칸, 옆면 4칸입니다. 이 법당은 원래 툇마루가 없이 앞면과 옆면이 3칸 건물이었던 것으로 추정하고 있으나, 어느 때인가 앞 툇마루를 덧붙여 앞면 3칸, 측면 4칸의 정사각형에 가까운 보기 드문 평면 구조가 되었습니다. 지붕은 옆면에서 볼 때 사람 인(人)자 모양을 한 맞배지붕이고, 지붕 무게를 받치기 위해 장식하여 만든 공포가 기둥 위에만 있는 주심포 양식으로, 앞뒷면이 서로 다르게 나타나고 있습니다.

특히, 이 건물에서는 조선 전기적인 주심포 양식을 전면 공포보다 후면 공포에서 볼 수 있는 것이 특징입니다.

민족의 영산으로 불리는 강화 마니산에 자리를 잡고 있는 강화 정수사는 신라 선덕여왕 8년(639) 회정선사가 세웠고, 조선 시대 세종 8년(1426)에 함허대사가 다시 지었는데, 건물 서쪽에서 맑은 물이 솟아나는 것을 보고 이름을 '정수사'라 고쳤다고 합니다.

* **예산 수덕사 대웅전(국보 제49호)** : 충청남도 예산군 덕산면 수덕사에 있는 고려 시대 목조 건물로, 앞면 3칸, 옆면 4칸 크기의 맞배지붕으로 된 주심포(柱心包)집이며, 건물 옆면의 장식적인 요소가 매우 아름답습니다. 대웅전 안에 모셔져 있는 목조 삼세불좌상은 수덕사의 중흥조인 만공선사가 전북 남원에 있는 만행산 '귀정사'로부터 옮겨온 것이라고 하는데, 이 불상은 중앙의 석가모니불을 중심으로 오른쪽에는 약사불, 왼쪽에는 아미타불이 자리하고 있습니다(대웅전 내부 모습 참조). 이 대웅전은 현재 우리나라에 남아 있는 고려 시대 건물 중 특이하게 백제 시대의 양식을 보여 주는 건물이며, 건립 연대(1308년)를 정확히 알 수 있는 가장 오래된 목조 건물로, 우리나라 목조 건축사에서 매우 중요한 문화재로 평가 받고 있습니다.

충남 예산의 대표 사찰인 수덕사는 백제 사찰 중 유일하게 현존하는 사찰이며, 인접한 덕산 온천과 함께 둘러 볼 수 있는 가족 여행지로 인기가 있는 곳입니다. 우리나라 선종의 전파에 크게 공헌한 수덕사는 백제 위덕왕 때 창건된 것으로 추측되며, 고려 공민왕 때 나옹화상이 중건하였으며, 1865년 고종 2년에 만공선사가 중창하였습니다.

* 청양 장곡사 상대웅전(보물 제162호) : 충청남도 청양군 대치면 장곡사에 있는 대웅전으로, 상대웅전은 앞면 3칸, 옆면 2칸 크기이며, 지붕은 옆면이 사람 인(人)자 모양인 맞배지붕입니다. 지붕 처마를 받치기 위해 장식하여 만든 공포가 기둥 위와 기둥 사이에도 있는 다포 양식으로 특이한 양식을 보이고 있습니다. 건물 안쪽 바닥에는 전돌을 깔았으며, 그 중에는 통일 신라 때의 것으로 보이는 잎이 8개인 연꽃무늬를 새긴 것도 섞여 있습니다. 이 상대웅전은 지붕 처마를 받치는 부재들의 짜임수법이 특이하여 건축사 연구에 중요한 자료가 되고 있습니다. 이 상대웅전 안에는 철조약사여래좌상 및 석조대좌(국보 제58호)와 철조비로자나불좌상 및 석조대좌(보물 제174호) 등이 모셔져 있습니다.

철조약사여래좌상 및
석조대좌(국보 제58호)

철조비로자나불좌상 및
석조대좌(보물 제174호)

철조아미타불좌상

* 청양 장곡사 하대웅전(보물 제181호) : 하대웅전은 조선 중기에 지은 것으로 앞면 3칸, 옆면 2칸 크기이며, 지붕은 옆면에서 보면 사람 인(人)자 모양의 맞배지붕을 하고 있고, 지붕 처마를 받치는 장식구조가 기둥 위와 기둥 사이에도 있는 다포 양식입니다.

건물 안쪽에는 마루를 깔았고, 불단에는 금동약사여래좌상(보물 제337호)을 모시고 있는데, 이는 고려 후기 불상 양식을 잘 보여주는 작품입니다.

장곡사는 신라 후기 보조국사가 세운 칠갑산에 있는 사찰로, 자세한 연혁은 전하지 않으나 조선 정조 1년(1777)에 고쳐 짓고, 고종 3년(1866)과 1906년, 1960년에 크게 고쳐지어 오늘에 이르고 있습니다.
이 절은 우리나라에서는 유일하게 지형을 따라 위아래에 2개의 대웅전이 있는 특이한 배치를 하고 있는데, 상대웅전은 하대웅전보다 훨씬 높은 곳에 자리 잡고 있습니다.

* 강화 전등사 대웅전(보물 제178호) : 인천광역시 강화군 길상면 전등사에 있는 조선 중기의 불전으로, 석가여래삼존불을 모시고 있는 대웅전은 광해군 13년(1621)에 지은 것이며, 건물의 규모는 앞면 3칸, 옆면 3칸 크기이고, 지붕은 옆면에서 볼 때 여덟 팔(八)자 모양인 팔작지붕입니다. 지붕 처마를 받치기 위한 장식구조가 기둥 위뿐만 아니라 기둥 사이에도 있는 다포 양식입니다. 그리고 특이하게 대웅전 네 귀퉁이 기둥 위에는 여인의 형상이라고 하는 나녀상(裸女像)이 추녀의 하중을 받치고 있습니다. 이 대웅전은 당시의 능숙한 조각 솜씨를 엿볼 수 있고, 조선 중기 이후의 건축사 연구에 중요한 자료로 평가 받고 있습니다.

운치 있고 소박한 사찰인 전등사는 정족산성 내에 있는 절로, 고구려 소수림왕 때 신라로 불교를 전파하러 가던 아도화상이 잠시 머무르며 지은 절이며, 옛날 이름은 진종사입니다. 전등사라는 지금의 이름은 고려 말 충렬왕 비인 정화궁주가 이곳에 옥등을 시주한 것 때문에 붙여졌다고 《신증동국여지승람》에 기록되어 있습니다. 광해군 때 절에 화재가 나 건물 대부분이 전소되어 새로 건물을 짓게 되었는데, 이와 관련한 재미있는 이야기가 전해지고 있습니다. 그 내용은 당시 "대웅전 공사를 맡았던 도편수가 절 아래 주막에 살던 주모와 사랑에 빠져 번 돈을 모두 가져다주었는데 공사를 마칠 무렵 주모가 도망을 갔고, 이에 도편수는 그 주모가 평생 부처의 말씀을 들으며 죄를 뉘우치기를 바라며 대웅전 처마 네 귀퉁이에 주모의 형상으로 만든 나녀상을 새겨 놓았다"는 이야기입니다.

* 창녕 관룡사(觀龍寺) 대웅전(보물 제212호) : 경상남도 창녕군 창녕읍 관룡사에 있는 조선 시대의 불전으로, 관룡사 대웅전엔 약사여래, 석가모니불, 아미타여래의 세 부처님을 모시고 있습니다. 건물의 규모는 앞면과 옆면이 모두 3칸 크기이며, 지붕은 옆에서 볼 때 여덟 팔(八)자 모양을 한 팔작지붕입니다.

지붕 처마를 받치는 장식구조가 기둥 위뿐만 아니라 기둥 사이에도 있는 다포 양식이며, 건물 안쪽 천장은 우물 정(井)자 모양으로 만들었는데, 가운데 부분을 한층 높게 한 점이 특이합니다. 건물의 내부는 가운데 뒷줄에 고주 2개를 세우고, 그 사이에 불단을 설치하여 불전의 기본 형식을 갖추고 있습니다.

관룡사는 신라 시대 8대 사찰 중의 하나로서 많은 문화재와 경치 좋은 사찰로 널리 알려졌지만 절의 역사에 관한 뚜렷한 기록은 없고, 사기에 의하면 349년에 창건되었다고 하지만 확실한 근거는 없습니다. 삼국 통일 뒤에는 원효가 1,000명의 중국 승려에게 『화엄경』을 설법하고 대도량을 이룩하였다고 합니다. 전설에 의하면 원효가 제자 송파와 함께 이곳에서 백일기도를 드리는데, 갑자기 오색채운이 영롱한 하늘을 향해서 화왕산 마루의 월영삼지로부터 아홉 마리의 용이 등천하는 것을 보고 절 이름을 '관룡사'라 하고, 산 이름을 '구룡산'이라 하였다고 전해지고 있습니다.

석장승

* **고창 선운사 대웅전(보물 제290호)** : 전라북도 고창군 아산면 선운사에 있는 조선 중기의 불전으로, 건물의 규모는 앞면 5칸, 옆면 3칸이고, 맞배기와집으로 조선 중기 이후의 양식을 간직하고 있으며, 지붕 처마를 받치기 위해 만든 기둥위의 장식구조가 기둥과 기둥 사이에도 있는 다포 양식입니다. 이 대웅전은 전체적으로 기둥 옆면 사이의 간격이 넓고 건물의 앞뒤 너비는 좁아 옆으로 길면서도 안정된 외형을 지니고 있고, 건물 뒤쪽의 처마는 간략하게 처리되어 앞뒤 처마의 모습이 다르며, 벽은 나무판으로 이루어진 널빤지로 만든 벽입니다. 안쪽 천장은 우물 정(井)자 모양을 한 우물천장을 설치하였고, 단청벽화가 매우 아름다우며, 조선 중기의 건축답게 섬세하고 장식적인 구성과 빗살 여닫이문이 화려한 건물입니다.

아름다운 동백 숲으로 유명한 선운사는 백제 위덕왕 24년(577년)에 검단선사에 의해 창건된 천 년 고찰입니다. 그러나 현재의 사찰은 정유재란 때 본당을 제외하고 대부분 소실된 것을 광해군 5년(1613)에 무장현감 송석조가 승려 원준과 함께 재건한 후, 몇 차례의 중수를 거치면서 오늘에 이르고 있습니다. 우람한 느티나무와 아름드리 단풍나무가 호위하는 숲길을 지나 경내로 들어서면 대웅전을 병풍처럼 감싸며 군락을 이룬 동백나무 숲을 볼 수 있는데, 500년 수령에 높이 6m인 동백나무들은 천연기념물 제184호로 지정되어 있습니다.

* 부안 내소사 대웅보전(보물 제291호) : 전라북도 부안군 산내면 내소사에 있는 아미타여래를 중심으로 우측에 대세지보살, 좌측에 관세음보살을 모신 조선 인조 2년(1633)에 청민대사가 지은 조선 중기의 불전으로, 건물의 규모는 앞면 3칸, 옆면 3칸 크기이며, 지붕은 옆면에서 볼 때 여덟 팔(八)자 모양을 한 팔작지붕입니다. 지붕 처마를 받치기 위해 만든 기둥 위의 장식구조가 기둥 위뿐만 아니라 기둥 사이에도 있는 다포 양식인데, 밖으로 뻗쳐 나온 부재들의 포개진 모습은 우리 옛 건축의 특징을 잘 보여주고 있으며, 앞쪽 문에 달린 꽃무늬 문살은 나무를 깎아 만들 수 있는 조각의 아름다움을 그대로 보여주고 있어 당시의 뛰어난 조각 솜씨를 엿보게 하고 있습니다.

부안 내소사는 백제 무왕 34년(633)에 혜구두타가 창건한 절로, 처음에는 소래사라 하였다가 내소사로 바뀌었는데, 그 바뀐 까닭은 확실하지 않고 그 시기만 임진왜란 이후로 추정하고 있습니다. 경내의 건물로는 대웅보전과 설선당, 보종각, 부안군 벽산면의 실상사터에서 옮겨 세운 연래루가 있습니다.

내소사는 조선 인조 때 대웅보전을 지으면서 사미승의 장난으로 나무토막 한 개가 부정탔다 하여 빼놓은 채 지었는데, 그 때의 흔적을 찾으려고 사람들은 여기저기 두리번거린다고 합니다. 내소사는 일주문부터 천왕문에 걸쳐 약 600m에 이르는 전나무 숲길이 매우 유명합니다.

* **부안 개암사 대웅전(보물 제292호)** : 전라북도 부안군 상서면 개암사에 있는 조선 중기의 불전으로, 석가모니불상을 모시고 있는 대웅전은 앞면 3칸, 옆면 3칸 크기이며, 지붕은 옆면에서 볼 때 여덟 팔(八)자 모양을 한 팔작지붕입니다. 지붕 처마를 받치기 위해 장식하여 만든 공포가 기둥 위뿐만 아니라 기둥 사이에도 있는 다포 양식으로 꾸몄고, 기둥은 배흘림이 없는 직선의 둥근 기둥으로, 위로 갈수록 가늘어지는 민흘림기둥인데, 이 우람한 기둥 덕에 안정감을 주고 있습니다. 내부는 마루를 깔고 중앙 뒤쪽에 고주 2개를 세워 후불벽을 만들었고 그 앞에 불단을 놓았습니다. 이 대웅전은 17세기의 대표적인 불전이며, 조각기법에서도 세련미가 있는 건축물입니다.

개암사는 백제 무왕 35년(634)에 묘련 대사가 창건한 백제의 고찰로, 내소사와 함께 변산의 아름다운 절로 이름나 있습니다.

개암사는 변한의 문왕이 진한과 마한의 공격을 피해 이곳에 성을 쌓으며 왕궁의 전각을 짓고 동쪽을 묘암, 서쪽을 개암이라고 했는데, 묘련 대사가 궁전에 절을 지으며 동쪽의 궁전을 묘암사, 서쪽의 궁전을 개암사라 한 데서 이름 붙었습니다.

통일 신라 문무왕 16년(676년)에 원효 대사와 의상 대사가 중수하여 고려 시대에는 건물이 30여 채에 이르는 큰 사찰이었으나, 현재는 대웅보전과 응진전, 월성대, 요사채로 이루어져 단아한 정취를 자아내는 소박한 사찰이 되었습니다.

개암사로 들어가는 길은 단풍나무가 아름답게 심어져 있어 가을에 찾으면 더욱 운치가 있습니다.

* 구례 화엄사 대웅전(보물 제299호) : 전라남도 구례군 마산면 화엄사에 있는 건물 중 각황전(국보 제67호) 다음으로 큰 목조 건물로, 규모는 앞면 5칸, 옆면 3칸 크기이고, 지붕은 옆면에서 볼 때 여덟 팔(八)자 모양을 한 팔작지붕입니다. 지붕 처마를 받치기 위해 만든 기둥위의 장식 구조가 기둥 위뿐만 아니라 기둥 사이에도 있는 다포 양식으로 꾸몄고, 건물 안쪽 천장은 우물 정(井)자 모양으로 만든 우물천장이며, 불단 위에는 비로자나불을 비롯하여 3구의 금동불을 안치하였고, 삼존불 위쪽으로 장식적인 성격을 띠는 지붕 모형의 닫집을 놓아 엄숙한 분위기를 한층 높이고 있습니다. 이 대웅전은 규모도 크고 아름다우며, 건축 형식의 특징과 균형이 잘 잡혀있어 조선 중기 이후 건축사 연구에 귀중한 자료가 되는 건물입니다.

민족의 영산 지리산 자락에 위치한 화엄사는 백제 성왕 22년(544)에 인도에서 온 연기 대사에 의해 창건된 사찰로, 자장 율사와 도선 국사에 의한 중건 과정을 거치며 번성하다 임진왜란 때 모두 불에 타 없어지고, 인조 14년(1636)에 중건되어 오늘에 이르고 있습니다.

이 절은 화엄경의 '화엄' 두 글자를 따서 '화엄사'란 이름이 지어졌으며, 대웅전과 누문을 잇는 중심축과 각황전과 석등을 연결하는 동서축이 직각을 이루고 있는 독특한 가람배치를 갖추고 있습니다.

이 화엄사는 현존하는 목조 건물로는 최대의 규모를 자랑하는 각황전과 세련된 조각이 아름다운 사사자 3층 석탑, 우리나라에서 가장 크기가 큰 각황전 앞 석등, 각황전 안의 영산회괘불탱 등 4점의 국보와 대웅전, 화엄석경, 동·서 5층석탑 등 4점의 보물까지 빛나는 문화유산을 간직한 천 년 고찰입니다. 하동에서 화엄사에 이르는 길은 쌍계사 십리 벚꽃길과 더불어 벚꽃으로 장관을 이루어 해마다 4월 중순이면 사찰을 찾는 여행객이 끊이지 않고 있습니다.

각황전 앞 석등(국보 제12호)

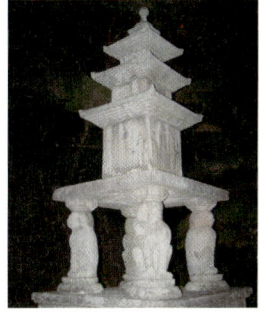

사사자 3층석탑(국보 제35호)

* 산청 율곡사 대웅전(보물 제374호) : 경상남도 산청군 신등면 율곡사에 있는 조선 시대의 불전으로, 건물의 규모는 앞면 3칸, 옆면 3칸 크기이며, 지붕은 옆면에서 보았을 때 여덟 팔(八)자 모양을 한 팔작지붕입니다. 지붕 무게를 받치기 위해 만든 장식 구조가 기둥 위뿐만 아니라 기둥 사이에도 있는 다포 양식이고, 기둥은 민흘림기둥이며, 앞쪽 문의 문살은 여러 문양으로 복잡하게 꾸며 건물에 더욱 다양한 느낌을 주고 있습니다. 건물 안쪽 천장은 우물 정(井)자 모양의 우물천장으로 만들어 천장 속을 가리고 있고, 불단 위쪽으로 지붕 모형의 닫집을 만들어 놓았습니다. 내부 불단은 후불벽보다 넓게 설치하고 그 위에 나무로 만든 아미타삼존불좌상을 안치하였습니다(대웅전 내부 모습 참조). 이 대웅전은 산속에 있는 비교적 큰 규모의 조선 중기 건물로, 간결하면서도 웅장한 멋을 갖추고 있는 다포집 계통의 불전 건축입니다.

율곡사는 진덕여왕 5년(651)에 원효 대사가 창건하였고, 경순왕 4년(930)에 감악 조사가 중창하였으나, 그 이후 고려 시대 및 조선 시대의 역사는 자세히 전하지 않고 있습니다. 이 사찰은 못을 전혀 쓰지 않고 조립한 것이므로 일명 '목침절'이라고 불립니다. 대웅전 밑의 땅에서 겨울에는 따뜻하고, 여름에는 찬 영천이 샘솟고 있고, 이 절 오른쪽의 암봉에는 새신바위가 있습니다.

대광명전

　대광명전은 비로전 또는 대적광전이라고도 하며, 본존불로는 비로자나불을, 삼신불(三身佛)을 봉안할 경우에는 노사나불이나 석가모니불을 함께 모십니다. 화엄종의 맥을 잇는 사찰에서는 비로자나불을 주불로 모시고 화엄전이란 명칭을 씁니다.

　화엄전은 『화엄경』에서 유래하고, 대적광전은 비로자나불의 연화장 세계가 대정적(大靜寂)의 세계라는 뜻에서, 대광명전은 비로자나라는 말 속에는 광명편조(光明遍照)의 뜻이 있으므로, 비로전은 비로자나불을 봉안하였다는 데서 유래한 이름입니다. 대개 대광명전이나 대적광전이란 이름이 붙으면 석가모니불·노사나불을 함께 모셔 삼신불을 이루는 경우가 많고, 비로전·화엄전에는 비로자나불만 봉안하는 경우가 많습니다. 후불탱화로는 삼신불을 한 폭에 표현하기도 하지만 법신탱·보신탱·화신탱의 세 가지 불화를 각기 표현하여 봉안하는 경우가 많습니다.

　우리나라에서 중요 문화재로 지정된 대광명전으로는 공주 마곡사에 있는 진리를 상징하는 비로자나불을 모신 불전인 마곡사 대광보전(보물 제802호), 양산 통도사에 있는 조선 중기의 불전인 통도사 대광명전(경상남도 유형문화재 제94호), 해남 대흥사에 있는 대흥사 대광명전(전라남도 유형문화재 제94호), 성남 봉국사에 있는 주심포계 양식으로 건축된 맞배지붕 건물인 봉국사 대광명전(경기도 유형문화재 101호) 등이 있습니다.

삼신불은 본래 법신·보신·화신의 대표격인 비로자나불·아미타불·석가모니불이 되나 대광명전의 삼신불은 선종의 삼신불로 봉안되기에 아미타불 대신에 노사나불을 봉안하는 것입니다.

* 공주 마곡사 대광보전(보물 제802호) : 충청남도 공주시 사곡면 운암리 마곡사에 있는 조선 시대의 사찰 건축물로, 진리를 상징하는 비로자나불을 모신 불전입니다. 이 건물은 마곡사의 중심 법당으로 해탈문·천왕문과 일직선으로 놓여 있습니다. 대광보전은 처음 건축한 시기는 알 수 없으나, 임진왜란 때 불에 타버렸던 것을 조선 순조 13년(1813)에 다시 지은 것으로, 규모는 앞면 5칸, 옆면 3칸이고, 지붕은 옆면에서 볼 때 여덟 팔(八)자 모양을 한 팔작지붕입니다. 지붕 처마를 받치기 위해 장식한 구조는 기둥 위뿐만 아니라 기둥 사이에도 있는 다포 양식입니다. 앞면 5칸에는 3짝씩 문을 달았는데 문살은 꽃 모양을 섞은 조각으로 장식하였고, 가운데 칸 기둥 위로 용 머리를 조각해 놓았습니다. 천장은 우물 정(井)자 모양으로 꾸몄고, 불단은 서쪽으로 마련하였는데 불단 위에는 불상을 더욱 엄숙하게 꾸미는 닫집을 정교하게 꾸며 달았습니다. 건물 안 바닥에는 참나무로 만든 돗자리가 깔려 있고, 그 위에 비로자나불이 모셔져 있는데, 부처님이 서쪽에서 동쪽을 보고 있는 것이 특이합니다(대광보전 내부 모습 참조). 이 불전은 안팎으로 구성과 장식이 풍부하고 건축 수법이 독특한 건물로, 조선 후기 건축사 연구에 귀중한 자료가 되고 있습니다.

공주 마곡사는 그 창건 연대가 정확하게 알려져 있지는 않으나, 신라 선덕여왕 9년(640)에 자장율사에 의해 창건되었다고 전해지며, 임진왜란 때 소실되었다가 여러 차례 중건을 거쳐 오늘에 이르고 있으며, 신라 시대 보철 화상이 설법을 할 때 '절 앞에 모인 신도들이 마치 삼밭의 삼과 같다' 해서 '마곡사'란 이름이 붙여졌습니다. 마곡사로 들어가는 길은 봄이면 벚꽃이 만발하여 '춘마곡, 추갑사'라는 말이 생겨났을 정도로 봄철에 특히 아름다운 곳입니다.

* 양산 통도사 대광명전(경상남도 유형문화재 제94호) : 경남 양산시 하북면 통도사에 있는 조선 중기의 불전으로, 법계(法界)의 진리를 상징하는 비로자나불을 모시는 전각이며, 건물의 크기는 정면 5칸, 측면 3칸의 겹처마 단층 팔작지붕 건물로서, 막돌을 바른층쌓기하고 상부에 장대석으로 갑석을 만든 기단 위에 막돌 초석을 놓았으며, 약한 배흘림이 있는 두리기둥을 세웠습니다. 중로전에 있는 3개의 전각 중 가장 크고 가장 뒤에 배치되어 있는 이 대광명전은 그 웅장함이나 위엄에 있어서 통도사 대웅전 다음으로 우수한 건물입니다.

* 해남 대흥사 대광명전(전라남도 유형문화재 제94호) : 전남 해남군 삼산면에 있는 비로자나불을 모시고 있는 불전으로, 이 대광명전은 표충사 동쪽에 위치하였으며, 초의선사가 조선 헌종 7년(1841)에 다시 지은 것으로, 크기는 앞면 3칸, 옆면 3칸의 규모이며, 지붕의 옆선이 사람 인(人)자 모양인 단순한 맞배지붕집입니다.

건물 안에는 법신불인 비로자나불을 봉안하였고, 천장은 중앙부 불단이 있는 위에만 우물천장을 높게 달고 연꽃무늬와 운학무늬를 넣었는데, 그 색채와 문양 자체가 다른 곳에서 보기 힘든 우수한 작품입니다.

대흥사는 두륜산의 절경을 배경으로 자리 잡고 있는 사찰로, 대흥사의 창건 시기에 대해서는 여러 설이 있지만 대흥사에서는 신라 진흥왕 5년(544)에 아도화상이 창건한 기록을 따르고 있습니다.

이 사찰은 여러 고승들에 의해 중건을 거듭하며 교종과 선종을 모두 아우르는 대도량이 되었고, 특히 임진왜란의 승병장이었던 서산대사 이후로 사찰의 규모가 확장되었습니다. 절 입구에서 경내로 들어가는 울창하고 긴 숲길과 계곡이 아름답기로 유명하며, 절이 번창하는 데 큰 공덕을 세운 서산대사를 비롯한 여러 고승들의 부도와 부도비가 있는 부도 밭도 큰 자랑거리입니다.

* **성남 봉국사 대광명전(경기도 유형문화재 제101호)** : 경기도 성남시 수정구 태평동에 있는 1674년(현종 15) 왕명으로 축존화상이 창건한 봉국사 내에 있는 법당입니다. 이 건물의 크기는 정면 3칸, 측면 3칸 크기이며, 지붕은 맞배지붕인데, 지붕의 처마를 받치는 공포가 기둥 위에만 있는 주심포 양식으로 몸체에 비해 지붕이 커서 외관이 장중하고, 자연석 기단에 놓인 고복형 초석 위에 민흘림기둥이 세워져 있으며, 쇠서의 장식적 형태, 연봉과 봉황 조각 등이 18세기 말의 수법을 보이고 있습니다.

이 대광명전은 내부 중앙에 나무로 만든 아미타여래좌상이 있고, 좌우로 관음보살, 지장보살을 모시고 있습니다.

극락전

극락전은 미타전 또는 무량수전이라고도 하며, 아미타불을 모십니다. 아미타불을 본존으로 하고, 좌우에 관세음보살과 대세지보살 또는 관세음보살과 지장보살을 모신 사찰의 건물이며, 후불탱화로는 극락의 법회를 묘사한 극락회상도나 극락구품탱화(極樂九品幀畵)를 걸어 둡니다. 우리나라에서는 이 법당이 대웅전 다음으로 많이 설치되어 있습니다. 이상향인 극락이 서쪽에 있으므로 보통 동향으로 배치하여, 예배하는 사람들이 서쪽을 향하도록 배치되어 있습니다.

우리나라에서 중요 문화재로 지정된 극락전으로는 강진 무위사에 있는 조선 초기의 양식을 뛰어나게 갖추고 있는 건물인 무위사 극락전(국보 제13호), 안동 봉정사에 있는 우리나라에 현존하는 최고(最古)의 목조 건축물인 봉정사 극락전(국보 제15호), 영주 부석사에 있는 우리나라에 남아 있는 목조 건물 중 안동 봉정사 극락전과 더불어 가장 오래된 건물로서 고대 사찰 건축의 구조를 연구하는데 매우 중요한 건물인 부석사 무량수전(국보 제18호), 영천 은해사 백흥암에 있는 은해사 백흥암 극락전(보물 제790호) 등이 있습니다.

통도사 반야 용선도

* 강진 무위사 극락전(국보 제13호) : 전라남도 강진군 성전면 무위사에 있는 불전으로, 무위사에서 가장 오래된 건물인 이 극락보전은 세종 12년(1430)에 지었으며, 건물의 규모는 앞면 3칸, 옆면 3칸 크기입니다. 지붕은 옆면에서 볼 때 사람 인(人)자 모양인 주심포계 단층 맞배지붕으로, 지붕 처마를 받치기 위해 만든 장식 구조가 기둥 위에만 있으며, 간결하면서도 아름다운 조각이 매우 세련된 기법을 보여주고 있습니다. 불전 내부에는 수미단 형태의 불단을 놓고 목조 아미타삼존불좌상을 안치하였습니다. 법당 안 아미타불 뒤로 아미타삼존도가 그려져 있는데, 이것은 조선 초기 불화의 대표작으로 꼽히는 작품입니다. 이 건물은 곡선재료를 많이 쓰던 고려 후기의 건축에 비해, 직선재료를 사용하여 간결하면서도 짜임새 있게 균형을 잘 이루고 있어 조선 초기의 양식을 뛰어나게 갖추고 있는 건물로 주목 받고 있습니다.

무위사는 신라 진평왕 39년(617)에 원효대사가 관음사라는 이름으로 처음 지은 절로, 여러 차례에 걸쳐 보수공사가 진행되면서 이름도 무위사로 바뀌게 되었습니다. 강진 차밭을 가로질러 찾아가는 무위사는 일주문 안으로 들여다보이는 절의 풍경이 평화롭고, 해질녘이면 붉은 햇살이 길게 누워 안으로 들어오는데 이때 절의 분위기는 마음에 절로 선심을 일으키게 한다고 합니다.

* **안동 봉정사 극락전(국보 제15호)** : 경상북도 안동시 서후면 봉정사에 있는 고려 후기의 목조 건축물로, 이 극락전은 우리나라에 현존하는 최고(最古)의 목조 건축물입니다. 건물의 규모는 앞면 3칸, 옆면 4칸 크기이며, 지붕은 옆면에서 볼 때 사람 인(人)자 모양을 한 맞배지붕입니다. 기둥은 배흘림 형태이고, 처마 내밀기를 길게 하기 위해 기둥 위에 올린 공포가 기둥 위에만 있는 주심포 양식입니다. 앞면 가운데 칸에는 문을 달고, 양 옆 칸에는 창문을 내었으며, 건물 안쪽 가운데에는 아미타불상을 모셔놓고 그 위로 불상을 더욱 엄숙하게 꾸미는 화려한 닫집을 만들었습니다. 또한 불상은 모신 불단이 옆면에는 고려 중기 도자기 무늬와 같은 덩굴무늬를 새겨 놓았습니다. 이 봉정사 극락전은 통일 신라 시대 건축양식을 본받고 있으며, 맞배지붕의 고결하면서도 아름다운 짜임새는 고려 시대 우리나라 목조 건물의 정수를 보이고 있습니다.

봉정사는 안동에서 규모가 가장 큰 사찰로, 672년 의상 또는 능인이 창건하였다고 전해집니다. 능인 창건설에 의하면 능인이 도력을 이용해 종이로 만든 봉황을 날렸는데, 이 종이 봉황이 앉은 곳에 절을 짓고 '봉황이 앉은 자리'라 해서 '봉정사'라 이름지었다는 전설이 전해오고 있습니다. 또 일설에는 의상이 화엄기도를 드리기 위해서 이 산에 오르니 선녀가 나타나 횃불을 밝혔고, 청마가 앞길을 인도하여 지금의 대웅전 자리에 앉았기 때문에 산 이름을 '천등산'이라 하고, 청마가 앉은 것을 기념하기 위해서 절 이름을 '봉정사'라 하였다고도 합니다.

* 영주 부석사 무량수전(국보 제18호) : 경상북도 영주시 부석면에 있는 부석사의 중심 건물로, 극락정토를 상징하는 아미타여래불상을 모시고 있습니다(무량수전 내부 모습 참조). 건물의 규모는 앞면 5칸, 옆면 3칸 크기이고, 지붕은 옆면이 여덟 팔(八)자 모양인 팔작지붕으로 꾸몄으며, 지붕 처마를 받치기 위해 만든 장식 구조가 간결한 형태로 기둥 위에만 짜서 올린 주심포 양식입니다. 특히 무량수전은 세부 수법이 후세의 건물에서 볼 수 있는 장식적인 요소가 적어 주심포 양식의 기본 수법을 가장 잘 남기고 있는 대표적인 건물로 평가 받고 있으며, 건물 안에는 다른 불전과 달리 불전의 옆면에 불상을 모시고 있는 것이 특징입니다. 무량수전은 우리나라에 남아 있는 목조 건물 중 안동 봉정사 극락전(국보 제15호)과 더불어 오래된 건물로서 고대 사찰 건축의 구조를 연구하는데 매우 중요한 건물이 되고 있습니다.

부석사는 신라 문무왕 16년(676) 왕명에 의해 의상대사가 창건한 사찰로, 우리나라 화엄종의 근본 도량입니다. 이 절은 봉정암 극락전과 함께 우리나라 최고의 목조 건물로 꼽히는 무량수전과 조사당이 있는 사찰로, '부석'이란 이름에는 창건 설화가 담겨 있습니다. 『삼국유사』에 있는 설화를 보면, 의상대사가 당나라에서 유학을 마치고 귀국할 때 그를 흠모한 여인인 선묘가 용으로 변해 이곳까지 따라와서 줄곧 의상대사를 보호하면서 절을 지을 수 있게 도왔다고 합니다. 이곳에 숨어 있던 도적떼를 선묘가 바위로 변해 날려 물리친 후 무량수전 뒤에 내려앉았다고 전해지는데, 그래서인지 무량수전 뒤에는 '부석'이라고 새겨져 있는 바위가 있습니다.

* **영천 은해사 백흥암 극락전(보물 제790호)** : 경상북도 영천시 청통면 은해사 백흥암에 있는 불전으로, 극락세계를 상징하는 아미타삼존불을 모시고 있으며, 건물의 규모는 앞면 3칸, 옆면 3칸 크기이며, 지붕은 옆면에서 볼 때 여덟 팔(八)자 모양을 한 팔작지붕입니다. 지붕 처마를 받치기 위해 만든 장식 구조가 기둥 위뿐만 아니라 기둥 사이에도 있는 다포 양식이며, 재료의 형태와 짜임이 조선 시대의 옛 수법을 잘 갖추고 있습니다. 안쪽 천장은 가운데를 높이고 주변을 낮게 만들어 층을 이루게 꾸몄습니다. 불상을 올린 불단(수미단)은 조각이 매우 특이하고 우수하여 보물 제486호 '영천 은해사 백흥암 수미단'으로 지정되어 있습니다.

수미단이란 절의 법당 정면에 상상의 산인 수미산 형태의 단을 쌓고 그 위에 불상을 모시던 대좌를 말하며, 영천 은해사 백흥암 수미단은 극락전에 있는 높이 125cm, 너비 413cm의 조선 후기에 만든 불단입니다.
이 불단은 각 단에 있는 새나 동물의 배열이 특색 있고, 조각기법도 매우 우수합니다.

문화재청

미륵전

미륵전은 도솔천에 있는 미륵보살이나 미래에 용화세계(龍華世界)에서 설법할 미륵불을 모신 사찰의 건물입니다. 미륵전을 본전으로 삼는 사찰은 대개 법상종의 맥을 전승한 사찰입니다. 미륵불이 출현하는 곳이 용화세계의 용화수 아래이므로 용화전(龍華殿)이라고도 하며, 장륙존상을 모신다고 하여 장륙전(丈六殿)이라고도 합니다. 이 법당 안에는 현재 도솔천(兜率天)에서 설법하며 내세에 성불하여 중생을 교화할 미륵보살을 봉안하거나 용화세계에서 중생을 교화하게 될 미륵불을 봉안하게 되는데, 우리나라에서는 미륵불을 봉안하는 경우가 많습니다. 이 때 미륵불은 석가모니불처럼 항마촉지인(降魔觸地印)을 취하는 경우가 많으나, 입상(立像)을 봉안하는 경우도 있습니다. 후불탱화로는 용화회상도가 봉안되는데, 이는 미륵불이 용화수 아래서 성불한 뒤 3회에 걸쳐 설법하여 모든 중생을 제도하는 내용을 상징화하고 있습니다. 우리나라에서 중요 문화재로 지정된 미륵전으로는 김제 금산사에 있는 전체적으로 규모가 웅대하고 안정된 느낌을 주며, 우리나라에 하나밖에 없는 3층 목조 건물인 금산사 미륵전(국보 제62호), 익산 남원사에 있는 말세에 나타나 석가모니가 구제하지 못한 중생을 모두 구제한다는 미륵불을 모신 전각인 남원사 미륵전(전라북도 문화재자료 제88호) 등이 있습니다.

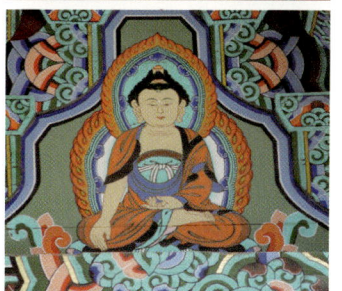

◆ **항마촉지인이란?** ◆

석가모니불을 나타내는 손모양은 그가 보리수 아래에서 마왕들의 항복을 받은 것을 나타내는 항마촉지인(降魔觸地印)인데, 이 자세는 왼손 손바닥을 위로하여 단전 부근에 대고 오른손을 무릎에 얹어 아래로 내리 누르는 형상입니다. 고타마 싯다르타의 설산 수행 당시 마구니들의 항복을 받아내는 수인으로 무릎위에 얹은 오른손 인지가 땅을 가리키자 마구니들이 땅 속으로 들어갔다는데서 유래합니다.

* 김제 금산사 미륵전(국보 제62호) : 전라북도 김제시 금산면 금산사에 있는 거대한 미륵존불을 모신 법당으로 용화전·산호전·장륙전이라고도 합니다. 이 미륵전 1층에는 '대자보전', 2층에는 '용화지회', 3층에는 '미륵전'이라는 현판이 걸려있으며, 1층과 2층은 앞면 5칸, 옆면 4칸 크기이고, 3층은 앞면 3칸, 옆면 2칸 크기로, 지붕은 옆면에서 볼 때 여덟 팔(八)자 모양인 팔작지붕입니다. 지붕 처마를 받치기 위해 장식하여 짠 구조가 기둥 위뿐만 아니라 기둥 사이에도 있는 다포 양식으로 꾸며졌고, 지붕 네 모서리 끝에는 층마다 모두 얇은 기둥(활주)이 지붕 무게를 받치고 있습니다. 건물 안쪽은 3층 전체가 하나로 터진 통층이며, 제일 높은 기둥을 하나의 통나무가 아닌 몇 개를 이어서 사용한 것이 특이합니다. 내부에 모셔져 있는 미륵장육삼존불 중 주존인 미륵존불은 높이가 11.82m에 이르는 거대한 금동불 입상이고, 좌우에서 협시하고 있는 법화림보살과 대묘상보살은 각각 8.79m의 금동보살 입상입니다(미륵전 내부 모습 참조). 이 극락전은 전체적으로 규모가 웅대하고 안정된 느낌을 주며, 우리나라에 하나밖에 없는 3층 목조 건물입니다.

금산사는 전라북도의 최대 사찰로, 후백제의 견훤이 유폐되었던 절로 알려져 있으며, 원래는 백제 시대에 지어지고 신라의 통일 이후 혜공왕 때 진표율사에 의해 중창되면서 절의 기틀이 갖추어졌다고 합니다. 이 사찰은 국보 제62호 미륵전을 비롯해 보물 10점 등의 여러 가지 문화재를 보유하고 있으며, 그 창건에 관해서도 많은 설화가 전해지고 있지만 『금산사지』를 근거로 백제 법왕 때 창건한 사찰로 추정하고 있습니다. 금산사는 오랜 세월을 지내온 동안 수많은 고승을 배출하면서 불교계의 지도적 역할을 담당해 온 유서 깊은 사찰입니다. 봄이면 금산사로 올라가는 길을 따라 벚꽃이 흐드러지게 피어 '벚꽃축제'가 열리고, 순례길은 금산사에서 청룡사를 지나 금산교회를 찾는 것으로 이어집니다.

* **익산 남원사 미륵전(전라북도 문화재자료 제88호)** : 전북 익산시 여산면 남원사에 있는 말세에 나타나 석가모니가 구제하지 못한 중생을 모두 구제한다는 미륵불을 모신 전각으로, 낮은 기단 위에 덤벙 초석(자연석을 그대로 놓은 주춧돌)을 놓고 지은 정면 3칸, 측면 2칸 크기의 맞배지붕 주심포 양식의 건물이며, 전면은 이중처마의 구조를 갖추고 있습니다. 지붕 양측에 방풍판을 달고 간략화한 공포는 장식을 아꼈으며, 기둥은 두리기둥(둘레를 둥그렇게 깎아 만든 기둥)입니다. 이 미륵전 안에는 고려 시대에 만든 오른손이 항마촉지인을 취하고 있는 미륵불좌상이 모셔져 있습니다(미륵전 내부 모습 참조).

약사전

약사전은 약사여래를 중심으로 좌우에 일광보살과 월광보살을 모신 사찰의 건물로, 법당 내의 약사여래상은 보통 선정인(禪定印)을 취한 수인(手印) 위에 약함을 놓고 있는 경우가 많습니다. 후불탱화로는 약사여래의 정토인 동방약사유리광회상도가 봉안됩니다. 원래 이 탱화에는 약사삼존불과 호법신장(護法神將)인 12신장을 함께 묘사하나, 우리나라 약사전의 후불탱화는 호법신을 사천왕(四天王) 등으로 구성하고 있습니다.

우리나라에서 중요 문화재로 지정된 약사전으로는 창령 관룡사에 있는 조선 전기의 건물로, 건물 안에는 중생의 병을 고쳐 준다는 약사여래를 모신 관룡사 약사전(보물 제146호), 강화 전등사에 있는 지붕 처마를 받치는 수법이 특이하여 당시의 건축수법을 연구하는데 귀중한 건물인 전등사 약사전(보물 제179호), 순천 송광사에 있는 현재 남아 있는 우리나라 법당 중 가장 작은 규모인 송광사 약사전(보물 제302호) 등이 있습니다.

◆ **선정인이란?** ◆

부처가 수행할 때 선정(禪定)에 들었음을 상징하는 수인(手印)으로, 석가의 근본 5인(선정인·항마촉지인·전법륜인·시무외인·천지인) 중의 하나이며, 삼마지인(三摩地印)이라고도 합니다. 이것은 결가부좌(結跏趺坐)한 불상에서 볼 수 있는 손 모양입니다.

* **창녕 관룡사 약사전(보물 제146호)** : 경남 창녕군 창녕읍 창녕 관룡사에 있는 불전으로, 조선 전기의 건물로 추정하며, 건물 안에는 중생의 병을 고쳐 준다는 약사여래를 모시고 있습니다.

건물의 규모는 앞면 1칸, 옆면 1칸 크기로, 매우 작은 불당이며, 지붕은 옆면에서 볼 때 사람 인(人)자 모양을 한 맞배지붕이고, 지붕 처마를 받치기 위해 장식한 구조는 기둥 위에만 있는 주심포 양식입니다.

이 약사전은 옆면 지붕이 크기에 비해 길게 뻗어 나왔는데도 무게와 균형을 잘 이루고 있어 건물에 안정감을 주고 있고, 작은 규모에도 짜임새가 훌륭하여 건축사 연구에 중요한 자료로 평가받고 있습니다.

이 약사전 안에 모셔져 있는 석조여래좌상은 보물 제519호로 지정되어 있습니다.

약사전 안에 모셔져 있는 석조여래좌상은 신라 시대 8대 사찰 중 하나였던 관룡사의 약사전에 모셔져 있는 불상으로, 표현기법에 있어 절의 서쪽 계곡에 있는 통일 신라 시대의 창녕 관룡사 용선대 석조여래좌상(보물 제295호)을 본떠 만든 것으로 보입니다.

* 강화 전등사 약사전(보물 제179호) : 인천광역시 강화군 길상면 전등사에 있는 불전으로, 중생의 병을 고쳐준다는 약사여래를 모시고 있는데, 이 약사전에 있는 석불좌상은 고려 말 조선 초에 제작된 것으로 신체비례로 보아 갸름한 체구에 단아한 얼굴형을 하고 있어 고려 불상 양식을 잘 나타내고 있습니다(약사전 내부 모습 참조). 건물의 규모는 앞면 3칸, 옆면 2칸 크기이며, 지붕은 옆면에서 볼 때 여덟 팔(八)자 모양과 비슷한 팔작지붕입니다. 건물 안쪽 천장은 우물 정(井)자 모양이고, 주위에는 화려한 연꽃무늬와 덩굴무늬를 그려 놓았으며, 지붕 처마를 받치는 수법이 특이하여 당시의 건축수법을 연구하는데 귀중한 자료로 평가되고 있습니다.

* 순천 송광사 약사전(보물 제302호) : 전라남도 순천시 송광면 송광사에 있는 불전으로, 모든 질병을 고쳐 주는 부처인 약사여래를 모시고 있습니다.

건물의 규모가 송광사에서 가장 작은 법당으로, 앞면・옆면이 모두 1칸으로 간결하며, 지붕은 옆면에서 볼 때 여덟 팔(八)자 모양을 한 팔작지붕입니다.

내부 구조는 대들보가 없고, 공포는 삼출목(三出目)이며, 네 모퉁이의 귀살미에서 이어지는 부재(部材)가 중앙에서 서로 교차하여 천장을 이루고 있습니다.

현재 남아 있는 우리나라 법당 중 가장 작은 규모인 이 약사전은 조각 수법으로 보아 조선 중기인 17세기 무렵의 건물로 추정되고 있습니다.

팔상전

팔상전은 부처의 일생을 여덟 장면으로 나누어 그린 팔상도를 모신 사찰 전각으로, 부처님의 일생을 팔상으로 묘사한 그림이나 조각을 봉안 합니다. 후불탱화로 영산회상도가 걸려 있어 영산전이라고도 하며, 천태종에서는 본존으로 삼고 있습니다.

주불은 석가모니불이며, 갈라보살과 미륵보살이 좌우에 있고, 불상은 있으나 불단이 크지 않으며, 벽에 붙은 팔상도와 불상 뒷면의 영산회상도가 주된 경배 대상입니다.

우리나라에서 중요 문화재로 지정된 팔상전으로는 보은 법주사에 있는 조선 시대의 목조 건물로 된 불전으로 우리나라 유일의 목조 5층탑인 법주사 팔상전(국보 제55호), 순천 선암사에 있는 석가여래의 생애를 묘사한 그림인 팔상도를 모시고 있는 법당인 선암사 팔상전(전라남도 유형문화재 제60호), 하동 쌍계사에 있는 석가모니의 생애를 그린 팔상도를 모신 불전인 쌍계사 팔상전(경상남도 유형문화재 제87호) 등이 있습니다.

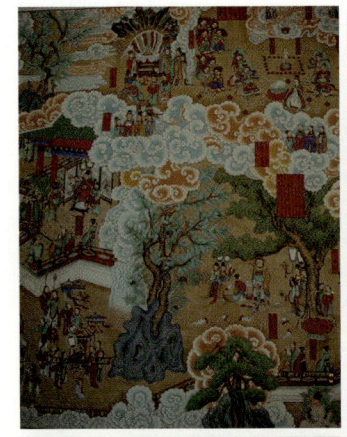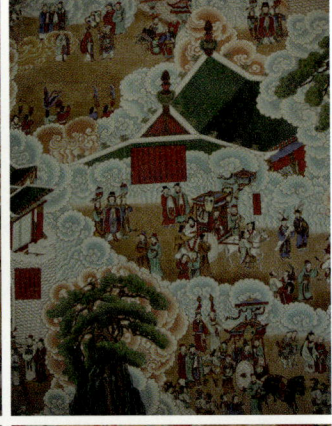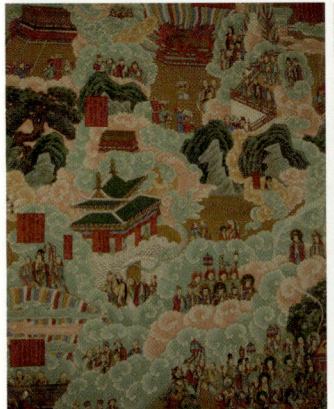

쌍계사 팔상성도

* 보은 법주사 팔상전(국보 제55호) : 충청북도 보은군 속리산면 법주사 경내에 있는 조선 시대의 목조 건물로 된 불전으로, 우리나라 유일의 목조 5층탑이며, 벽면에 부처의 일생을 8장면으로 구분하여 그린 팔상도(八相圖)가 그려져 있어 팔상전이라 이름 붙여졌습니다. 팔상전은 1층과 2층은 앞·옆면 5칸, 3·4층은 앞·옆면 3칸, 5층은 앞·옆면 2칸씩으로 되어 있고, 4면에는 돌계단이 있는데 낮은 기단 위에 서 있어 크기에 비해 안정감을 주고 있습니다. 지붕은 꼭대기 꼭지점을 중심으로 4개의 지붕면을 가진 사모지붕으로 만들었으며, 지붕 위쪽으로 탑 형식의 머리장식이 달려 있습니다. 건물의 양식 구조가 층에 따라 약간 다른데, 1층부터 4층까지는 지붕 처마를 받치기 위해 만든 장식 구조가 기둥 위에만 있는 주심포 양식이고, 5층은 기둥과 기둥 사이에도 공포를 설치한 다포 양식으로 꾸몄으며, 건물 안쪽은 사리를 모시고 있는 공간과 불상과 팔상도를 모시고 있는 공간, 그리고 예배를 위한 공간으로 이루어져 있습니다. 법주사 팔상전은 지금까지 남아 있는 우리나라의 탑 중에서 가장 높은 건축물이며, 하나뿐인 목조탑이라는 점에서 중요한 의미를 갖고 있습니다.

철확

사명대사가 중창한 1500년 역사의 법주사는 553년 의신 스님에 의해 세워졌고, 이후 776년에 진표 스님과 영심 스님이 중창을 했으며, 60여 동 70여 개의 암자를 거느렸던 큰 절이었는데 임진왜란 때 거의 모든 건물이 불타 없어졌다가 전쟁이 끝나고 승병을 이끌던 사명대사와 벽암 스님 등에 의해 다시 절이 지어졌고, 그 이후 약간의 증개축을 거쳐 지금에 이르고 있습니다.

법주사는 불법의 은혜가 큰 절이라고 여겨 고려 시조 왕건은 물론 고려의 공민왕, 조선의 세조 등 여러 임금이 찾았던 사찰로, 절이 가장 번성했을 때는 절에 머무르는 스님만 3천명이 넘었다고 전해지고 있습니다. 이를 증명이라도 하듯 경내에 높이 120cm, 지름 270cm, 두께 10cm의 대형 솥이 놓여 있는데, '철확'이라고 하는 이 무쇠 솥은 수천 명이 먹을 국을 끓일 수 있는 크기입니다. 또 절에 이르는 길가에는 세조의 어련이 지나갈 때 길을 비켰다는 전설을 지니고 있는 정2품 송(천연기념물 103호)이 있습니다. 법주사에 들르면 팔상전, 미륵대불, 쌍사자석등, 마애여래의상 등은 꼭 봐야 합니다.

불교 유산 73

* 순천 선암사 팔상전(전라남도 유형문화재 제60호) : 전남 순천시 승주읍 선암사에 있는 석가여래의 생애를 묘사한 그림인 팔상도를 모시고 있는 법당으로, 건물의 규모는 앞면 5칸, 옆면 3칸 크기이며, 지붕은 옆면이 사람 인(人)자 모양인 맞배지붕입니다. 지붕 처마를 받치면서 장식을 겸하는 공포가 기둥 위와 기둥 사이에도 배치된 다포계이고, 내부에는 팔상도 외에 도선·서산·무학·지공·나옹 등 우리나라 고승과 33조사(祖師)들의 영정이 모셔져 있습니다.

* 하동 쌍계사 팔상전(경상남도 유형문화재 제87호) : 경남 하동군 화개면 쌍계사에 있는 석가모니의 생애를 그린 팔상도를 모신 불전으로, 건물의 규모는 앞면 3칸, 옆면 3칸의 크기이며, 지붕은 여덟 팔(八)자 모양의 화려한 팔작지붕입니다. 처마를 받치면서 장식을 겸하는 공포는 기둥 위와 기둥 사이에도 있는 다포식으로, 기둥과 기둥 사이에는 2구씩 포를 배치하였으며, 전체적으로 건물 높이에 비하여 처마의 길이는 짧습니다. 내부의 천장은 점차 높이 올라가는 층단형으로 높직하게 보이나 단순한 형태를 이루고 있고, 내부에는 영산회상도(보물 제925호)와 팔상도가 모셔져 있습니다.

응진전

응진전은 석가모니를 본존으로 모시면서도 그 제자들에 대한 신앙 세계를 함께 묘사한 사찰 당우로, 부처님의 제자들인 십육나한(十六羅漢)을 모십니다. 응진전이라는 이름은 나한에서 나온 것으로, 나한은 수행을 마치고 이미 성자의 위치에 오른 이들로, 산스크리트어 '아라하트'를 음역한 것입니다. 중생의 공양에 응할 만한 수행이 있다고 해서 응공(應供), 진리에 응하여 남을 깨우친다는 뜻에서 응진(應眞)이라는 이름으로도 불리기에 나한을 모신 건물을 '응진전'이라 한 것입니다. 큰 영험을 가진 나한들은 일찍부터 민간에서 신봉되어 나한신앙으로 발달하였으며, 별도로 전각을 지어 봉안하였습니다. 후불탱화로는 주로 영산회상도나 16나한도가 많이 봉안됩니다.

우리나라에서 중요 문화재로 지정된 응진전으로는 울진 불영사에 있는 석가모니를 중심으로 좌우에 아난·가섭과 16나한상을 모시고 있는 불전인 불영사 응진전(보물 제730호), 양산 통도사에 있는 석가여래좌상과 좌우의 미륵보살, 제화갈라보살을 봉안하고 있는 불전인 통도사 응진전(경상남도 유형문화재 제196호), 공주 마곡사에 있는 석가여래를 중심으로 좌우에 16나한상을 모시고 있는 불전인 마곡사 응진전(충청남도 문화재자료 제65호) 등이 있습니다.

설봉스님 作

* **울진 불영사 응진전(보물 제730호)** : 1578년(선조 11)에 건립한 건물로 불영사의 건물 가운데 가장 오래되었으며, 통일 신라 말의 선종 구산문 가운데 하나인 도굴산파의 개조 범일국사의 초상화인 탱화를 봉안한 곳입니다. 불영사에 있는 응진전은 석가모니를 중심으로 좌우에 아난 · 가섭과 16나한상을 모시고 있는 불전으로, 건물의 규모는 앞면 3칸, 옆면 2칸 크기이고, 지붕은 옆면에서 볼 때 사람 인(人)자 모양을 한 맞배지붕입니다. 지붕 처마를 받치기 위해 만든 장식 구조는 기둥 위뿐만 아니라 기둥 사이에도 있는 다포 양식이며, 앞면 가운데 칸에는 4짝 여닫이문을, 양쪽 칸에는 작은 창을 달아 놓았습니다. 건물 안쪽은 천장 속을 가리기 위해 우물 정(井)자 모양의 천장으로 꾸몄고, 건물에 남아 있는 단청은 안쪽이 비교적 잘 남아 있어 조선 중기의 문양을 살펴볼 수 있습니다. 이 응진전은 전체적으로 조선 중기적인 특징을 보이고 있으나, 첨차 및 쇠서 등의 세부 수법에서는 조선 전기의 수법이 혼용되어 있어 건축사적인 측면에서 매우 귀중한 자료가 되고 있습니다.

울진군 관내에서 가장 크고 유래가 깊은 불영사는 문화재가 많아서 사람들에게 널리 알려져 있는 대표적인 사찰입니다. 651년(진덕여왕 5)에 의상대사가 백암산 아래 단하동과 해봉에 올라가서 북쪽을 보니 서역의 천축과 같은 명산이 바라보여 산마루를 타고 그곳에 당도하니 산세의 묘함이 인도의 천축산과 비슷하여 산 이름을 천축산이라고 하였고, 전면의 큰 못에는 아홉 마리의 용이 있으므로 주문으로 용을 쫓아내고 그 자리에 절을 지어 구룡사라 하였습니다. 그 후 오랜 세월이 흘러간 뒤 절의 서쪽 산에 있는 부처님과 같은 바위의 그림자가 못에 항상 비춰져 절 이름을 다시 '불영사'로 개칭했다고 합니다. 오랜 세월이 흐른 후 의상대사가 서산으로 가서 영주 부석사와 봉화 각화사를 창건하고 15년 동안 돌아다니다가 다시 불영사로 돌아오니 마을의 한 늙은 노인이 말하기를 "부처님이 다시 돌아오셨다"고 하여 백암산 '불귀사'라고도 하였습니다.

* **양산 통도사 응진전(경상남도 유형문화재 제196호)** : 경남 양산시 하북면 통도사에 있는 석가여래좌상과 좌우의 미륵보살, 제화갈라보살을 봉안하고 있는 불전으로, 건물의 규모는 앞면 3칸, 옆면 3칸 크기이며, 지붕은 옆모습이 사람 인(人)자 모양인 맞배지붕으로 되어 있습니다.

지붕을 받치기 위해 장식하여 만든 공포는 기둥 위에만 있는 주심포 양식의 건물로 비교적 간결하나, 공포의 구조가 주심포 이외의 양식을 쓰고 있어 절충된 양식을 보이고 있습니다.

이 응진전은 공포를 제외하면 주심포 양식의 특징을 잘 갖추고 있는 조선 후기의 건축물입니다.

* **공주 마곡사 응진전(충청남도 문화재자료 제65호)** : 충남 공주시 사곡면 마곡사에 있는 석가여래를 중심으로 좌우에 16나한상을 모시고 있는 불전으로, 건물의 규모는 앞면 3칸, 옆면 2칸 규모 크기이며, 지붕은 옆면에서 볼 때 여덟 팔(八)자 모양인 팔작지붕입니다. 지붕 처마를 받치기 위해 장식하여 만든 공포는 기둥 위와 기둥 사이에도 있는 다포양식으로 짜서 올렸고, 안쪽에는 부처님을 중심으로 좌우에 부처님의 제자인 16나한상을 모시고 있습니다.

이곳은 부처님의 제자인 16나한을 모신 곳으로, '나한전(羅漢殿)'이라고도 합니다.

불교 유산 77

나한전

나한전은 수도승에 대한 신앙 형태를 나타내는 사찰 당우의 하나로, 부처님의 오백제자인 오백나한을 모십니다. 나한전은 대웅전과 달리 좁은 폭의 불단을 ㄷ자형으로 배치하여 부처와 나한을 차례로 봉안하고, 깨달음의 정도가 낮은 나한을 주요 대상으로 하기 때문에 불단을 장식하지도 않고 절집이 장엄하지도 않습니다. 위치도 주불전에서 떨어진 자리에 두고, 건물의 외양도 주불전보다 격이 낮게 합니다. 우리나라에서 중요 문화재로 지정된 나한전으로는 영주 성혈사에 있는 지형에 따라 건물을 자연스럽게 배치하고 부처님의 제자인 나한을 모신 불전인 성혈사 나한전(보물 제832호), 하동 쌍계사에 있는 석가여래와 16나한상을 모신 불전인 쌍계사 나한전(경상남도 유형문화재 제124호), 완주 송광사에 있는 목조 석가여래좌상을 중심으로 좌·우에 16나한과 오백나한·인왕상·동자상·사자상을 모시고 있는 불전인 송광사 나한전(전라북도 유형문화재 제172호) 등이 있습니다.

* **영주 성혈사 나한전(보물 제832호)** : 경북 영주시 순흥면에 위치해 있고, 지형에 따라 건물을 자연스럽게 배치한 나한전은 부처님의 제자인 나한을 모신 불전으로, 건물 규모는 앞면 3칸, 옆면 1칸 크기이며, 지붕은 옆면에서 볼 때 사람 인(人)자 모양을 한 맞배지붕입니다. 기단은 자연석 쌓기에 상면 한 단을 화강석으로 마감하고 그 위에 자연석 초석을 놓아 배흘림기둥을 세웠습니다. 지붕 처마를 받치기 위해 만든 장식 구조는 기둥 위뿐만 아니라 기둥 사이에도 있는 다포 양식으로 꾸몄고, 앞문의 창에 꽃살문 조각을 만들어 장식하였는데, 특히 가운데 칸에서 물고기, 게, 동자상, 연꽃, 새 등의 뛰어난 조각과 공예기술을 엿볼 수 있습니다.

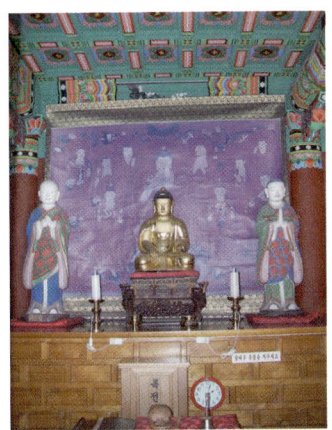

* **하동 쌍계사 나한전(경상남도 유형문화재 제124호)** : 경남 하동군 화개면 쌍계사에 있는 석가여래와 16나한상을 모시는 불전으로, 건물의 규모는 앞면 3칸, 옆면 2칸 크기이며, 지붕은 옆면이 사람 인(人)자 모양인 맞배지붕입니다.

지붕 옆면에는 바람을 막아주는 널판이 있고, 내부 천장은 우물천장이며, 석가여래 위쪽의 장식은 휘장 모양의 단청으로 대신하고 있습니다. 쌍계사 나한전은 전체적으로 규모가 작은 건물이어서 사용된 재료의 크기도 작고, 장식도 생략되어 있어, 부속된 법당의 격에 맞춘 것 같은 소박한 느낌을 줍니다.

* **완주 송광사 나한전(전라북도 유형문화재 제172호)** : 전북 완주군 소양면 송광사에 있는 목조 석가여래좌상을 중심으로 좌·우에 16나한과 오백나한·인왕상·동자상·사자상을 모시고 있는 불전으로, 건물의 규모는 앞면 3칸, 옆면 3칸 크기이며, 지붕은 옆면 지붕선이 여덟 팔(八)자 모양인 팔작지붕입니다. 또한 지붕 처마를 받치기 위해 장식하여 만든 공포는 기둥 위에만 있는 주심포 양식으로 되어 있고, 천장은 우물 정(井)자 모양으로 짜 맞추어 천장 윗부분을 가리게 꾸민 우물천장입니다.

불교 유산 79

문수전

문수전은 석가모니 부처님인 좌보처인 '문수보살님을 주존으로 모신 전각'으로, 지혜 제일의 문수보살을 모십니다. 별도로 문수보살님만을 모셨기 때문에 절에서는 드물게 볼 수 있으며, 없는 곳이 많습니다. 특별히 문수보살과 인연이 있거나 설화가 있는 절에서 모십니다. 오대산 '상원사의 문수전은 조선 시대 세조와의 인연'으로 유명합니다.

우리나라에서 중요 문화재로 지정된 문수전으로는 고창 문수사에 있는 조선 말기에 돌로 만든 문수보살입상이 있는 불전인 문수사 문수전(전라북도 유형문화재 제52호), 평창 상원사에 있는 1947년 월정사 주지 지암 스님이 금강산 마하연의 건물을 본 떠 지은 불전인 상원사 문수전 등이 있습니다.

* **고창 문수사 문수전(전라북도 유형문화재 제52호)** : 전라북도 고창군 고수면 문수사에 있는 조선 말기에 돌로 만든 문수보살입상이 있는 불전으로, 대웅전 바로 뒤편에 있는데, 건물의 규모는 정면 3칸, 측면 1칸 크기이며, 지붕은 맞배지붕입니다. 이 문수전은 다포계 건물로, 기단은 자연석으로 조성하였으며, 주초는 덤벙 주초(자연석을 그대로 놓은 주춧돌)를 사용하였습니다. 공포는 주심포 양식에 익공 양식을 가미하여 짜여 졌고, 지붕은 부연을 달아 겹처마 형식을 취하였습니다. 법당 안의 문수보살상이 남쪽으로 향해 있어 정문이 서쪽 가운데와 남쪽 측면 양쪽으로 나 있는 것이 특색이며, 문수전에 걸려 있는 현판은 추사 김정희의 글씨입니다.

* **평창 상원사 문수전** : 강원도 평창 오대산 상원사에 있는 전각이며, 1947년 월정사 주지 지암 스님이 금강산 마하연의 건물을 본 떠 지은 불전으로, 그 규모는 정면 8칸, 측면 4칸의 ㄱ 자형 건물입니다. 기록에 의하면 조선 시대 때 신미대사의 발원에 따라 세조가 상원사를 왕실의 원당으로 삼으려고 학열 스님에게 친히 불사를 주관하게 하였고, 학

열 스님은 세조 11년(1465년)에 공사를 시작하여 다음해 동서불전을 비롯하여 누각, 나한전, 청련당, 선원 등을 건립하였다고 합니다. 그러나 이 법당은 선원 뒤에 있던 조실에서 실화로 전소되고 1947년 새로 지은 것입니다.

평창 상원사 목조문수동자좌상(국보 제221호) : 상원사는 조선 세조가 이곳에서 문수동자를 만나 질병을 치료했다는 전설이 내려오는 문수신앙과 밀접한 관계가 있는 절로, 상원사의 문수동자좌상은 예배의 대상으로서 만들어진 국내 유일의 동자상이라는 점에서 주목할 만합니다. 이 문수동자좌상은 고개는 약간 숙인 상태이고, 신체는 균형이 잡혀 있으며, 머리는 양쪽으로 묶어 올린 동자머리를 하고 있습니다. 얼굴은 볼을 도톰하게 하여 어린아이 같은 천진스러움을 잘 나타내주고 있고, 넓은 어깨에는 왼쪽에서 오른쪽 겨드랑이로 가로질러 옷자락이 표현되어 있으며, 가슴에는 구슬장식이 늘어져 있습니다. 최근에 이 동자상 안에서 발견된 유물에 '조선 세조의 둘째 딸 의숙공주 부부가 세조 12년(1466)에 이 문수동자상을 만들어 모셨다'는 내용이 적혀 있어, 작품이 만들어진 시대와 유래가 확실하다는 점에서 조선 전기 불상 연구에 귀중한 자료가 되고 있습니다.

◆ **세조와의 인연** ◆

등창이 난 세조가 오대산 상원사 문수보살상 앞에서 100일 기도를 했다. 기도를 마치고 몸이 가려워 혼자 목욕을 하는데, 지나가는 동자승이 있어서 등을 밀어달라고 했다. 그리고 "네가 나가서 행여나 사람을 만나더라도 왕의 옥체에 손을 대고 흉한 종기를 씻어드렸다는 얘기를 해서는 안 된다."고 하였더니 동자승이 미소를 지으며 "잘 알겠습니다. 상감께서도 후일에 누구를 보시던지 오대산에 가서 문수동자를 친견했다는 말씀을 하지 마시기를 부탁드립니다."는 말과 함께 홀연히 사라져 버렸다. 현재 오대산 상원사 문수전에는 세조가 보았다는 목조 문수동자좌상이 있습니다.

명부전

　명부전은 부처님의 원력으로 극락왕생을 기원하는 법당으로, 저승의 유명계(幽冥界)를 상징하는 사찰 당우 중 하나이며, 지장보살과 지옥의 심판관인 시왕(十王)의 그림을 모신 전각입니다. 유명계의 시왕(十王)을 봉안하여 시왕전이라고도 하며, 지장보살을 봉안하여 지장전이라는 이름으로도 불립니다.

　이 법당 내에는 지장보살이 중앙에 위치하고 좌우로 도명존자와 무독귀왕이 서 있으며, 그 양쪽으로 시왕들을 봉안합니다. 시왕들 앞에는 시중을 드는 동자가 하나씩 서 있고, 이들 외에도 편관 2위, 녹사 2위, 장군 2위 등이 있어서 명부전에는 모두 29위의 상이 있는 것이 보통입니다. 명부전의 후불탱화는 소재회상도로 지장보살 뒤에 봉안하며, 시왕들의 뒤에는 명부시왕탱화를 봉안합니다. 명부전은 일반적으로 대웅전의 우측에 자리 잡고 있습니다.

　우리나라에서 유명한 명부전으로는 강화 전등사에 있는 지장보살을 비롯해 시왕 10위 · 귀왕 2위 · 편관 2위 · 녹사 2위 · 동자 9위 등 많은 존상들을 모신 불전인 전등사 명부전, 서산 개심사에 있는 지장보살을 모신 불전인 개심사 명부전(충청남도 문화재자료 제194호), 공주 마곡사에 있는 일제강점기 때 만든 건축물이지만 건축의 양식적 특징은 조선 후기 소규모 다포식 팔작지붕 양식을 갖춘 마곡사 명부전(충청남도 문화재자료 제64호) 등이 있습니다.

* 강화 전등사 명부전 : 강화도 정족산성 안에 있는 유서 깊은 사찰인 전등사의 법당으로, 약사전 바로 옆 서남 방향에 있습니다. 건물의 규모는 정면 3칸, 측면 2칸 크기이며, 지장보살을 비롯해 시왕 10위·귀왕 2위·편관 2위·녹사 2위·동자 9위 등 많은 존상들이 모셔져 있는데, 그 중 전등사 명부전에 모셔져 있는 지장시왕상 및 시왕도일습은 인천광역시 유형문화재 제56호로 지정되어 있습니다.

* 서산 개심사 명부전(충청남도 문화재자료 제194호) : 충남 서산시 운산면 개심사에 있는 지장보살을 모시는 불전으로, 건물의 규모는 앞면 3칸, 옆면 3칸 크기이며, 지붕은 옆면에서 볼 때 사람 인(人)자 모양인 맞배지붕입니다. 지붕 처마를 받치기 위해 장식하여 만든 공포는 새 날개 모양의 익공 양식으로 꾸몄고, 건물 안쪽은 천장의 뼈대가 그대로 드러나 있는 연등천장으로 되어 있으며, 기둥이 없어서 넓어 보이는 공간에 천불지장보살좌상과 시왕상(十王像)을 모시고 있습니다.

* 공주 마곡사 명부전(충청남도 문화재자료 제64호) : 충청남도 공주시 사곡면 마곡사 경내에 있는 목조로 만든 불전으로, 오래된 건물은 아니지만 가람 배치 때에 반드시 갖춰야 하는 불전이라 할 수 있습니다.

건물의 규모는 정면 3칸, 측면 2칸 크기이고, 지붕은 겹처마 팔작지붕이며, 지붕 구조는 무고주(無高柱) 5량집입니다. 평면 내부는 한 칸으로, 가운데를 중심으로 3면벽에 불단을 설치한 다음 불상을 봉안해 두었고, 또한 자연석으로 외벌대 기단을 만들었으며, 덤벙 주초를 놓은 다음 흘림이 없는 원기둥을 세웠습니다.

이 명부전은 비록 일제강점기 때 만든 건축물이지만, 건축의 양식적 특징은 조선 후기 소규모 다포식 팔작지붕으로, 당시 건축의 기술적 특징을 잘 보여주고 있습니다.

관세음보살을 절의 주존불로 모실 때에는 원통전이라 하며, 부속되는 불전 속에 관세음보살을 모실 때에는 보통 관음전이라 합니다. 칠성각은 북두칠성을, 산신각은 토속적인 산신을 호랑이와 함께 그려서 모시며, 독성각은 말세 중생에게 복을 베푸는 나반존자를 봉안하게 됩니다.

산신각이나 칠성각은 불교신앙과는 직접 관련이 없지만, 이들 도교 신앙이 불교로 흡수되는 과정을 보여 준다는 면에서 흥미로운 배치입니다.

강당

  설법이나 법요의식(法要儀式) 등을 행하는 당우로서, 조선 시대 선종에서는 법당이라고 불렀습니다. 인도에서는 이 강당과 포살당(布薩堂)을 구분하여 지었으나, 우리나라에서는 특별히 별도의 건물을 짓지는 않았고, 다만, 강당 등에서 이와 같은 포살의식을 집행할 때에는 그 건물을 설계당(說戒堂)이라고 불렀습니다.

승당

  승려들이 좌선, 정진하는 곳입니다. 후에는 승려들이 거처하는 곳인 승방(僧房)과 구별하기 위해서 참선하는 방이나 집을 선방(禪房)이라고 부르게 되었습니다.

산문

  산문은 사원의 입구에 있는 문으로, 총문(總門) 또는 삼문(三門)이라고도 합니다. 삼문이란 절 경계문인 산문, 큰문인 대문, 예배장소로 들어가는 중문의 셋을 가리키는데, 우리나라에서는 대체로 일주문 · 천왕문 · 불이문 또는 문루의 순으로 배열되어 있습니다.

일주문

  일주문은 사찰에 들어서는 산문(山門) 가운데 첫 번째 문입니다. 이 일주문은 기둥이 한 줄로 되어 있는 데서 유래된 말로, 네 기둥을 세우고 그 위에 지붕을 얹는 일반적인 가옥 형태와는 달리 일직선상의 두 기둥 위에 지붕을 얹는 독특한 형식을 갖추고 있습니다.

사찰에 들어가는 첫 번째 문을 독특한 양식으로 세운 것은 일심(一心)을 상징하는 것이고, 신성한 가람에 들어서기 전에 세속의 번뇌를 불법의 청량수로 말끔히 씻고 일심으로 진리의 세계로 향하라는 상징적인 가르침이 담겨 있습니다.

일주문은 절의 정문이므로, 일주문 현판에는 사찰의 이름이 씌어 있는데, 흥미로운 것은 절 이름 앞에 그곳의 산 이름을 붙인다는 것입니다. 예를 들면 오대산 월정사, 영축산 통도사, 가야산 해인사 등과 같이 절과 산을 함께 표시합니다.

우리나라에서 중요 문화재로 지정된 일주문으로는 순천 선암사에 있는 지붕 옆면이 사람 인(人)자 모양인 단순한 맞배지붕집인 선암사 일주문(전라남도 유형문화재 제96호), 경남 덕유산에 있는 2개의 기둥만으로 지붕을 지탱하는 건물인 용추사 일주문(경상남도 유형문화재 제54호), 전라북도 종남산 기슭에 있는 다포계 구조로 된 맞배지붕 형식인 송광사 일주문(전라북도 유형문화재 제4호), 부산 범어사에 있는 우리나라 전통 건축의 구조미를 잘 표현하여 걸작품으로 평가받고 있는 범어사 조계문(보물 제1461호), 경남 지리산 기슭에 있는 화려한 다포계 후기의 특징을 잘 나타내고 있는 쌍계사 일주문(경상남도 유형문화재 제86호), 전남 태안사 입구에 있는 태안사 일주문(전라남도 유형문화재 제83호) 등이 있습니다.

선암사 삼인당

* **순천 선암사 일주문(전라남도 유형문화재 제96호)** : 전남 순천에 있는 선암사 일주문은 9개의 돌계단을 앞에 두고 있으며, 지붕 옆면이 사람 인(人)자 모양인 단순한 맞배지붕집입니다. 2개의 기둥을 나란히 세우고, 그 앞뒤로 보조 기둥을 세웠으나 위로부터 30㎝ 중간에서 보조 기둥을 잘랐는데, 이는 다른 일주문에서 볼 수 없는 특이한 양식입니다. 지붕 처마를 받치면서 장식을 겸하는 공포는 기둥 위와 기둥 사이에 배치된 다포식 건물이며, 기둥과 기둥 사이에 배치되는 공간포를 앞면에 3구, 옆면에 1구씩 두어 공포로 꽉 차 있는 것처럼 보이게 하였고, 기둥 위에는 용머리를 조각하였습니다. 앞면 중앙에 '조계산 선암사(曹鷄山 仙巖寺)'라는 현판이 걸려 있습니다. 선암사 일주문은 임진왜란(1592)과 병자호란(1636)의 전화를 입지 않은 유일한 건물로, 현재까지 조선 시대 일주문의 양식을 잘 보전하고 있는 건축물입니다.

* 함양 용추사 일주문(경상남도 유형문화재 제54호) : 경상남도 덕유산에 있는 용추사 일주문은 2개의 기둥만으로 지붕을 지탱하는 건물이며, 약 3m 정도의 둘레와 높이를 갖는 굵은 원기둥을 4m 정도의 간격으로 세운 뒤, 지붕 옆면이 여덟 팔(八)자 모양인 화려한 팔작지붕을 올렸습니다. 이 문은 다포계 건물로서 지붕 처마를 받치면서 장식을 하는 공포가 빽빽하게 들어차 있고, 현판은 남쪽으로 향한 정면에만 있는데, '덕유산 장수사 조계문(德裕山長水寺曹溪門)'이라 새겨져 있습니다. 용추사 일주문은 일주문으로서 유례를 찾기 어려울 정도로 대단히 큰 규모의 문입니다.

* 완주 송광사 일주문(전라북도 유형문화재 제4호) : 전라북도 종남산 기슭에 있는 송광사 일주문은 전체적인 균형이 잘 이루어져 있어 말쑥하고 단정한 멋을 느끼게 하며, 다포계 구조로 된 맞배지붕 형식입니다. 공포는 용머리를 조각하는 등 조선 중기 이후의 화려한 장식적 수법을 엿볼 수 있고, 기둥의 앞뒤로 연꽃무늬를 장식한 보조 기둥을 세워 안정감을 주고 있으며, 앞면 중앙에는 '종남산 송광사(終南山松廣寺)'라는 현판이 걸려있습니다.

송광사 일주문은 전체적인 균형을 잘 이루고 있어 단정하고 원숙한 비례감을 느끼게 하는 조선 중기의 건축물입니다.

* **부산 범어사 조계문(보물 제1461호)** : 부산 범어사에 있는 조계문(일주문)은 일렬로 장주형(長柱形) 초석들을 네 개 세우고, 이 초석 위에 높이가 낮고 굵은 두리기둥을 세워 기둥 사이를 창방으로 결구하고 이 위에 다시 평방을 놓아 장방형의 틀을 짠 뒤 공포(栱包)를 놓아 다포식 건축을 이루고 있습니다.

이 조계문은 사찰의 일주문이 가지는 기능적인 건물로서의 가치와 함께 모든 구성 부재들의 적절한 배치와 결구를 통한 구조적인 합리성 등이 시각적으로 안정된 조형 및 의장성을 돋보이게 하고 있습니다.

이 일주문은 우리나라 전통 건축의 구조미를 잘 표현하여 걸작품으로 평가받고 있습니다. 범어사 일주문인 조계문의 중앙 어칸에는 '조계문(曹溪門)'이라 새겨져 있고, 좌우 협칸에는 '금정산 범어사(金井山梵魚寺)'와 '선찰대본산(禪刹大本山)'이라 새겨져 있습니다.

* **하동 쌍계사 일주문(경상남도 유형문화재 제86호)** : 경남 지리산 기슭에 있는 쌍계사 일주문은 양쪽에 기둥을 하나씩 세워 지붕을 받치고 있는데, 지붕은 옆면이 여덟 팔(八)자 모양의 팔작지붕입니다.

지붕 처마를 받치면서 장식을 겸하는 공포는 기둥 위와 기둥 사이에도 배치되어 있는 다포식으로, 앞면에는 3구씩, 옆면에는 2구씩 배치하여, 처마가 매우 화려하며 공포로 꽉 차 있는 것처럼 보이게 하였습니다. 이 쌍계사 일주문은 화려한 다포계 후기의 특징을 잘 나타내고 있는 일주문입니다.

* 곡성 태안사 일주문(전라남도 유형문화재 제83호) : 전남 태안사 입구에 있는 태안사 일주문은 위로 갈수록 좁아지는 두 개의 굵은 기둥 위에 앞면 1칸의 규모로 세웠으며, 지붕은 옆면이 사람 인(人)자 모양인 단순한 맞배지붕입니다. 기둥에는 양쪽 모두 앞뒤로 보조 기둥을 세웠고, 처마를 받치면서 장식을 겸하는 공포가 기둥 위와 기둥 사이에 있는 다포식입니다. 앞·뒷면의 기둥 사이에는 3구씩, 옆면에는 1구씩 공포를 배치하여 매우 화려하며, 내부는 종도리가 보이지 않도록 좁은 공간에 천장을 설치하고, 그 밑으로는 양 기둥에서 중앙을 향하고 있는 용머리를 조각하여 생동감을 더하였습니다. 일주문 앞면에는 '동리산 태안사 (桐裏山泰安寺)'라는 현판이 걸려있습니다.

금강문

금강문은 불교 사찰 입구의 일주문 다음에 있는 문으로, 사찰의 대문 역할을 하는데, 흔히 인왕상이라 불리는 두 명의 금강역사가 지키고 있어 인왕문이라고도 합니다. 금강문은 일주문 다음에 통과하는 문으로 천왕문과 함께 절에 들어오는 공간으로 불법을 수호하고, 속세의 더러움을 씻어내는 의미 있는 장소입니다. 보통 금강문을 세우지 않은 사찰도 많습니다. 금강문이 있는 사찰은 금강문이 사찰의 대문 역할을 하지만, 금강문이 없는 사찰은 사천왕문이 대문 역할을 합니다.

금강역사는 불법을 훼방하려는 세상의 사악한 무리를 경계하고, 사찰로 들어오는 모든 잡신과 악귀를 물리친다는 의미를 갖고 있습니다. 들어가면서 오른쪽을 지키는 역사가 나라연금강인데, 힘의 세기가 코끼리의 백만 배나 된다고 합니다. 왼쪽을 지키고 있는 역사가 밀적금강이라고 하는데, 야차신(夜叉神)의 우두머리로서 손에는 금강저를 쥐고 있습니다. 이 금강저는 지혜의 무기이며 번뇌를 부수는 보리심의 상징입니다.

우리나라에서 중요 문화재로 지정된 금강문으로는 경남 하동군에 있는 쌍계사 금강문(경상남도 유형문화재 제127호), 전라북도 완주군에 있는 송광사 금강문(전북 유형문화재 제173호) 등이 있습니다.

* **하동 쌍계사 금강문**(경상남도 유형문화재 제127호) : 경남 하동군에 있는 쌍계사 금강문은 신라 문성왕 2년에 진감국사가 지었고, 조선 시대 인조 19년에 벽암선사가 다시 지었으며, 현재의 건물은 1979년에 고산 스님이 중수한 것입니다. 건물의 규모는 앞면 3칸, 옆면 2칸 크기로 1층이고, 지붕은 옆면이 사람 인(人)자 모양인 단순한 맞배지붕입니다. 가운데 칸은 개방하여 통로로 사용하고, 양 끝 칸은 벽으로 막아서 금강역사를 모시고 있습니다. 왼쪽은 항상 부처님을 곁에서 모시는 '밀적금강(密跡金剛)'이고, 오른쪽은 '나라연금강(那羅延金剛)'입니다. 쌍계사 금강문은 전체적으로 부재의 크기가 조금 작아서 가냘프면서 다소 약한 느낌을 주는 문입니다. 이 문 앞에는 벽암스님이 쓴 '금강문'이란 현판이 있습니다.

나라연금강 / 보현동자

문수동자 / 밀적금강

* **완주 송광사 금강문(전북 유형문화재 제173호)** : 전라북도 완주군에 있는 송광사 금강문은 정면 3칸, 측면 2칸 규모의 건축물이며, 기둥 높이 293㎝, 주심간 375㎝의 팔작지붕으로 자연석을 이용하여 기단과 기둥의 주춧돌을 구축하였습니다.

이 문은 다포집 양식으로, 처마는 홑처마이며, 외3출목, 내4출목입니다. 천장은 연등천장이고, 각 공포의 벽화는 보상화 무늬로 장식하였습니다. 이 금강문 안에는 건립 당시에 조성된 것은 아니지만 금강역사상 2위와 오른쪽과 왼쪽에 동자상을 배치하였는데, 왼쪽 동자상은 사자, 오른쪽 동자상은 코끼리를 타고 있습니다.

나라연금강 / 보현동자   문수동자 / 밀적금강

* **보은 법주사 금강문** : 충청북도 보은군 속리산면 법주사에 있는 금강문은 일주문과 수정교를 지나 본격적으로 법주사 경내에 들어서면 처음 맞이하게 되는 문으로, 규모는 정면 3칸, 측면 2칸의 크기이며, 지붕은 겹처마 맞배지붕입니다. 건물 좌우에는 낮은 돌담이 둘러쳐져 있고, 중앙의 어칸은 통로로 쓰이고, 양쪽 어칸에는 1974년에 조성한 금강역사 2위와 사자를 탄 문수보살, 코끼리를 탄 보현보살을 모셨습니다.

천왕문

　천왕문은 일주문을 지나면 다음에 보이는 문인데, 이 문에는 불법을 수호하는 사천왕들이 모셔져 있습니다. 사천왕의 부릅뜬 눈과 크게 벌린 입, 발밑에 마귀가 신음하고 있는 것 같은 모습이 보는 이들을 두렵게 만듭니다. 이와 같이 신성한 사찰에 무시무시한 사천왕을 모신 것은 악귀의 범접을 막기 위해서이고, 또한 절을 찾아온 중생들의 마음속에 있는 잡념을 없애주는 역할도 합니다. 사천왕은 부처님께 의지하여 불법을 수호하고 수도하는 스님과 선량한 사람을 돕는 4명의 수호신인데, 이러한 사천왕은 수미산 중턱에 사는 신들로서 제석천을 모시고, 각기 부하들을 거느리고 있습니다. 사천왕은 부하들과 함께 천지를 돌아다니며 세상의 선악을 모두 알아와 제석천에게 보고한다고 합니다. 사천왕은 동서남북을 지키는 방위신으로, 동쪽은 지국천왕이, 남쪽은 증장천왕이, 서쪽은 광목천왕이, 북쪽은 다문천왕이 지키고 있습니다. 사천왕의 특징을 보면 지국천왕은 오른손에 칼을 들고, 왼손은 주먹을 쥐고 허리에 대고 있거나 보석을 손바닥 위에 올려놓고 있습니다. 증장천왕은 오른손에 용을, 왼손에 여의주를 쥐고 있는 모습이며, 광목천왕은 오른손에 삼지창을, 왼손에 보탑을 들고 있습니다. 그리고 다문천왕은 환하게 웃으며 비파를 타고 있어서 쉽게 구분이 됩니다.

　우리나라에서 중요 문화재로 지정된 천왕문으로는 경남 하동군에 있는 쌍계사 천왕문(경상남도 유형문화재 제126호), 충남 공주시에 있는 마곡사 천왕문(충청남도 문화재자료 제62호), 경남 양산시에 있는 통도사 천왕문(경상남도 유형문화재 제250호), 전남 장흥군에 있는 보림사 사천왕문(전라남도 유형문화재 제85호) 등이 있습니다.

* **하동 쌍계사 천왕문(경상남도 유형문화재 제126호)** : 경남 하동군에 있는 쌍계사 천왕문은 숙종 30년(1704)에 박봉스님이 지었고, 현재의 건물은 고산스님이 1978년에 다시 중수한 것입니다. 천왕문은 사천왕을 모시는 문으로, 동주를 다스리는 지국천왕, 서주의 광목천왕, 남주의 증장천왕, 북주를 다스리는 다문천왕이 있고, 건물의 규모는 앞면 3칸, 옆면 2칸의 크기이며, 지붕은 옆면이 사람 인(人)자 모양인 맞배지붕입니다. 이 천왕문은 가운데 칸은 개방해서 통로로 사용하고 있고, 양 옆칸은 벽으로 막은 후 사천왕상을 모시고 있는데, 사천왕상은 나무로 만든 것으로 조각 솜씨가 뛰어납니다. 이 천왕문은 금강문보다 충실하고 튼튼하며, 다소 격이 높지만 금강문과 거의 비슷한 건축양식을 보이고 있습니다.

증장천왕 / 광목천왕

다문천왕 / 지국천왕

* **공주 마곡사 천왕문(충청남도 문화재자료 제62호)** : 충남 공주시에 있는 마곡사 천왕문은 조선 후기에 세웠으며, 건물에 남아 있는 기록으로 보아 1910년에 다시 중수한 것입니다. 절 입구에서 두 번째 있는 문인 천왕문은 크기가 앞면 3칸, 옆면 2칸 규모이며, 지붕은 옆면에서 볼 때 사람 인(人)자 모양인 맞배지붕으로 되어 있습니다. 천장은 지붕의 뼈대가 그대로 드러나 있는 연등천장으로 꾸몄고, 안쪽에는 동서남북 4지역을 지키는 사천왕상과 그림이 있습니다.

증장천왕 　　　　　　　　　광목천왕

* 양산 통도사 천왕문(경상남도 유형문화재 제250호) : 경남 양산시에 있는 통도사 천왕문은 고려 충숙왕 6년(1337)에 취암대사가 세웠으나, 지금 있는 건물은 여러 차례 수리를 거쳐 조선 후기에 다시 지은 건물입니다. 건물 좌우에는 동서남북을 다스리며 불법과 절을 보호하는 사천왕이 모셔져 있고, 문의 규모는 앞면 3칸, 옆면 2칸 크기이며, 지붕은 옆면이 사람 인(人)자 모양인 맞배지붕으로 되어있습니다. 기둥 위에서 지붕을 받치는 공포는 아무런 장식 없이 네모난 나무로 만들었으며, 크기는 건물 규모에 비해 작습니다.

* 장흥 보림사 사천왕문(전라남도 유형문화재 제85호) : 전남 장흥군에 있는 보림사 사천왕문은 정면 3칸, 측면 2칸의 맞배지붕 건물로, 해탈문과 대적광전 사이에 위치하고 있습니다. 이 문은 홑처마집으로, 중앙칸은 통로로 되어 있고, 좌우의 양칸에는 4구의 사천왕상이 모셔져 있습니다. 이 문은 낮은 1단의 기단에 원형의 초석을 놓고 민흘림 지붕을 세웠으며, 중앙칸 통로를 제외한 양칸 3면은 모두 흙벽으로 막았습니다. 내부에 봉안된 사천왕상은 입구 왼쪽에 동방지국천왕과 남방증장천왕이 안치되었고, 오른쪽에는 서방광목천왕과 북방다문천왕이 배치되었습니다.

보물 제1254호로 지정된 보림사 사천왕상은 현존하는 천왕문 목조사천왕상 가운데 가장 오래된 것으로 임진왜란 이전의 것으로는 유일한 것이라 할 수 있으며, 각 부의 조각이 매우 우수할 뿐만 아니라 조선 시대 사천왕상의 기본이 되는 귀중한 유물로 평가되고 있습니다.

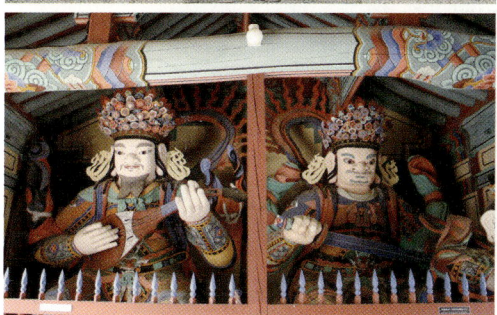

다문천왕 / 지국천왕

증장천왕 / 광목천왕

불이문과 해탈문

사찰에서 일주문, 금강문, 사천왕문을 지나 본전에 이르는 마지막 문입니다. 진리는 둘이 아니며, 진정한 불이(不二)는 모든 번뇌를 벗어나 참된 해탈의 경지에 이르는 것이라는 의미에서 '해탈문'이라고도 합니다. 불이문을 지나야만 진리의 세계가 펼쳐지는 불국정토에 들어갈 수 있으며, 이 문을 들어서면서 부처의 이치를 깨우치라는 뜻이기도 합니다.

불교의 우주관에서는 세계의 중심인 수미산의 정상에는 불교의 수호신 제석천왕이 다스리는 욕계 6천의 제2천인 도리천이 있고, 그곳에 경지를 상징하는 불이문이 있다고 합니다. 불이는 모든 상대적인 것이 둘이 아닌 경지를 말하는데, 불이의 뜻을 알게 되면 해탈할 수 있고, 불이문을 통과하면 부처의 세계에 이를 수 있다고 합니다.

우리나라에서 중요 문화재로 지정된 불이문과 해탈문으로는 강원도 고성군에 있는 건봉사 불이문(강원도 문화재자료 제35호), 경남 양산시에 있는 통도사 불이문(경남 유형문화재 제252호), 충남 공주시에 있는 마곡사 해탈문(충청남도 문화재자료 제66호) 등이 있습니다.

* **고성 건봉사 불이문(강원도 문화재자료 제35호)** : 강원도 고성군에 있는 건봉사 불이문은 1920년에 건립된 것으로, 규모는 정면 1칸, 측면 1칸 크기이며, 건물 구조는 팔작지붕에 익공(翼工)계입니다. 지붕의 네 모퉁이에 용머리가 있으며, 정면 처마 밑에는 '불이문(不二門)'이라는 현판이 걸려 있는데, 이 현판의 글씨는 큰 글자를 특히 잘 썼던 근대 서화가 해강 김규진이 썼습니다. 그리고 이 문의 돌기둥에는 길이 90㎝ 크기의 도안화된 금강저가 음각되어 있는데, 이는 천왕문을 따로 만들지 않고 불이문이 사찰수호 기능까지 하는 것을 의미 합니다.

* **통도사 불이문(경남 유형문화재 제252호)** : 경남 양산시에 있는 통도사 불이문은 정면 3칸, 측면 2칸의 다포계(多包系) 겹처마 단층 팔작지붕 건물로서, 중앙 어칸의 간격이 넓어 웅장한 느낌을 줍니다.

대웅전으로 들어가는 경내의 마지막 문으로, '해탈문'이라고도 하며, 규모는 크지 않지만 짜임새가 있고, 특히 공포(栱包)의 짜임새가 견실한 건물로서, 동향의 앞면 3칸에 판문을 달아 출입할 수 있도록 하였습니다.

문에 걸려 있는 '불이문(不二門)' 편액은 송나라 화가 미불의 글씨라고 전해지고 있습니다.

불교 유산 99

* **공주 마곡사 해탈문(충청남도 문화재자료 제66호)** : 충남 공주시에 있는 마곡사 해탈문은 마곡사의 정문으로, 이 문을 지나면 속세를 벗어나 불교 세계에 들어가게 되고, 해탈을 하겠다는 마음을 갖게 된다고 합니다. 해탈문은 추녀 밑에 처마의 하중을 받고 장식도 겸해 나무쪽을 짜서 맞춘 도구를 여러 개 배치한 겹처마 팔작지붕집이며, 건물의 규모는 정면 3칸, 측면 2칸 크기이며, 기둥과 기둥 사이에는 모두 판장벽으로 막았습니다. 이 문은 중앙 통로의 동쪽 칸에 금강역사와 문수동자, 서쪽 칸에 금강역사와 보현동자를 모시고 있습니다.

탑과 가람 배치

탑

탑의 정의

탑이란 산스크리트어 stūpa, 팔리어 thūpa의 음사인 탑파(塔婆)의 준말로, 공양하고 예배하기 위해 일정한 형식에 따라 흙·벽돌·나무·돌 등을 높게 쌓은 구조물을 말합니다. 원래는 부처의 유골을 안치한 그 구조물을 탑이라 하고, 그것을 안치하지 않은 것을 지제(산스크리트어 caitya)라고 하였으나, 보통 구별하지 않고 모두 탑이라 합니다.

우리나라 탑의 역사

탑은 불상보다도 건립 시기가 빠른 것으로서, 인도에서는 이미 기원전 2세기부터 건립되었고, 우리나라의 경우에는 불교 도입 초기부터 탑 건립이 성행하였습니다. 탑은 석가모니의 진신사리를 모시기 위해 만든 축조물로, 화강암이 많고, 돌을 다루는 기술이 발달한 우리나라에서는 석탑이 많이 세워졌습니다. 불교가 전래된 4세기 무렵에는 주로 목탑이 세워졌는데, 7세기 전반부터는 백제에서 익산의 미륵사지 석탑(국보 제11호), 부여 정림사지 5층 석탑(국보 제9호)을 비롯해 석탑을 건립하기 시작하였습니다. 건축 기술이 가장 발달한 백제에서는 목탑 양식을 모방하여 석탑을 세웠습니다. 신라의 석탑으로는 전탑 양식을 모방한 경주 분황사 석탑(국보 제30호)이 전해집니다. 통일 신라 경덕왕 때 세워진 경주 불국사 석가탑(국보 제21호)과 다보탑(국보 제20호) 등으로 이어진 석탑 양식은 고려 시대에 다양한 형태로 발달하였으나, 조선 시대에 들어서면서 점차 쇠퇴하였습니다.

탑의 형식

 탑은 기단부와 탑신부, 상륜부로 구성되어 있는데, 기단부에는 기둥 모양의 우주와 탱주를 새기고, 탑신부는 옥신석과 옥개석을 쌓으며, 상륜부는 노반 위에 복발·앙화를 놓고, 그 위에 보륜·보개·수연·용차·보주 등을 긴 찰주에 꽂아서 꾸밉니다.

* **기단부** : 터를 잡고, 터를 반듯하게 다듬은 다음에 터보다 한층 높게 쌓은 단을 말합니다. 기단을 만드는 목적은, 첫째 개개의 초석으로부터 전달되는 건물의 하중을 받아 지반에 골고루 전달하기 위한 것이고, 둘째 빗물과 지하수 등으로부터 건물을 보호하기 위한 것이며, 셋째 탑을 터보다 높게 보이게 하여 탑에 장중함과 위엄 등을 주기 위한 것입니다.

* **지대석** : 탑을 세우기 위해 구조물에서 제일 아래 땅과 맞닿게 쌓은 돌을 가리킵니다. 이러한 지대석은 탑의 하중을 분산시키는 역할을 합니다.

* **하대석** : 탑의 밑을 받치는 돌을 말합니다.

* **상대석** : 하대석과 탑신부 사이에 놓여 몸돌을 받치는 돌을 말합니다.

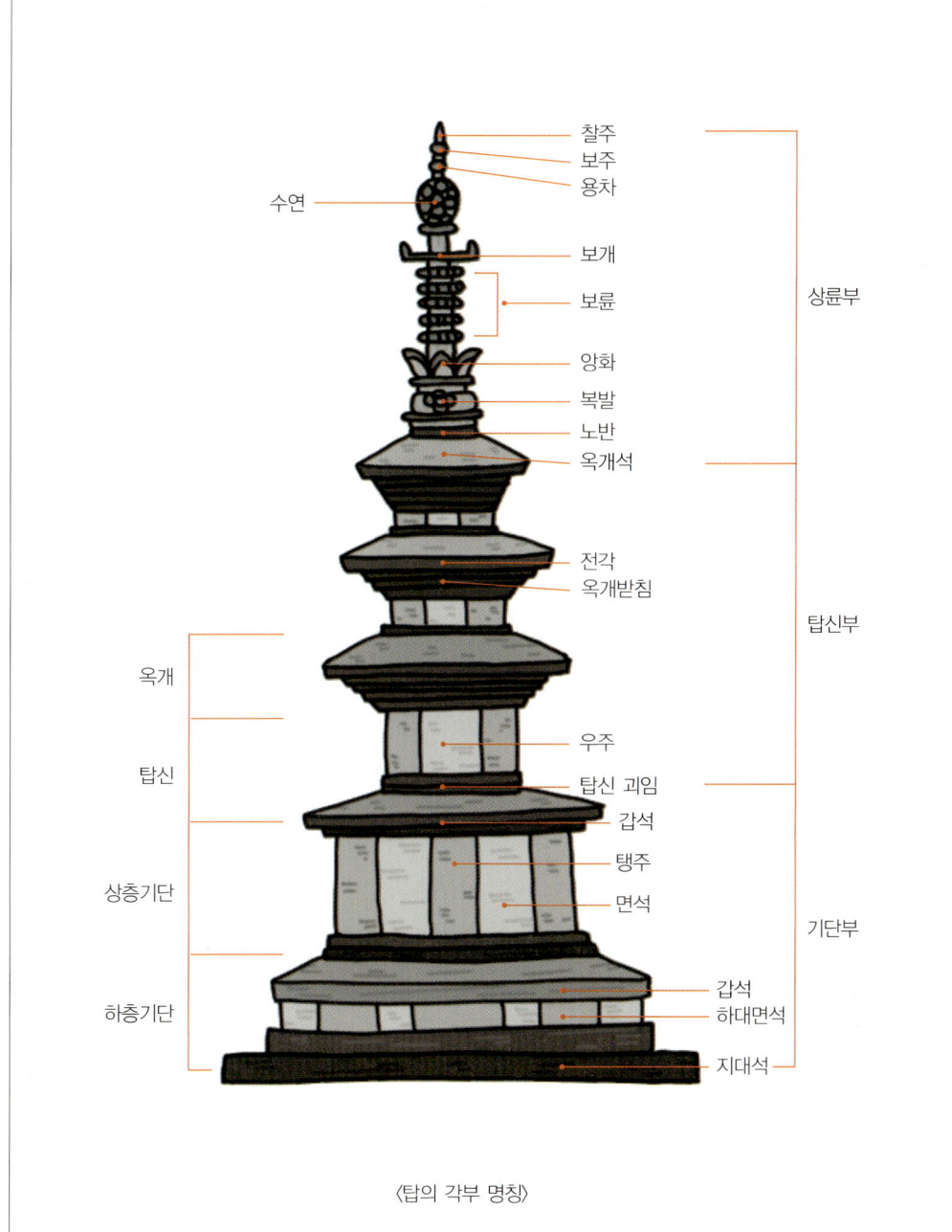

〈탑의 각부 명칭〉

* 면석 : 석탑 등에 있어서 기단의 대석과 갑석 사이를 막아댄 넓은 돌을 말합니다.

* 갑석 : 상대석과 하대석 위에 뚜껑처럼 덮어놓은 납작한 돌로, 석탑의 대석이나, 건물의 대석 위에 깔아서 대석이나 석대를 평탄하게 합니다. 석탑의 경우, 지면에 깔리거나 반쯤 묻힌 지대석 위에 대석의 면석과 우주(모서리의 기둥) · 탱주(지탱해주는 기둥)를 둘러 세우고 그 위에 갑석을 올려놓습니다.

* 우주 : 우주(隅柱)란 용어는 한문을 그대로 옮기면 모퉁이 우(隅), 기둥 주(柱)입니다. 따라서 우주란 여기서 탑의 네 가장자리에 세우는 모서리의 기둥을 말합니다.

* 탱주 : 탱주(撐柱)란 용어는 한문을 그대로 옮기자면 버틸 탱(撐), 기둥 주(柱)입니다. 따라서 여기서 탱주란 버팀기둥으로, 우주와 우주 사이에 세워진 기둥을 말합니다.

* 탑신부 : 기단부 위에 놓이는 탑의 몸체 부분을 말합니다. 탑신부는 몸돌(옥신석)과 지붕돌(옥개석)로 이루어져 있습니다. 즉, 옥개석(석탑 위에 지붕처럼 덮는 돌)이 있는 것이 탑신, 즉 탑의 몸체이지요. 우리가 '3층탑'이다, '5층탑'이다 하는 것은 이 탑신의 숫자를 가지고 부르는 이름입니다. 그리고 사리는 바로 이 탑신에 모셔지게 됩니다.

* 상륜부 : 탑의 옥개석 위쪽에 있는 장식물들로, 일반적으로 방형의 노반에 복발과 앙화를 얹고, 그 위에 찰주를 세우면서 보륜, 보개,

수연 그 다음으로 용차와 보주를 놓는 형식으로 이루어져 있습니다.

노반 : 상륜부의 기초가 되는 방형의 부재 승로반을 줄여서 이르는 말입니다.

복발 : 노반 위에 발우를 엎어놓은 것 같은 모양입니다.

앙화 : 복발 위에 꽃잎을 위로 향하여 벌려놓은 듯한 부분입니다.

보륜 : 상륜의 중심 부분으로, 바퀴 모양의 테 장식이며, 부처의 가르침과 공덕을 의미합니다.

보개 : 닫집 모양의 부분으로, 모든 개념과 형식을 초월한 열반의 경지를 나타냅니다.

수연 : 보개 위에 올려진 불꽃 모양의 장식품으로, 화재를 꺼리는 관습 때문에 특히 불에 인연이 있는 이름을 피하여 수연이라 하였습니다.

보주 : 보주는 불가사의한 힘을 지닌 마니주로서 일명 여의주라 합니다. 여의주는 일정한 형상이 없으며, 맑고 사무치고 가볍고 묘하여 모든 천하의 물건들이 환희 나타나며, 능히 어떠한 병이라도 제거합니다.

용차 : 보주와 수연 사이에 있는 구슬 모양의 장식입니다.

화순 운주사

탑의 종류

 탑은 만든 소재에 따라서 목탑, 석탑, 전탑(벽돌로 만든 탑), 모전탑(돌을 벽돌처럼 만들어서 쌓은 탑)으로 구분되며, 층수에 따라서 3층탑, 5층탑, 7층탑, 8층탑, 9층탑, 10층탑 등으로 구분됩니다.

목탑(木塔)

 목탑은 사리(舍利)를 봉안할 목적으로 세운 목재로 만든 탑을 말합니다. 우리나라의 대표적인 목탑은 신라 선덕여왕 때 만든 경주 황룡사 9층탑이었으나, 고려 고종 당시 몽고의 침략으로 불에 타 버렸습니다. 또한 전라남도 화순의 쌍봉사 대웅전이 있었으나, 1984년 화재로 소실되었습니다. 현존하는 대표적인 목탑으로는 충청북도 보은군의 법주사 내에 있는 조선 시대에 만든 목탑으로, 높이 22.7m쯤 되는 법주사 팔상전(국보 제55호)이 있습니다. 건축양식으로 미루어 우리나라 목탑의 형식은 누각식 중층(重層)이었던 것으로 생각됩니다.

석탑(石塔)

 석탑은 돌을 깎고 다듬어서 만든 탑을 말합니다. 이러한 석탑은 우리가 접할 수 있는 불교 문화재 중에서도 가장 흔한 것입니다. 우리나라에는 석탑이 많이 보존되어 불탑의 주류를 차지하여 왔습니다. 우리나라에서 석탑이 발생한 시기는 삼국 시대 말기인 600년경으로 추정되고 있습니다. 불교가 전래된 4세기 후반부터 6세기 말엽까지 약 200년간은 목탑(木塔)의 건립 시기로, 오랜 목탑의 건조에서 쌓인 기술과 전통의 연마가 드디어는 석탑을 발생하게 한 것으로 추측됩니다.

백제 시대의 석탑

백제는 삼국 중에서 가장 건축이 발달하였던 나라로 이미 '사탑심다(寺塔甚多)'의 나라로서 널리 알려졌고, 또 신라의 황룡사 9층 목탑을 건립할 때 백제의 아비지가 초빙되어 공사를 담당하였으며, 일본의 초기사원 창립에 백제의 사공(寺工)이나 와박사(瓦博士) 등이 건너가 공사를 담당하기도 하였습니다. 백제에서는 7세기 초반에 이르러 석재로 목탑을 모방하여 탑을 건립함으로써 석탑의 시원을 이루게 되었습니다. 백제 시대의 석탑으로 현재까지 남아 있는 것은 익산 미륵사지 석탑(국보 제11호)과 목탑을 모방한 7세기 중기경의 부여 정림사지 5층 석탑(국보 제9호)뿐이지만 이 2기의 초기 석탑에서 석탑의 발생 과정을 살펴볼 수 있습니다. 백제 석탑은 신라 탑의 2중 기단과는 달리 낮은 토단에 1층 기단을 세우는 것이 특징이며, 2층 이상은 초층에 비해 폭과 높이가 급격히 감소하는 경향이 있습니다. 또한 옥개석이 얇고, 네 귀가 가볍게 반전되어 전체적으로 날렵하면서 경쾌한 느낌을 줍니다.

* 부여 정림사지 5층 석탑(국보 제9호) : 부여 정림사 터에 세워져 있는 석탑으로, 좁고 낮은 1단의 기단 위에 5층의 탑신을 세운 모습이며, 목탑의 구조와 비슷하지만 돌의 특성을 살려 전체적인 형태가 매우 우아하고 아름답습니다. 기단은 각 면의 가운데와 모서리에 기둥돌을 끼워 놓았고, 탑신부의 각 층 몸돌에는 모서리마다 기둥을 세워놓았는데, 위아래가 좁고 가운데를 볼록하게 표현하는 목조 건물의 배흘림기법을 이용하였습니다. 얇고 넓은 지붕돌은 처마의 네 귀퉁이에서 부드럽게 들려져 단아한 자태를 잘 보여주고 있습니다. 좁고 얕은 1단의 기단과 배흘림기법의 기둥 표현, 얇고 넓은 지붕돌의 형태 등은 목조 건물의 형식을 충실히 이행하면서도 단순한 모방이 아닌 세련되고 창의적인 조형을 보여주고 있습니다. 이 탑은 익산 미륵사지 석탑(국보 제11호)과 함께 2기만 남아있는 백제 시대의 석탑이라는 점에서도 귀중한 자료로 평가되며, 세련되고 정제된 조형미를 통해 격조 높은 기품을 풍기고 있는 아름다운 석탑입니다.

* 익산 미륵사지 석탑(국보 제11호) : 백제 최대의 절이었던 익산 미륵사 터에 있는 백제 시대 화강암 석탑입니다. 이 탑은 무너진 뒤쪽을 시멘트로 보강하여 아쉽게도 반쪽 탑의 형태로, 현재는 6층까지만 남아 있으며, 정확한 층수는 알 수 없습니다.

기단은 목탑과 같이 낮은 1단을 이루었고, 탑신은 1층 몸돌에 각 면마다 3칸씩을 나누고 가운데 칸에 문을 만들어서 사방으로 내부가 통하게 만들었으며, 내부 중앙에는 거대한 사각형 기둥을 세웠습니다.

1층 몸돌의 네 면에는 모서리기둥을 세웠는데, 위아래가 좁고 가운데가 볼록한 목조 건축의 배흘림기법을 따르고 있습니다. 지붕돌은 얇고 넓으며, 네 귀퉁이에 이르러서 살짝 치켜 올려져 있습니다.

2층부터는 탑신이 얕아지고 각 부분의 표현이 간소화되어 있으며, 지붕돌도 1층보다 너비가 줄어들 뿐 같은 수법을 보이고 있습니다.

이 탑이 세워진 시기는 백제 말 무왕 때로 보는 견해가 유력합니다. 반쯤 무너진 곳을 시멘트로 발라놓아 보는 이들로 하여금 안타까움을 자아내고 있으나, 우리나라에 남아 있는 가장 오래되고 커다란 규모를 자랑하는 탑으로, 양식상 목탑에서 석탑으로 이행하는 과정을 충실하게 보여주는 백제의 중요한 문화재입니다.

신라 시대의 석탑

　신라의 석탑은 전탑의 모방에서 출발하였다고 볼 수 있으나, 삼국 통일이라는 역사적 전환을 맞아 하나로 종합됨으로써, 백제와 신라의 각기 다른 두 양식이 종합된 독창적 신라 석탑으로서의 새로운 양식을 갖추게 되었습니다. 통일 신라 시대에는 왕실과 귀족들의 비호를 받아 전국 도처에서 사찰과 불탑이 세워지고, 국토 통일과 함께 문화적 융합도 함께 이루어졌기 때문에 통일 초기의 석탑에 있어서도 신라적인 요소와 백제적인 요소가 결합된 새로운 스타일이 등장했는데, 이러한 과도기적 절충 양식을 보여주는 석탑으로는 의성 탑리리 5층 석탑(국보 제77호)을 들 수 있습니다. 그리고 여기서 진일보한 석탑인 경주 감은사지 3층 석탑(국보 제112호)이나 경주 고선사지 3층 석탑(국보 제38호)에서는 기단부가 탄탄한 2층 기단으로 강화되고, 탑신부가 3층 탑신으로 이루어졌습니다. 전체적인 석탑의 형태로 본다면 시대가 흐를수록 석재의 결합이 간결해지고, 2층 기단 위에 3층의 탑신을 세우는 형식이 일반화되며, 대신 탑의 규모는 삼국 시대보다 작아졌다고 할 수 있습니다. 그리고 8세기 중엽에 들어서는 많은 석탑들이 더욱 간략화 되고 체계화된 결구 방식을 채용하기에 이르는데, 그 모델이 된 석탑이 바로 불국사의 3층 석탑(석가탑 ; 국보 제21호)입니다. 석가탑은 기단의 벽면 가운데 새겨진 기둥이 아래층에는 세 개, 위층에는 두 개로 정비되었으며, 전체적으론 매우 안정감 있고 당당한 기품을 드러내고 있습니다. 특히 불국사 석가탑과 다보탑의 경우는 법화경에 나오는 석가여래와 다보여래의 관계를 두 탑으로 상징시켜 놓은 것입니다. 이후 통일 신라 전통 양식의 석탑과 쌍탑 등은 계속 그 형식이 지속되었지만, 말기에 들어서면 국권의 쇠퇴와 함께 석탑의 스타일도 과거의 위풍당당한 기상을 다소 상실하게 됩니다. 신라 석탑은 절정기에 이르러 바야흐로 석탑 조형에 대한 충만한 자신감으로 전형적인 조영 법식에서 벗어나 기단이나 탑신부를 변형시켜 외관상으로도 일반형 석탑과는 뚜렷이 구분되는 조형성이 매우 뛰어난 석탑들이 만들어 졌는데, 그 중에서도 가장 뛰어난 이형 석탑은 불국사 다보탑(국보 제20호)입니다. 구례 화엄사의 4사자 3층 석탑(국보 제35호)은 탑의 상층 기단을 네 마리의 석사자와 가운데의 공양상으로 대치하고 덮개돌을 얹은 다음 삼층의 탑신을 받치고 있는데, 비록 기단부에 국한되었으나 창조적 구성이 매우 뛰어나 다보탑과 함께 통일 신라 이형 석탑의 쌍벽을 이루는 작품으로 손꼽히고 있습니다. 이 밖에도 경주 부근의 정혜사지 13층 석탑(국보 제40호)은 단층 기단 위에 초층 탑신을 목탑처럼 기둥과 벽면석으로 거대하게 조립하고, 2층부터는 규모가 현저히 줄어들면서 마치 12층의 지붕돌만 포개놓은 특이한 형태를 하고 있고, 철원 도피안사 3층 석탑(보물 제223호)은 탑신이 사각형인데 반하여 기단은 팔각형으로, 단층의 기단에는 위아래로 연꽃무늬를 두르고 있어 마치 불상의 연화대좌를 연상케 합니다. 또한 남원 실상사의 백장암 3층 석탑(국보 제10호)은 단층 기단 위의 탑신 전체에 난간, 신중, 주악천인상, 불상 등이 조각되어 있습니다. 이와 같이 탑의 전체 또는 일부를 변형시켜 새로운 형태를 보이는 석탑은 불사리를 봉안하고 있는 석탑을 신앙적인 차원에서 더욱 장엄하게 장식하려는 욕구에서 착상된 것으로 추측되고 있습니다.

* **경주 불국사 다보탑(국보 제20호)** : 다보탑은 석가탑(경주 불국사 삼층석탑, 국보 제21호)과 더불어 우리나라의 가장 대표적인 석탑으로, 절 안의 대웅전과 자하문 사이의 뜰 동서쪽에 마주 보고 서 있는데, 동쪽에 있는 탑이 다보탑입니다. 다보탑은 특수형 탑을 대표하고, 석가탑은 우리나라 일반형 석탑을 대표한다고 할 수 있습니다. 두 탑을 같은 위치에 세운 이유는 '과거의 부처'인 다보불(多寶佛)이 '현재의 부처'인 석가여래가 설법할 때 옆에서 옳다고 증명한다는 『법화경』의 내용을 눈으로 직접 볼 수 있게 탑으로 구현하고자 하기 위함입니다. 다보탑은 그 층수를 헤아리기가 어렵고, 십(十)자 모양 평면의 기단에는 사방에 돌계단을 마련하고, 8각형의 탑신과 그 주위로는 네모난 난간을 돌렸습니다. 기단부에는 사방에 보계를 마련하였고, 그 위에는 네 모퉁이와 중앙에 사각 돌기둥을 세웠습니다.

그리고 이 기단에는 원래 네 모퉁이에 돌사자를 배치하였으나, 지금은 1구만 남아 있습니다. 탑이 건립된 시기는 불국사가 창건된 통일 신라 경덕왕 10년(751)으로 추측되며, 목

조 건축의 복잡한 구조를 참신한 발상을 통해 산만하지 않게 표현한 뛰어난 작품으로, 4각, 8각, 원을 한 탑에서 짜임새 있게 구성한 점, 각 부분의 길이·너비·두께를 일정하게 통일시킨 점 등은 8세기 통일 신라 미술의 정수를 잘 보여주고 있습니다.

* 경주 불국사 3층 석탑(석가탑 ; 국보 제21호) : 불국사의 대웅전 앞 뜰 서쪽에 세워져 있는 서쪽탑이 3층 석탑이며, 탑의 원래 이름은 '석가여래상주설법탑(釋迦如來常住設法塔)'으로, '석가탑'이라고 줄여서 부릅니다. 이 탑은 불국사가 창건된 통일신라 경덕왕 10년(751) 때 조성된 것으로 추측되며, 2단의 기단 위에 3층의 탑신을 세운 석탑으로, 경주 감은사지 동·서 3층 석탑(국보 제112호)과 경주 고선사지 3층 석탑(국보 제38호)의 양식을 이어받은 8세기 통일 신라 시대의 훌륭한 작품입니다. 이 탑은 탑 전체의 무게를 지

탱할 수 있도록 2층의 기단이 튼실하게 짜여 있으며, 목조 건축을 본 따서 위층과 아래층 기단의 모서리마다 돌을 깎아 기둥 모양을 만들어 놓았습니다. 탑신에도 그러한 기둥을 새겼으며, 지붕돌의 모서리들은 모두 치켜 올려져 있어서 탑 전체에 경쾌하게 날아오르는 듯한 느낌을 주고 있습니다. 이 탑은 '무영탑(無影塔 ; 그림자가 비치지 않는 탑)'이라고도 불리는데, 여기에는 석가탑을 지은 백제의 석공(石工) 아사달을 찾아 신라의 도읍지 서라벌에 온 아사녀가 남편을 만나보지도 못한 채 연못에 몸을 던져야 했던 슬픈 전설이 서려 있습니다. 1966년 12월 탑을 수리하면서 2층 탑신의 몸돌 앞면에서 부처님의 사리를 모시던 사각형의 공간을 발견하게 되었고, 여기서 여러 가지 사리용기들과 유물을 찾아냈는데, 그 중에서 특히 눈길을 끄는 것은 『무구정광대다라니경(無垢淨光大陀羅尼經)』(국보 제126호)이며, 이것은 세계에서 가장 오래된 목판 인쇄물로, 닥나무 종이로 만들어졌습니다.

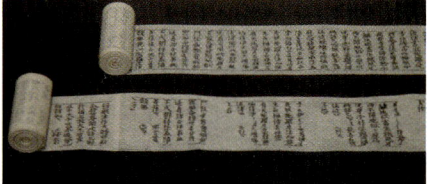

* **경주 고선사지 3층 석탑(국보 제38호)** : 원효대사가 주지로 있었던 고선사의 옛 터에 세워져 있던 탑으로, 이 탑은 2단의 기단 위에 3층의 탑신을 쌓아 놓은 모습인데, 통일 신라 시대 석탑 양식의 전형적인 형태입니다. 탑의 기단은 여러 개의 돌로 구성하였고, 각 면에는 기둥 모양을 새겨 놓았으며, 탑신도 여러 개의 돌을 조립식으로 짜 맞추었으나, 3층 몸돌만은 하나의 돌로 이루어져 있습니다. 그 이유는 사리장치를 넣어둘 공간을 마련하기 위한 배려로, 석탑을 해체하여 복원하면서 밝혀졌습니다. 지붕돌은 윗면에 완만한 경사가 흐르는데, 아래로 미끄러지는 네 귀퉁이에서 또렷이 들려있어 경쾌함을 더해주고 있고, 밑면에는 계단 모양으로 5단의 받침을 새겨 놓았습니다. 이 탑은 통일 신라 시대 전기인 7세기 후반에 세워졌을 것으로 추측되며, 전형적인 석탑 양식으로 옮겨지는 초기 과정을 잘 보여주고 있습니다. 현재 이 탑은 덕동댐 건설로 인해 절터가 물에 잠기게 되자, 1975년에 지금의 자리인 국립경주박물관으로 옮겨 세워 놓았습니다.

* **의성 탑리리 5층 석탑(국보 제77호)** : 탑리리 마을에 세워져 있는 통일 신라 시대의 높이가 9.6m나 되는 5층 석탑으로, 낮은 1단의 기단 위에 5층의 탑신을 세운 모습이며, 돌을 벽돌 모양으로 다듬어 쌓아올린 전탑 양식과 목조 건축의 수법을 동시에 보여주는 특이한 구조를 가지고 있습니다. 기단은 여러 개의 돌로 바닥을 깐 뒤, 목조 건축을 본떠 가운데 기둥과 모서리 기둥 모두를 각각 다른 돌로 구성하였고, 탑신은 1층이 높으며, 2층부터는 높이가 급격히 줄어드는 모습을 하고 있습니다. 기단과 탑신 위 주형에는 엔터시스(entasis)의 수법을 남기고 있고, 1층 몸돌에는 불상을 모시는 방인 감실을 설치하였습니다. 지붕돌은 전탑에서 보이는 모습처럼 밑면뿐만 아니라 윗면까지도 층을 이루고 있는데 윗면이 6단, 아랫면이 5단이며, 지붕돌은 네 귀퉁이가 살짝 들려있어 목조 건축의 지붕 끝을 떠올리게 합니다. 이 탑은 이러한 독특한 특징 때문에 경주 분황사 모전석탑(국보 제30호)과 함께 통일 신라 전기의 석탑 양식을 연구하는데 귀중한 자료가 되고 있습니다.

* 경주 감은사지 동·서 3층 석탑(국보 제112호) : 이 탑은 삼국을 통일한 문무왕이 새 나라의 위엄을 세우고, 당시 틈만 나면 동해로 쳐들어오던 왜구를 부처의 힘으로 막아내어 나라의 안정을 도모하고자 세운 절인 감은사 터 넓은 앞뜰에 나란히 서 있는 쌍탑으로, 탑의 전체 높이는 13.4m입니다. 이 쌍탑은 2단의 기단 위에 3층 탑신을 올린 모습으로, 서로 같은 규모와 양식을 하고 있으며, 옛 신라의 1탑 중심에서 삼국 통일 직후 쌍탑 가람으로 가는 최초의 배치를 보여 주고 있습니다. 이 탑의 가장 큰 특징은, 각 부분들이 하나의 통돌로 이루어진 것이 아니라, 수십 개에 이르는 부분 석재로 조립되었다는 점입니다. 이 탑은 경주에 있는 3층 석탑으로는 가장 거대하며, 동해를 바라보는 높은 대지에 세워져 있습니다.

* 남원 실상사 백장암 3층 석탑(국보 제10호) : 통일 신라 시대 후기에 세워진 이 탑은 높이 5m의 이형 석탑으로, 갖가지 모습들의 조각으로 화려하게 장식하는 등 형식에 얽매이지 않은 자유로운 구조가 돋보이고 있어, 통일 신라 시대를 대표하는 아름다운 석탑으로 손꼽히고 있습니다. 이 탑은 낮은 기단 위에 3층의 탑신을 올린 모습으로, 각 부의 구조와 조각에서 특이한 양식과 수법을 보이고 있습니다.

탑 전체에 조각이 가득하여 기단은 물론 탑신에서 지붕에 이르기까지 다양한 조각이 나타나는데, 기단과 탑신 괴임에는 난간 모양을 새겨 멋을 내었고, 탑신의 1층에는 보살상과 신장상을, 2층에는 음악을 연주하는 천인상을, 3층에는 천인좌상을 새겼습니다. 지붕돌 밑면에는 연꽃무늬를 새겼는데, 3층만은 삼존상이 새겨져 있는 것이 특이합니다. 9세기 초 홍척선사에 의해 창건된 실상사 백장암에 위치한 이 석탑은 백장암 석등과 함께 9세기 석조 미술의 아름다움을 잘 보여주고 있습니다.

* **남원 실상사 동·서 3층 석탑(보물 제37호)** : 남원 실상사의 중심 법당인 보광전 앞뜰에 동·서로 세워져 있는 두 탑으로, 흥덕왕 3년(828)에 실상사를 창건할 때 조성된 것이며, 높이는 8.4m입니다. 이 탑은 2층으로 된 기단 위에 3층의 탑신을 올린 모습이며, 동서 두 탑 모두 탑의 머리장식이 거의 완전하게 보존되어 있는 희귀한 탑입니다. 탑신은 몸돌과 지붕돌이 각각 하나의 돌로 만들어져 통일 신라 시대의 정형을 보여주고 있으며, 각 층 몸돌에는 모서리마다 기둥 모양이 새겨져 있습니다. 지붕돌은 처마 밑이 수평이며, 밑면의 받침은 4단이고, 네 귀퉁이에서 살짝 들려 있는데, 그 정도가 부드러우면서도 경쾌하며, 특히 탑의 머리 장식은 원래대로 잘 보존되어 각 장식 부재들이 차례대로 올려 져 있습니다. 이와 같이 두 탑은 규모나 양식이 같아서 동시에 조성된 것임을 알 수 있으며, 대작은 아니지만 돌의 구성이 정돈되어 있는 통일 신라 후기의 뛰어난 작품이라 할 수 있습니다.

* **장흥 보림사 남·북 3층 석탑(국보 제44호)** : 전남 장흥 보림사 안에 남북으로 세워진 두 탑으로, 구조와 크기가 같으며, 2단으로 쌓은 기단 위에 3층의 탑신을 놓고 머리장식을 얹은 통일 신라의 전형적인 석탑입니다. 이 탑의 기단은 위층이 큰데 비해 아래층은 작으며, 위층 기단의 맨 윗돌은 매우 얇고, 탑신부는 몸돌과 지붕돌을 각각 하나의 돌로 만들어 쌓았으며, 각 층 몸돌에 모서리기둥을 새겼는데, 2·3층은 희미하게 나타납니다. 지붕돌은 밑면의 받침이 계단형으로 5단씩이고, 처마는 기단의 맨 윗돌과 같이 얇고 평평하며, 네 귀퉁이는 심하게 들려있어 윗면의 경사가 급해 보입니다. 탑의 꼭대기에는 여러 개의 머리장식들을 차례대로 가지런히 올려놓았는데, 특히 탑의 머리장식은 온전하게 남아 있는 예가 드물어 귀중한 자료가 되고 있습니다. 이 석탑은 탑 속에서 발견된 기록에 의해 통일 신라 경문왕 10년(870) 경에 만들어진 것으로 밝혀졌습니다.

* **양양 진전사지 3층 석탑**(국보 제122호) : 양양 진전사의 옛터에 서 있는 3층 석탑으로, 이 탑은 통일 신라의 일반적인 모습을 보여 주고 있으며, 2단의 기단 위에 3층의 탑신을 올려놓은 모습을 하고 있습니다. 이 3층 석탑은 통일 신라 탑의 기본적인 형태로, 기단에 비천상과 팔부신중을 조각하고, 1층 몸돌에는 사방불을 조각하였습니다. 탑신의 몸돌과 지붕돌은 각각 하나의 돌로 만들어졌는데, 1층 몸돌에는 각기 다양한 모습의 불상 조각들이 있고, 지붕돌은 처마의 네 귀퉁이가 살짝 치켜 올려져 있어 경쾌한 아름다움을 보여주며, 밑면에는 5단씩의 받침을 두었습니다. 전체적으로 이 탑은 균형이 잡혀 있으면서 지붕돌 네 귀퉁이의 치켜 올림이 경쾌한 아름다움을 더해주고 있습니다.

* **철원 도피안사 3층 석탑**(보물 제223호) : 철원 화개산 도피안사 법당 앞에 세워져 있는 통일 신라 시대의 화강석 석탑으로, 2단의 기단 위에 3층의 탑신을 올린 모습을 하고 있습니다. 이 탑의 기단은 그 구조가 특이하게 8각 모양의 돌로 높게 2단을 쌓았는데, 아래층 기단의 8면에는 안상(眼象)이 조각되어 있고, 이 기단의 맨 윗돌에는 윗층 기단을 괴기 위한 높직한 8각의 괴임돌이 놓여져 있으며, 연꽃무늬의 조각이 새겨져 있습니다. 또한 윗층 기단은 매우 높지만 각 면에 꾸밈이 없고, 기단의 맨윗돌 아랫면에 다소 두툼한 느낌의 연꽃무늬를 조각하여 놓았습니다. 탑신은 몸돌과 지붕돌에 각각 하나의 돌을 사용하였는데, 각 층의 몸돌은 모서리에 기둥 모양의 조각을 새겼고, 지붕돌은 밑면의 받침이 1층은 4단, 2·3층은 3단으로 되어 있습니다.

* **영주 부석사 3층 석탑(보물 제249호)** :
영주 부석사 무량수전 동쪽에 세워져 있는 높이 5.26m의 3층 석탑으로, 문무왕 16년(676)에 부석사를 창건할 당시에 만들어졌으며, 2단의 기단 위에 3층의 탑신을 세운 모습입니다.

이 탑의 기단에는 각 면의 모서리와 가운데에 기둥 모양의 조각을 두었는데, 아래층 기단은 가운데에 2개씩의 조각을 두고, 위층 기단에는 하나씩을 두었습니다.

탑신의 몸돌과 지붕돌은 각각 하나의 돌로 되어있는데, 몸돌은 모서리마다 기둥 모양을 조각하였으며, 지붕돌은 밑면의 받침이 5단으로 통일 신라의 전형적인 양식을 보여주고 있습니다.

고려 시대의 석탑

고려 시대는 개국 초기부터 불교를 국교로 받아들여 전국적으로 불교가 활발하게 융성하였던 시기로, 우리나라 전 시대를 걸쳐 석탑이 가장 많이 조성되었으며, 탑의 조영에 대한 후원자도 국가, 왕실, 귀족 등은 물론 일반 백성들까지 참여하여 수준 높은 탑으로부터 질박하고 지방색을 잘 드러내는 석탑까지 다양한 갈래의 석탑이 만들어졌습니다. 고려 시대 초기의 석탑은 신라 석탑의 전형 양식을 계승하여 발전시켰는데, 대체로 기단과 탑신은 신라 석탑에 비하여 폭이 좁아지고 탑신은 층수가 많아져, 통일 신라 시대의 석탑이 안정감이 있다면 고려 시대의 석탑은 늘씬한 감이 있습니다. 그리하여 고려 시대의 석탑은 전성기 신라 석탑이 보여주는 당당한 느낌은 줄어들고 기단이 좁아 안정감이 적은 반면 탑신의 층수가 많아 하늘로 치솟는 느낌을 주고 있습니다.

고려 시대의 대표적인 석탑으로는 김제 금산사 5층 석탑(보물 제25호), 예천 개심사지 5층 석탑(보물 제53호), 제천 사자빈신사지 석탑(보물 제94호), 강릉 신복사지 3층 석탑(보물 제87호), 군위 지보사 3층 석탑(보물 682호), 요·금의 영향을 받은 월정사 8각 9층 석탑(국보 제48호), 그리고 원의 공장(工匠)이 제작한 것으로, 대리석에 다수의 불·보살을 부조하여 정교한 양식을 보여주고 있는 경천사 10층 석탑(국보 제86호) 등을 들 수 있습니다.

고려 시대는 사찰의 조영과 불탑의 건립에 토착 세력의 참여도 높아져서 고려 사회의 새로운 성격이 부각되는 10세기 후반부터는 석탑에서도 새로운 조형의 변화가 일어나게 되는데, 첫째로 고려 시대 석탑은 지방적인 양식을 현저하게 드러내고 있는 점이고, 둘째로 다양한 갈래의 이형 석탑이 고려 시대에도 조성되었다는 점입니다.

* **평창 월정사 8각 9층 석탑(국보 제48호)**

: 자장율사가 창건한 오대산 월정사 안에 있는 높이 15.2m의 석탑으로, 그 앞에는 공양하는 모습의 석조보살좌상(보물 제139호)이 마주보며 앉아 있습니다. 고려 시대가 되면 4각형 평면에서 벗어난 다각형의 다층(多層) 석탑이 우리나라 북쪽 지방에서 주로 유행하게 되는데, 이 탑도 그러한 흐름 속에서 만들어진 것으로, 고려 전기 석탑을 대표하는 문화재입니다. 이 탑은 8각 모양의 2단 기단 위에 9층 탑신을 올린 뒤, 머리장식을 얹어 마무리한 모습인데, 아래층 기단에는 안상(眼象)을 새겨 놓았고, 아래·위층 기단 윗부분에는 받침돌을 마련하여 윗돌을 괴어 주도록 하였습니다. 탑신부는 일반적인 석탑이 위층으로 올라 갈수록 급격히 줄어드는 모습과 달리 2층 탑신부터 거의 같은 높이를 유지하고 있으며, 1층 탑신의 4면에 작은 규모의 감실(불상을 모셔두는 방)을 마련

해 두었습니다. 지붕돌은 밑면에 계단 모양의 받침을 두지 않고 간략하게 마무리하였고, 가볍게 들려있는 여덟 곳의 귀퉁이마다 풍경을 달아 놓았으며, 지붕돌 위로는 머리장식이 완벽하게 남아 있는데, 아랫부분은 돌로, 윗부분은 금동으로 만들어서 화려한 아름다움을 더해주고 있습니다.

월정사 석조보살좌상(보물 제139호) : 평창 월정사 경내의 8각 9층 탑을 향해서 정중하게 오른쪽 무릎을 꿇고 왼다리를 세워 탑에 대해 공양하는 것 같은 모습을 하고 있는 높이 1.8m의 석조보살좌상입니다.
이 석조 보살좌상은 강릉 신복사지 석불좌상(보물 제84호)과 같은 형식이지만 상체에 비해 하체가 빈약하여 조형면에서 볼 때 다소 균형이 안 잡힌 부자연스러운 모습을 하고 있습니다. 그러나 이 석조보살좌상은 고려 시대 화엄종 계통 사원에서 만든 특징을 보여주는 대표적인 예이며, 당시 불교 사상의 한 단면을 살펴볼 수 있는 작품으로 높이 평가되고 있습니다.

* **김제 금산사 5층 석탑(보물 제25호)** : 금산사 안의 북쪽에 송대(松臺)라고 불리는 높은 받침 위에 세워져 있는 높이 7.2m의 5층 석탑으로, 바로 뒤에는 석종 모양의 사리 계단인 금산사 석종(보물 제26호) 있습니다.

　이 탑은 상·하 2단의 기단 위에 5층 탑신을 올린 모습의 탑으로, 기단부는 아래층 기단의 규모가 좁아져 있고, 각 기단의 윗면에 다른 돌을 끼워서 윗돌을 받치도록 하고 있고, 탑신부는 2층 이상에서 줄어드는 비율이 완만하고, 각 층의 몸돌에 새겨진 기둥 조각이 넓은 편입니다.

　지붕돌은 밑면에 3단의 받침을 두었고, 처마는 완만한 곡선을 그리고 있으며, 상륜부는 제일 위층 옥개석 위에 불균형하게 커다란 이형의 복발이 있고, 그 위에 보륜을 얹은 다음 보주를 올렸습니다. 상륜부의 형식이 언뜻 보기에는 다른 탑에서 볼 수 없는 이형이지만 자세히 보면 복발의 모습이 탑신부의 옥개석과는 형태가 다름을 알 수 있습니다. 이 탑은 통일 신라 시대 석탑의 기본 양식을 따르면서도 기단이나 지붕돌의 모습 등에서 색다른 면을 보이고 있어 고려 시대 작품으로서의 모습을 잘 나타내고 있습니다.

* **제천 사자빈신사지 사사자 9층 석탑(보물 제94호)** : 제천 빈신사 터에 세워져 있는 고려 시대의 석탑으로, 현재 받침돌 위에 사각의 하대가 놓여 있고, 상부에 두꺼운 테를 둘렀으며, 그 밑에는 각 면을 파낸 3개씩의 얼굴 조각(석조 건축물의 기단에 장식용으로 새겨지는 문양)을 새겼습니다. 얼굴 조각 안에는 꽃모양을 새겨 고려 시대 수법을 나타내고 있고, 중석의 4면에는 넓은 모서리 기둥인 우주를 새겼으며, 이곳에 79자의 명문을 새겨 확실한 조성 연대를 알게 하였습니다. 이 탑은 상·하 2단으로 된 기단 위에 4층의 지붕돌을 얹은 모습으로, 아래 기단은 글이 새겨져 있어 탑의 조성 경위를 알 수 있고, 위 기단은 사자 4마리를 배치하여 탑신을 받치고 있는 특이한 모습을 하고 있습니다. 네 모서리에 한 마리씩 배치한 사자의 안쪽 공간에 비로자나불상을 모셔 두었는데, 이 앉은 모습의 비로자나불상은 특이하게도 두건을 쓰고 있으며, 그 표정이 매우 재미있습니다. 탑신에는 지붕돌이 4층까지 남아 있는데, 아래 기단에 있는 글을 통해 원래는 9층이었음이 확인되었습니다. 고려 현종 13년(1022)에 만들어진 이 탑은 연대가 확실하여 각 부의 구조와 양식, 조각 수법 등 다른 석탑의 조성 연대를 추정하는 데 기준이 되는 중요한 석탑입니다.

* 군위 지보사 3층 석탑(보물 682호) : 군위에 있는 지보사 경내에 자리하고 있는 높이 4.2m의 석탑으로, 2단의 기단 위에 3층의 탑신을 올린 아담한 모습의 3층 석탑입니다. 기단의 각 면 모서리와 가운데에 기둥 모양의 조각을 두고, 기둥 사이에는 무늬를 새겼는데, 아래층에는 사자 모양의 동물상을, 위층에는 팔부중상을 새겨 넣었습니다. 기단을 이루고 있는 돌들이 모두 높아서 다소 우뚝해 보입니다. 탑신은 1층 몸돌에 문짝 모양을 새겨두어 부처님을 모시는 방(감실)을 표현하였고, 지붕돌은 별도의 돌을 얹어 구성한 것으로, 밑면에 새겨둔 4단의 받침이 두꺼워 보입니다. 이 탑은 전체적으로 많이 깎여 나가고 훼손되어 보는 이로 하여금 아쉬움을 느끼게 하지만, 조각 수법이 화려하고 외양이 단정한 고려 전기의 우수한 작품입니다.

* **강릉 신복사지 3층 석탑(보물 제87호)** : 강원도 강릉시 내곡동의 신복사 옛 터에 남아 있는 고려 시대의 3층 석탑으로, 고려 시대의 독특한 이중 기단의 모습을 보여주고 있습니다. 이 석탑은 전 부재가 잘 남아 있어 매우 가치가 높으며, 탑의 앞쪽에는 한 쪽 무릎을 세우고, 두 손을 받치듯이 들고 있는 강릉 신복사지 석조보살좌상(보물 제84호)이 있는데, 이것은 석탑 앞에 공양자상이 조성된 월정사 팔각구층석탑(국보 제48호)과 함께 이 지역의 독특한 석탑 양식을 보여주고 있습니다. 이 탑은 2층의 기단을 쌓고 3층의 탑신을 올렸으며, 각 부분의 모습들이 매우 특이하며, 바다돌의 윗면에는 연꽃이 엎드려 있는 모양의 조각을 하였고, 아래층 기단의 4면에는 안상을 3개씩 새겨 넣었습니다. 탑신 각 층의 몸돌과 지붕돌은 각각 하나의 돌로 새겨 얹어 놓았는데, 1층의 몸돌에 비해 2·3층은 갑자기 그 크기가 줄어들어 매우 얇게 되어 있습니다. 꼭대기에는 머리장식이 완전하게 남아있는데, 각 부분의 높이에 비해 폭이 넓어 안정감을 주고 있습니다.

신복사는 통일 신라 때 범일국사가 창건한 절로, 창건과 관련된 설화가 전해지고 있습니다. 그 설화에 의하면, "신라의 한 처녀가 우물에 비친 햇빛을 보고 그 물을 마셨는데, 곧 아이를 배어 낳게 되었다. 이때 집안사람들이 아이를 내다버렸으나, 그 아이의 주위로 빛이 맴돌아 괴이하게 여겨 다시 데려와 길렀는데, 그 이름을 범이라 하였다. 범이 출가하여 승려가 된 후 고향에 돌아와 신복사와 굴산사를 창건하였다."고 합니다.

* 화순 운주사 원형 다층 석탑(보물 제798호) : 운주사에 있는 고려 시대 때 조성한 높이 5.7m인 석탑으로, 이 석탑은 지대석, 기단 부분부터 탑신부의 탑신과 옥개석에 이르기까지 모두 원형을 이루고 있는 것이 큰 특징입니다.

기단은 2단의 구형(龜形) 지대석에 높직한 10각의 기단면석을 짜서 올리고, 그 위로 16장의 연꽃잎을 장식한 돌을 올려 마무리하였고, 탑신은 몸돌과 지붕돌이 모두 원형이고, 층마다 몸돌 측면에 2줄의 선이 돌려져 있습니다.

이 탑은 탑의 구성이나 전체적인 형태에서 일반적인 석탑의 형태를 따르지 않은 특이한 모양의 석탑으로 고려 석탑의 특징을 잘 나타내고 있습니다.

* 화순 운주사 9층 석탑(보물 제796호) : 운주사로 들어가는 남쪽 골짜기의 첫 입구에 세워져 있는 높이 10.7m의 고려 시대 석탑으로, 운주사의 현존하는 탑 중에서 가장 높은 것이고, 커다란 바윗돌로 바닥돌과 아래층 기단을 삼고, 그 위로 윗층 기단을 쌓은 후 9층에 이르는 탑신을 세웠습니다. 윗층 기단의 가운데 돌은 4장의 널돌로 만들었고, 네 모서리마다 기둥모양을 새긴 후 다시 면 가운데에 기둥모양을 굵게 새겨 면을 둘로 나누어 놓았습니다.

탑신의 각 몸돌에는 면마다 2중으로 마름모꼴을 새기고, 그 안에 꽃무늬를 두었는데,

이러한 겹마름모꼴의 기하학적 무늬와 네잎의 꽃잎 문양은 유일하게 운주사의 탑만이 간직하고 있습니다.

각 지붕돌은 밑면이 약간 치켜 올려져 있고, 여러 겹의 빗살무늬가 조각되어 있는데, 이와 같은 가는 옥개석(지붕돌)과 처마의 끝이 마치 백제 시대식 목조 건물처럼 치솟아 세련미가 느껴집니다.

* 공주 청량사지 5층 석탑(보물 제1284호) 과 7층 석탑(보물 제1285호) : 공주 청량사지에는 7층 석탑과 5층 석탑 등 2기의 석탑이 남아 있는데, 이 두 탑을 가리켜 오누이탑 혹은 남매탑이라 부르기도 합니다. 옛날에 상원이라는 승려가 어려움에 처한 호랑이를 구해주자, 호랑이는 이에 대한 보답으로 처녀를 업어다 주었습니다.

상원은 처녀와 남매로서의 관계만을 유지하며 수도에 정진하였고, 처녀의 아버지가 그 갸륵한 뜻을 기려 두 탑을 세웠다는 전설이 전해내려 오고 있습니다.

그 중 5층 석탑은 높이 4.9m로, 1단의 기단 위에 5층의 탑신을 얹은 모습이고, 7층 석탑은 높이 6.9m로, 1단의 기단 위에 7층의 탑신을 세워 두었으며, 전체적으로 폭이 좁고 길쭉한 형태입니다.

이 두 탑은 일부 없어진 부분이 있지만 위로 올라가면서 과감하게 생략된 부분이 있고, 세부적인 조각 수법이 일정하지 않은 것으로 보아 고려 중기에 만들어진 것으로 추측되며, 고려 시대에 와서 한 절에 각기 특징 있는 두 가지 유형의 백제탑을 세운 것은 역사적, 미술적으로 중요한 의미를 갖는다고 할 수 있습니다.

조선 시대의 석탑

조선 시대는 유교를 새로운 국가 통치의 교화 이념(敎化理念)으로 삼았기 때문에 신라·고려를 통하여 1,000여 년간 국교적 위치에 있던 불교는 쇠퇴의 길을 걷게 되었고, 그와 함께 불교와 관련된 조형 미술의 분야도 많이 위축되었습니다. 그러나 조선 초기에는 아직도 불교의 영향력이 상당히 남아 있었고, 더욱이 태조·세조 등과 같이 불교에 귀의하거나 호불(護佛) 정책을 표방한 군주도 있어 그런대로 불교 미술의 분야에서도 괄목할 만한 작품이 나오기도 하였습니다. 고려 시대의 여운이 남아 있던 조선 초기 석탑 중 방형중층의 일반형 석탑으로는 양양의 낙산사 7층 석탑(보물 제499호), 여주 신륵사 다층 석탑(보물 제225호), 함양 벽송사 3층 석탑(보물 제474호) 등을 대표적인 것으로 들 수 있고, 이형 석탑으로는 경천사 10층 석탑을 모방한 원각사지 10층 석탑(국보 제2호)과 수종사 8각 5층 석탑이 있습니다.

문화재청

* **서울 원각사지 10층 석탑(국보 제2호)** : 이 탑은 서울특별시 종로구 종로2가 탑골공원에 있는 조선 시대의 석탑이며, 조선 시대의 석탑으로는 유일한 형태로, 높이는 약 12m이고, 대리석으로 만들어졌고, 탑 구석구석에 표현된 화려한 조각이 대리석의 회백색과 잘 어울려 더욱 아름답게 보입니다.

이 탑의 기단은 3단으로 되어있고, 위에서 보면 아(亞)자 모양입니다. 기단의 각 층 옆면에는 용, 사자, 연꽃무늬 등 여러 가지 장식이 화사하게 조각되었고, 탑신부는 10층으로 이루어져 있으며, 3층까지는 기단과 같은 아(亞)자 모양을 하고 있고, 4층부터는 정사각형의 평면을 이루고 있습니다. 각 층마다 목조건축을 모방하여 지붕, 공포, 기둥 등을 세부적으로 잘 표현하였습니다. 우리나라 석탑의 일반적 재료가 화강암인데 비해, 이 탑은 대리석으로 만들어 졌고, 전체적인 형태나 세부구조 등이 고려 시대의 경천사지 10층 석탑과 매우 비슷하여 더욱 주의를 끌고 있으며, 형태가 특이하고 표현 장식이 풍부하여 훌륭한 걸작품으로 손꼽히고 있습니다.

불교 유산 125

* **여주 신륵사 다층 석탑(보물 제225호)** : 조선 성종 때 세워진 신륵사 극락보전 앞에 있는 높이 약 3m의 석탑으로, 통일 신라와 고려 시대의 일반적인 석탑 양식을 따르고 있으나, 각 부분의 세부적인 조형 방법은 전혀 달라서, 기단에서부터 탑신부까지 전부 한 장씩의 돌로 이루어져 있습니다. 이 탑은 기단을 2단으로 마련한 후, 그 위로 여러 층의 탑신을 세운 모습을 하고 있습니다. 아래층 기단의 네 모서리에 새겨진 기둥 조각은 형식적이나, 특이하게도 물결무늬를 새겨 놓았고, 아래층 기단의 맨 윗돌을 두껍게 얹어놓아 탑의 안정감을 높이고 있으며, 위층 기단의 모서리에 꽃 모양을 새긴 기둥을 두고 각 면마다 용무늬를 깊이 판 모습은 능숙한 석공의 솜씨를 보여주고 있습니다. 탑신부의 각 지붕돌은 밑면의 받침이 얇은 한 단이며, 네 귀퉁이에서 가볍게 치켜 올려져 있습니다. 이 탑은 각 부분 아래에 괴임을 둔 점으로 보아 고려 시대 석탑 양식을 일부분 남기고 있으나, 세부적인 조각양식 등에서 고려 양식을 벗어나려는 새로운 양식이 나타나고 있습니다.

* **양양 낙산사 7층 석탑(보물 제499호)** : 이 석탑은 창건 당시 3층이던 것을 세조 13년(1467)에 이르러 현재의 7층으로 조성한 전체 높이 6.2m의 석탑으로, 탑의 구조는 평면이 방형(方形)으로서 단층의 기단석 위에 탑신부가 놓이고, 그 위에 상륜부가 마련되어 있습니다. 탑의 받침이 되는 기단부는 정사각형의 바닥돌 위로 밑돌을 놓았는데, 윗면에 24잎의 연꽃무늬를 새겼습니다.

탑신부는 지붕돌과 몸돌을 1층으로 하여 7층을 이루고 있는데, 각 층의 몸돌 아래로는 몸돌보다 넓고 두꺼운 괴임이 1단씩 있어 특이하며, 지붕돌은 경사면이 평탄하고, 네 귀퉁이의 들림이 잘 어우러져 전체적인 모양이 아름답습니다. 탑의 머리 장식부에는 찰주를 중심으로 원나라의 라마탑(喇嘛塔)을 닮은 여러 장식들이 원형대로 보존되고 있어 또 다른 특징이 되고 있습니다.

* **함양 벽송사 3층 석탑(보물 제474호)** : 1520년에 창건된 벽송사에 있는 이 석탑은 전체 높이 3.5m이고, 재료는 화강암이며, 이중 기단 위에 세워진 사각형 3층 석탑으로, 지면 위에 넓은 지대석을 깔고 그 위에 기단부를 받게 하였습니다. 이 석탑은 2단의 기단 위에 3층의 탑신을 세운 통일 신라 시대 양식을 보이고 있습니다. 2단으로 구성된 기단은 아래층 기단에 가운데 돌의 네 모서리와 면의 가운데에 기둥 모양을 얕게 조각하였는데, 특이한 점은 바닥돌과 아래층 기단의 사이에 높직하게 딴 돌을 끼워놓은 것입니다. 위층 기단의 맨 윗돌은 한 장의 널돌로 이루어졌으며, 밑에는 수평으로 얇은 단을 새겼고, 탑신부의 몸돌은 각 층 모서리마다 기둥 모양을 새겨 놓았습니다. 지붕돌은 추녀가 얇고 반듯하며 마무리 부분에서 치켜 오른 정도가 완만하지만, 지붕돌 윗부분은 경사가 급하고 치켜 올림의 정도가 심합니다. 이 석탑은 조형예술이 발달한 신라 석탑의 기본 양식을 충실히 이어받고 있으며, 짜임새 또한 잘 정돈되어 있는 작품입니다.

전탑(塼塔)

전탑은 흙으로 구운 작은 벽돌을 촘촘히 쌓아 올린 벽돌탑을 말합니다. 우리나라의 탑은 석탑이 대부분이나, 석재를 가지고 전탑의 모양을 본뜬 예도 있고, 또 경상북도 안동 지방에는 통일 신라 시대의 전탑 여러 개가 남아 있습니다.

중국에서 비롯된 전탑 양식은 목탑의 모양을 본 따서 벽돌을 쌓아 만들어졌기 때문에 작은 충격에도 탑 전체가 뒤틀리거나 부서질 수 있습니다. 현재 우리나라에 남아 있는 전탑으로는 안동 운흥동 오층 전탑(보물 제56호), 안동 조탑동 오층 전탑(보물 제57호), 경북 칠곡 송림사 오층 전탑(보물 제189호), 경기도 여주 신륵사 다층 전탑(보물 제226호) 등이 있습니다.

* 안동 운흥동 5층 전탑(보물 제56호) : 안동시 운흥동에 있는 통일 신라 시대 때 만든 높이 11.64m의 전탑으로, 탑은 무늬 없는 벽돌로 5층을 쌓았습니다.

몸돌에는 층마다 불상을 모시기 위한 방인 감실을 설치했고, 특히 2층 남쪽 면에는 2구의 인왕상을 새겨두었습니다.

지붕돌은 벽돌을 사용한 것에서 오는 제약 때문에 처마 너비가 일반 석탑에 비해 매우 짧으며, 밑면의 받침 수는 1층부터 차례로 10단·8단·6단·4단·3단으로 줄어들었고, 처마 끝에는 기와 골을 받기 위해 총총한 나무를 얹고, 4층까지 기와를 입혀 놓았는데, 이러한 지붕 모양은 탑신의 감실과 더불어 목탑 양식의 흔적을 보여 주고 있습니다.

현재 상륜부는 없어지고 연꽃이 새겨진 옥개석이 얹혀 져 있어 더욱 아름답게 보입니다.

* 안동 조탑동 5층 전탑(보물 제57호) : 통일 신라 시대 때 만든 높이 8.65m의 전탑으로, 화강암 석재와 벽돌을 혼용해서 만든 특이한 탑입니다.

이 탑의 기단은 흙을 다져 마련하고 그 위로 크기가 일정하지 않은 화강석으로 5~6단을 쌓아 1층 몸돌을 이루게 하였습니다. 남면에는 감실을 파서 그 좌우에 인왕상을 도드라지게 새겼습니다.

1층 지붕부터는 벽돌로 쌓았고, 2층 이상의 탑신에는 2층과 4층 몸돌 남쪽 면에 형식적인 감실이 표현되어 있으며, 지붕돌에는 안동에 있는 다른 전탑과는 달리 기와가 없습니다.

* 칠곡 송림사 5층 전탑(보물 제189호) : 송림사 대웅전 앞에 서있는 통일 신라 시대의 5층 전탑으로, 탑의 전체 높이가 16.13m나 되는데, 이는 우리나라에 현존하는 전탑 중에서도 가장 규모가 클 뿐 아니라, 균형 잡힌 탑신의 세련미를 갖춘 빼어난 전탑입니다. 탑을 받치는 기단은 벽돌이 아닌 화강암을 이용하여 1단으로 마련하였는데, 기단의 4면에는 각 면의 모서리와 가운데에 기둥 모양을 조각하였습니다. 탑신은 모두 벽돌로 쌓아올렸고, 2층 이상의 몸돌은 높이가 거의 줄어들지 않아 전체적으로 높아 보이나, 각 몸돌을 덮고 있는 지붕돌이 넓은 편이어서 안정되고 온화해 보입니다. 지붕은 벽돌로 쌓은 점을 고려한 듯 밑면의 받침 부분 외에 위의 경사면까지 층급을 두어 쌓았고, 꼭대기에는 1959년 해체 복원할 때 금동으로 만든 머리장식이 남아있는데, 이것은 비록 모조품이긴 하나, 통일 신라 시대 금동 상륜부의 모습을 보여주고 있어 귀중한 자료가 되고 있습니다.

* **여주 신륵사 다층 전탑(보물 제226호)** : 우리나라에 남아 있는 유일한 고려 시대의 전탑으로, 높이는 약 9.4m이고, 벽돌과 화강석으로 축조되었습니다. 이 전탑은 지대석 위에 화강석의 장대석으로 7층의 기단을 쌓고, 4단의 층단을 만들어 밑에서부터 3·5·6·7단째에서 각각 체감되면서 층단이 되었고, 화강석을 사용한 점은 기단의 전체 형태와 아울러 이색적인 모습을 띠게 해주고 있습니다. 이 탑은 통일 신라 시대에 만들어진 전탑과 달리 몸돌에 비하여 지붕돌이 매우 얇아 전체가 주는 인상이 매우 독특합니다. 상륜부는 6층 옥개 위에 전으로 만든 노반(옥개석 위에 놓아 복발·앙화·상륜 등을 받치는 장식)이 있고, 그 위에 화강석제의 복발·앙화·보륜·보개 등이 얹혀 져 있습니다.

모전 석탑(模塼石塔)

모전 석탑은 돌을 벽돌 모양으로 다듬어 쌓은 탑을 가리킵니다. 이러한 모전 석탑은 우리나라에서만 볼 수 있는 특이한 탑으로, 우리나라 석탑의 하나의 이색적인 양식으로 정착되었습니다. 모전 석탑은 많이 조성되지는 않았으나, 통일 신라 시대와 고려 시대에는 전탑에 비해서 모전 석탑이 많이 건립되었습니다. 모전 석탑은 7세기 전반에 건립된 경주 분황사 모전 석탑(국보 제30호)에서 시작하여 이후 계보가 이어져 신라 말기에 이르기까지 건립되었고, 또한 고려 시대를 거쳐 조선 시대까지 이어졌습니다. 모전 석탑의 형식은 대개 두 가지로 나눌 수 있는데, 첫째는 돌을 벽돌 모양으로 가공하여 축조한 형식이며, 둘째는 전형 양식의 석탑에서와 같이 석괴형의 탑신석과 옥개석을 쌓되, 탑신석에는 좌우의 우주를 생략하고 옥개석 낙수면에는 전탑에서와 같이 층단을 표시한 형식입니다. 첫 번째 형식에 속하는 것으로는 영양 산해리 5층 모전 석탑(국보 제187호), 제천 장락동 7층 모전 석탑(보물 제459호) 등이 있고, 두 번째 형식에 속하는 것은 구미 죽장리 5층 석탑

(국보 제130호), 구미 낙산리 3층 석탑(보물 제469호), 경주 서악동 3층 석탑(보물 제65호), 경주 남산리 3층 석탑(보물 제124호), 강진 월남사지 3층 모전 석탑(보물 제298호) 등이 있습니다.

* 경주 분황사 모전 석탑(국보 제30호) : 돌을 벽돌 모양으로 다듬어 쌓아올린 높이 9.3m의 신라 시대의 모전 석탑으로, 원래 9층이었다는 기록이 있으나, 지금은 3층만 남아있습니다. 이 탑은 현재 남아있는 신라 모전 석탑 가운데 가장 오래된 걸작품입니다. 이탑은 넓은 1단의 기단 위에 3층의 탑신을 착실히 쌓아올린 모습으로, 기단은 벽돌이 아닌 자연석으로 이루어져 있고, 네 모퉁이마다 화강암으로 조각된 사자상이 한 마리씩 앉

아있습니다. 회흑색 안산암을 작게 벽돌 모양으로 잘라 쌓아올린 탑신은 거대한 1층 몸돌에 비해 2층부터는 현저하게 줄어드는 모습을 보이고 있으며, 1층 몸돌에는 네 면마다 문을 만들고, 그 양쪽에 불교의 법을 수호하는 인왕상을 힘찬 모습으로 조각해 놓았습니다. 지붕돌은 모두 계단 모양의 층을 이루고 있는데, 3층 지붕돌만은 윗면이 네 모서리에서 위쪽으로 둥글게 솟은 모양이며, 그 위로 화강암으로 만든 활짝 핀 연꽃 장식이 놓여 있습니다.

* 영양 산해리 5층 모전 석탑 (국보 제187호) : 경북 영양군 입암면 산해리 강가의 밭 가운데에 서 있는 높이 11m의 모전 석탑으로, 1단의 기단 위에 5층의 탑신을 올린 모습입니다.

기단은 흙과 돌을 섞어 낮게 바닥을 깔고, 10여 개의 길고 큰 돌을 짜서 쌓았으며, 그 위의 탑신은 몸돌과 지붕돌 모두 벽돌 모양의 돌로 쌓았습니다. 1층 몸돌에는 불상을 모시는 방인 감실을 두었는데, 감실 양쪽에 둔 2개의 화강암 기둥과 이맛돌의 섬세한 조각이 장식적인 효과를 더해주고 있고, 2층 이상의 몸돌은 독특하게도 중간 정도의 높이마다 돌을 돌출되게 내밀어 띠를 이루고 있으며, 지붕돌은 전탑의 양식에 따라 모두 계단 모양의 층을 이루고 있습니다. 이 탑은 전체적인 균형과 정연한 축조 방식을 갖추고 있고, 장중한 아름다움을 보여주고 있는 통일 신라 시대의 우수한 모전 석탑입니다.

* 제천 장락동 7층 모전 석탑(보물 제459호) : 회흑색의 점판암을 사용한 모전 석탑으로, 현재 높이가 9.1m이며, 건립 연대는 조탑 형식이나 전재 가공 수법으로 보아 통일 신라 말기로 추정되고 있습니다. 이 탑은 탑을 받치는 기단만은 점판암이 아닌 자연석으로 1단을 마련하였고, 그 위로 벽돌로 이루어진 7층의 탑신을 올렸는데, 1층의 네 모서리에는 점판암 대신 화강암을 다듬은 기둥을 세워 그 모습이 특이합니다.

각 몸돌을 덮는 지붕돌은 재료가 벽돌이라는 점에서 알 수 있듯 경사면 위아래 모두 층급을 두었으며, 처마도 짧고 수평을 이루고 있습니다.

탑의 머리 부분에는 머리 장식이 없어지고, 장식받침인 노반만이 남아 있는데, 그 윗면 한가운데에 동그란 구멍이 있고, 구멍둘레로 연꽃무늬가 새겨져 있습니다.

* 구미 죽장리 5층 석탑(국보 제130호) : 이 석탑은 높이가 10m나 되는 거대한 5층 석탑으로, 바닥 돌에서 머리장식에 이르기까지 100여 개가 넘는 석재로 짜여져 있으며, 전탑형의 5층탑으로는 국내에서 가장 높은 탑입니다. 이 탑은 2단의 기단 위에 5층 탑신을 세우고 그 위로 머리장식을 얹고 있는 거대한 모습입니다. 탑신부 1층 몸돌 남쪽 면에는 불상을 모셨던 것으로 보이는 감실이 마련되어 있으며, 그 주위로 문을 달았던 흔적이 남아 있고, 지붕돌의 아래·윗면은 전탑에서와 같이 계단 모양으로 이루어져 있습니다. 이 탑은 당시 안동과 의성 지역에서 유행했던 모전 석탑 계열로 보여지며, 웅장하고 세련된 통일 신라 석탑의 우수한 조형미를 잘 보여주는 작품입니다.

* 구미 낙산리 3층 석탑(보물 제469호) : 통일 신라 시대의 전형적인 석탑 양식인 높이 7.15m의 모전 석탑으로, 2단의 기단 위에 3층의 탑신을 올린 모습이며, 현재 약간의 손상이 있으나, 비교적 완전한 형태로 남아 있습니다. 이 탑의 기단부는 아래층 기단 가운데 돌에 모서리기둥 2개와 가운데기둥 3개, 즉 한 면에 5개의 기둥이 새겨져 있습니다. 탑신부의 1층 몸돌은 남쪽에 불상을 모시기 위한 방인 감실이 설치되어 있고, 방 입구에는 문을 달았던 동그란 구멍이 남아 있으며, 지붕돌은 아래받침과 지붕 추녀, 윗면 층단 모두 전탑의 양식을 모방하고 있습니다. 꼭대기의 머리 장식은 모두 없어지고 머리장식을 받치던 노반만 남아 있습니다. 이와 같은 양식은 구미 죽장리 5층 석탑(국보 제130호)에서도 볼 수 있는 바와 같이, 일종의 모전 석탑 계열에 속하는 유형으로, 당시 모전 석탑의 분포를 고찰하는 데 중요한 석탑입니다.

* 경주 서악동 3층 석탑(보물 제65호) : 통일 신라 시대 모전탑 계열에 속하는 높이 5.1m의 탑으로, 무열왕릉 동북쪽 비탈진 곳에 서 있으며, 독특한 기단 형식으로 미루어 보아 경주 남산동 동·서 3층 석탑(보물 제124호)을 모방한 것으로 보입니다.

이 탑의 기단은 주사위 모양의 커다란 돌덩이 8개를 2단으로 쌓은 독특한 형태로 이루어져 있고, 기단 윗면에 1층 몸돌을 받치기 위한 1장의 평평한 돌이 끼워져 있습니다. 탑신부는 몸돌과 지붕돌이 각각 1장의 돌로 되어 있고, 1층 몸돌에는 큼직한 네모꼴 감실을 얇게 파서 문을 표시하였으며, 문의 좌우에는 1구씩의 인왕상이 문을 향해 조각되어 있습니다. 지붕돌은 하나의 돌에 밑받침과 윗면의 층급을 표시하였으며, 처마는 평행을 이루고 있습니다.

이 탑은 각 층의 몸돌에 비하여 지붕돌이 커서 균형이 맞지 않고 둔중한 느낌을 주는 탑입니다.

문화재청

* 경주 남산동 동·서 3층 석탑(보물 제124호) : 불국사의 석가탑과 다보탑처럼 형식을 달리하는 쌍탑이 동·서로 건립된 특이한 예의 두 모전 석탑으로, 동탑은 돌을 벽돌 모양으로 다듬어서 쌓아 올린 모전 석탑의 양식을 취하고 있고, 서탑은 전형적인 3층 석탑의 양식입니다. 동탑은 탑의 토대가 되는 바닥돌이 넓게 2중으로 깔려있고, 그 위에 잘 다듬은 돌 여덟 개를 한 단처럼 짜 맞추어 기단부를 이루고 있고, 탑신부의 몸돌과 지붕돌은 각각 돌 하나로 만들었으며, 지붕돌은 밑면의 받침과 낙수면이 모전 석탑처럼 똑같이 각각 5단으로 층을 이루고 있습니다.

서탑은 위층 기단 위에 3층의 탑신을 세운 모습으로, 2단의 기단은 한 면을 둘로 나누어 팔부신중을 새겼고, 탑신은 몸돌과 지붕돌이 각각 돌 하나로 되어 있으며, 각 층에 모서리 기둥을 조각하였습니다. 이 동·서 두 탑은 각각 양식이 다르게 표현되어 있어 흔치않은 모습이며, 전체적인 조화를 이루면서 마주 서 있습니다.

* 강진 월남사지 3층 모전 석탑(보물 제298호) : 전남 강진 월남사지에 남아 있는 고려시대에 만들어진 높이 7.4m의 3층 석탑으로, 단층의 기단 위에 3층의 탑신을 올린 모습입니다. 기단은 바닥돌 위에 기둥 모양의 돌을 세우고 그 사이를 판돌로 채운 뒤 넓적한 맨윗돌을 얹어서 만들었습니다. 탑신부의 1층 몸돌은 매우 높고, 2층 몸돌부터는 그 높이가 급격히 줄어들고 있으며, 지붕돌은 기단보다 넓게 시작하였습니다. 지붕돌의 윗면은 전탑에서와 같이 계단식 층단을 이루었고, 추녀는 넓게 수평의 직선을 그리다가 끝에서 가볍게 들려있습니다. 이 탑은 백제의 옛 땅에 위치한 지리적 특성상 백제 양식을 많이 따르고 있고, 대표적인 백제탑이라 할 수 있는 부여 정림사지 5층 석탑(국보 제9호)과 비교해볼 수 있으며, 전라도 지역에서는 규모나 양식으로 보아 매우 중요한 석탑이라 할 수 있습니다.

문화재청

가람 배치

가람 배치는 절에 있어서 가장 중요한 구조물인 탑과 불전을 일정한 배치 양식에 따라 절을 건립하는 것을 가리킵니다. 신라 말부터 특히 산지가람에서는 간혹 탑을 조성하지 않는 경우가 있었으며, 고려 이후 조선 시대에는 드물기는 하나 탑이 절의 외곽지대로 밀려가거나 건립되지 않는 경우도 생겨나게 되었습니다. 그러나 일반 절에서 탑과 불전은 가장 기본적인 구조물이므로, 우리나라의 가람 배치를 논할 때에는 탑의 배치 형식에 기준을 두고 있습니다.

일금 일탑식 가람 배치

일탑식 가람 배치는 탑이 불전과 일직선상에 놓여 있는 배치입니다. 이러한 배치는 정남 하여 중문(中門)과 불탑, 금당(金堂), 강당을 순차적으로 세우고, 불탑과 금당을 가운데 품은 채 중문과 강당을 연결하여 사방으로 회랑을 두르는 형태로, 충남 부여 정림사지(사적 제301호), 부여 금강사지(사적 제435호) 등이 전형적인 일탑식(一塔式) 가람 배치를 보여주고 있습니다.

부여 정림사지(사적 제301호)의 가람 배치 : 백제가 부여로 도읍을 옮긴 시기(538-660)의 중심 사찰이 있던 자리로, 정림사의 주요 건물 배치는 중문, 5층 석탑, 금당, 강당에 이르는 중심축선이 남북으로 일직선상에 놓이고, 건물을 복도로 감싸고 있는 배치를 하고 있습니다. 그러나 특이하게 가람 중심부를 둘러싼 복도의 형태가 정사각형이 아닌, 북쪽의 간격이 넓은 사다리꼴 평면으로 되어있습니다.

정림사지

수덕사

일금 쌍탑식 가람 배치

쌍탑식 가람 배치는 두 탑이 불전 앞 동서로 대칭하여 세워지는 배치입니다. 쌍탑식 가람 배치는 금당 앞 좌우에 탑을 배치하고, 금당 뒤에 강당, 쌍탑 중심 앞쪽에 중문을 배치합니다. 쌍탑식 가람배치의 대표적인 예로는 경주 불국사와 감은사지(사적 제31호) 등이 있습니다.

불국사(사적 제502호)의 가람 배치 : 불국사는 불교 예술의 극치를 보여주는 우리나라의 대표 사찰로, 남북 일직선상에 중문, 불전, 강당을 배치하고, 금당 앞 좌우에 3층 석탑과 다보탑을 세운 쌍탑식 가람배치를 취하고 있습니다. 현존하는 건물의 배치를 보면 대웅전은 중앙에 위치하여 남향하였고, 그 앞에 석등이 있으며, 다시 그 앞의 동서에 각각 석탑 1기가 서 있는데, 동쪽 다보탑(국보 제20호)의 기묘하고 정밀한 형태는 유례가 드물고, 서쪽 석가탑(국보 제21호)은 예로부터 애달픈 전설을 간직하고 있습니다.

감은사지(사적 제31호)의 가람 배치 : 감은사지는 동해안에 있는 통일 신라 시대의 사찰 자리로, 강당·금당·중문이 일직선상에 배치되어 있고, 금당 앞에는 동쪽과 서쪽에 두 탑을 대칭적으로 세웠는데, 이러한 배치는 통일 신라의 전형적인 쌍탑식 가람 배치라 할 수 있습니다. 금당의 지하에는 배수시설이 있는데, 전설에 의하면 죽은 문무왕이 바다용이 되어 이 시설을 통해 왕래하였다고 전해집니다. 금당 앞의 석탑 2기는 우리나라의 석탑 가운데 가장 큰 것으로, 석탑의 모범이 되고 있습니다.

감은사지

부안 개심사

일탑삼금당식 가람 배치

일탑삼금당식 가람 배치는 탑이 하나에 금당이 셋일 경우의 가람 배치입니다. 이는 고구려의 아주 오래된 건축 양식으로, 금강사지나 정릉사, 상오사지 등 폐사지에서만 발견되는 양식입니다.

탑이 예배의 주 대상이 될 때에는 일탑식으로 배치하였고, 불상이 주된 예배 대상으로 될 때에는 쌍탑식 가람 배치를 취하였습니다. 우리나라의 사원은 불전 중심으로 된 가람 배치가 대부분입니다.

가람 배치의 분류

가람 배치는 크게 나누어 세 가지로 분류할 수 있습니다. 탑원(塔院)·금당원(金堂院)·승원 등이 함께 있는 복합 형식과 탑이 있는 예배원(禮拜院)과 승원의 복합 형식, 그리고 탑이 없는 예배원과 승원의 복합 형식이 바로 그것입니다.

탑원·금당원·승원의 복합 배치 형식

탑원·금당원·승원의 복합 배치 형식은 탑을 모신 지역과 불상을 모신 곳, 승려들이 거주하는 지역 등이 담장에 의해서 엄격하게 나누어진 형태를 가리킵니다. 이른바 일탑식 가람 배치로서 탑과 금당을 병립시키는 형식입니다. 그러므로 사상적으로는 탑 신앙과 불상 신앙이 동등한 비중으로 생각되는 가람의 경영 형태입니다.

탑이 있는 예배원과 승원의 복합 배치 형식

탑이 있는 예배원과 승원의 복합 배치 형식은 탑과 금당, 또는 탑과 금당·강당 등이 회랑(廻廊)으로 둘러싸인 예배원과 기타 부속 건물이 있는 승원으로 나누어진 배치 형식입니다. 그러나 예배원 안에도 탑과 불적이 여럿 있는 경우와 하나씩만 있는 경우 등 다양한 가람 배치가 있습니다. 일탑 일금당의 형식은 문경 봉암사(보물 제1574호), 이탑 일금당은 경주 불국사(사적 제502호)가 대표적인 예입니다.

탑이 없는 예배원과 승원의 복합 배치 형식

탑이 없는 예배원과 승원의 복합 배치 형식은 고려 시대까지는 거의 발견할 수가 없고, 조선 시대부터 탑 없는 사원의 건립도 있었는데, 이것은 둘째 방식에서 탑을 없앤 배치 형식을 가리킵니다. 이와 같은 경우에는 예배원 안에 다양한 불전이 있어서 예배소의 구실을 하게 됩니다.

 # 불상

불상의 정의

불상은 부처의 모습을 조각이나 그림으로 나타낸 것으로, 붓다(Buddha)의 가르침을 기초로 한 불교 교리에 의한 예배의 대상을 시각적인 조형 매체를 통하여 표현한 조각상을 가리키며. 엄격한 의미로는 부처(如來)의 존상만을 의미합니다. 그러나 넓은 의미에서는 부처의 상은 물론 보살상·천왕상·명왕상·나한상 등을 모두 포함합니다. 우리나라의 경우 불상 중에는 국보나 보물이 많습니다. 석굴암의 본존불을 비롯해 서산마애삼존불이나 경주 남산 골짜기에 가득 찬 불상 등이 그것입니다. 우리 문화를 이해하기 위해서 불상을 알아야 하는 것은 우리가 유럽 문화를 이해하기 위해서 그리스도교의 성상에 대해 알아야 하는 것과 같다고 할 수 있습니다.

불상의 종류

붓다란 출가하여 수행을 거듭한 뒤 자기 스스로 진리, 즉 보리(菩提)를 얻은 '깨달은 자'라는 의미입니다. 대승 불교에서는 모든 중생이 수행하면 불타가 될 수 있다고 합니다. 역사적으로 볼 때 이 세상에 실제로 존재하였던 부처는 인도의 고타마 싯다르타 태자로, '석가족의 성자'로 불리던 석가모니, 즉 석존(釋尊)입니다. 불교의 교리가 발달함에 따라 부처의 성격도 구체화되어, 인간 세계에 태어나 불법의 진리를 몸소 체험하여 증명한 석존은 응신불, 여러 불국토에 나타난 부처는 보신불, 그리고 불법의 진리 자체를 형이상학적인 의미의 집합체로서 인식된 부처인 법신불의 삼신불(三身佛) 사상이 등장하는 등 상징적인 의미의 많은 부처가 존재하게 되었습니다. 그러나 실제 예배의 대상으로서 우리나라에서 널리 숭상된 불상으로는 석가불 · 아미타불 · 약사불 · 비로자나불 등이 있습니다.

불상의 특징과 구별

일반적으로 불교에서는 불상이 32가지 특징을 갖고 있다고 합니다. 그러나 여기서 그 특징들을 다 볼 수는 없고 간단히 살펴보면, 큰 귀와 육계라 불리는 치솟은 정수리 부분, 평발, 이마에 있는 제3의 눈(백호-하얀 털) 등이 있습니다. 또 불상의 머리카락을 보면 소라 모양으로 꼬여 있는데, 이것 역시 전형적인 불상의 양식으로 보통 나발이라고 합니다. 이런 것들을 다 합하면 불상의 특징이 32 가지가 된다고 하지만 실제로 이 특징을 다 나타낸 불상은 거의 없습니다. 그러므로 무엇보다 더 중요한 것은 불상을 보고 식별하는 일입니다. 불상은 종류가 아주 많지만 가장 중요한 것은 석가모니불, 아미타불, 비로자나불입니다. 이 세 붓다에 관해서 간단하게 살펴보면, 이중 석가모니불만이 유일하게 실제로 존재했던 인물이고, 이 불상은 석굴암 본존불에서처럼 오른손으로 땅을 가리키고 있습니다. 이것은 석가모니가 깨닫기 직전의 모습으로, 대지의 신에게 자신이 깨달았음을 증언하라는 의미를 갖고 있습니다. 아미타불은 상상 속의 붓다이며, 우리가 죽은 뒤에 가는 극락(천당)을 관장하는 붓다입니다. 이 불상은 손가락으로 동그라미를 만들고 있는데, 손가락은 9가지로 구분하여 만들고 있습니다. 이것은 극락이 9등급으로 나뉘어져 있다는 것을 의미하는 것입니다. 비로자나불은 석가나 아미타불이 존재할 수 있게 하는 근원적 존재이며, 이 불상은 한쪽 손으로 다른

손의 집게손가락을 감아쥐고 있는 형태를 취하고 있습니다. 이 세 붓다 이외에도 약사불 같은 불상도 있습니다. 불상의 손에 약병을 들고 있으면 무조건 약사불로 보면 됩니다. 또 우리와 친숙한 미륵불도 있는데, 미륵불은 그 모습이 천차만별이라 한 마디로 무엇이라 말하기 힘듭니다. 불상은 많은 경우 보살들과 함께 나오는데, 보통은 2명의 보살들과 짝을 이룹니다. 이것은 이른바 삼존불로 좌우에 보살들을 하나씩 거느리고 있습니다. 보살과 불상의 차이는 거의 보살만이 머리에 관을 쓴다는 데에 있습니다. 보살이란 자신의 깨달음보다 중생 구제를 더 중요하게 생각하는 존재들로, 보살은 의지할 수 있는 대상이 필요한 일반 신도들을 위해 만들어진 가상의 존재입니다.

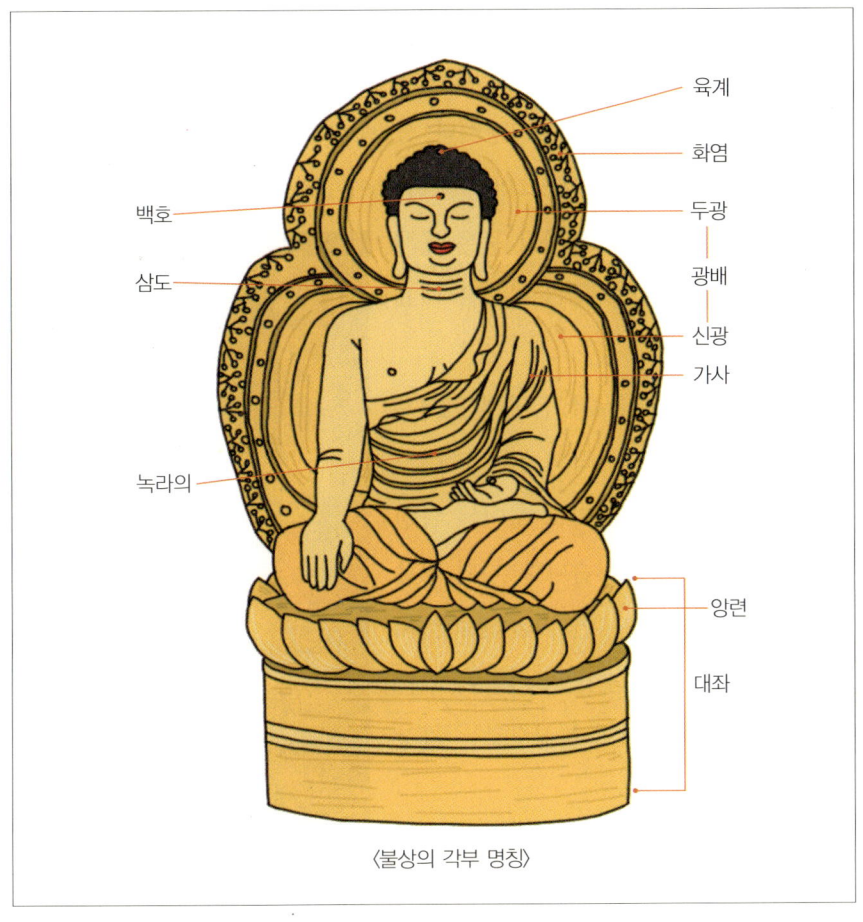

〈불상의 각부 명칭〉

우리나라 불상 양식의 변천

삼국 시대의 불상

불교가 처음 우리나라에 전해진 것은 삼국 시대입니다. 고구려의 소수림왕 2년(372년)에 중국의 오호 16국의 하나인 전진의 왕 부견이 승려 순도와 불상·경문을 보냄으로써 비롯되었습니다. 이어서 백제에도 침류왕 1년(384)에 중국 동진에서 마라난타라는 승려에 의하여 불교가 전래되었습니다. 이 당시 새로운 종교의 전파와 함께 불상도 전해졌는데, 불상은 절에 안치되거나 승려들에 의하여 예배되었고, 고구려나 백제에서는 새로운 불상이 만들어졌습니다. 불교 전래의 초기에는 대체로 중국식 불상 양식을 모방하거나 그 영향을 크게 받았습니다. 그러나 곧이어 삼국 시대에는 우리나라의 독자적인 불상을 만들기 시작하였습니다. 옛 고구려의 도읍인 평양 원오리 절터에서 나온 소조(塑造) 불좌상이나, 옛 백제의 도읍인 부여의 규암면 신리에서 출토된 금동불좌상, 그리고 역시 부여 군수리 사지(軍守里寺址)에서 출토된 납석제(蠟石製) 불좌상 등은 대체로 6세기의 삼국 시대 초기 불상을 대표하는 것들입니다.

우리나라에 불교가 4세기 말에 전래는 되었으나, 현존하는 삼국의 불상 중에서 6세기 이전으로 올라간다고 보이는 확실한 예는 알려져 있지 않습니다. 다만 명문이 있는 불상 중에는 "연가7년(延嘉七年) 기미년의 고(구)려국……"의 기록이 있는 금동불입상이 고구려의 불상으로는 가장 오래된 것입니다.

부여 미암사

* **연가7년명금동여래입상(국보 제119호)** : 고구려 시대의 불상으로, '연가 7년명'은 중국에서 쓰던 연호로 연가 7년은 539년을 의미하고, '여래'는 석가모니 불상을 말합니다. 이 불상은 고구려와 관련된 글이 새겨져 있는 불상으로, 옛 신라 지역인 경상남도 의령 지방에서 발견된 점이 특이합니다. 불상 뒤에 붙은 광배 뒷면에는 평양 동사의 승려들이 천개의 불상을 만들어 세상에 널리 퍼뜨리고자 하였는데, 그때 만들어진 불상 가운데 29번째 것이라고 쓰여 있습니다.

이 불상의 전체 높이는 16.2cm이고, 머리는 작은 소라 모양의 머리칼을 붙이고, 정수리 부근에는 큼직한 상투 모양의 머리묶음이 있습니다. 오른손은 앞으로 들어 손바닥을 정면으로 향하고 있으며, 왼손은 허리 부분에서 손바닥이 정면을 향하게 하여 아래로 내리고 있습니다. 광배의 앞면에는 소용돌이치는 것처럼 보이는 불꽃무늬가 새겨져 있습니다. 이 연가 7년명 금동 여래 입상은 6세기 후반의 대표적인 고구려 불상으로, 두꺼운 법의를 걸친 모습이어서 몸의 선이 전혀 나타나지 않고, 신비하면서도 은은한 미소를 띠고 있는 모습이 매우 일품입니다.

한편, 신라에서는 불교에 관한 기록이 이미 5세기 초부터 나타나지만, 법흥왕 15년(528)에 불교가 공인된 이후 기록상에 나타나는 최초의 절은 흥륜사로, 이 절은 544년에 완성되었습니다. 당시 이 절에는 예배 대상으로서 불상이 안치되었을 것으로 추측되고 있지만, 지금은 절터만 겨우 알 수 있으며, 불상의 자취는 흔적조차 없습니다. 그 뒤 선덕여왕 때 황룡사라는 거대한 사찰이 지어져서 566년에 완성되었으나, 몽고의 침입 때 소실되어 지금은 절터만 남아 있는데, 이 절터에는 《삼국유사》의 기록에 보이듯이 인도에서 보내진 모형에 따라 주조되었다는 장륙(丈六)의 금동삼존불상의 커다란 석조대좌가 아직도 남아 있습니다. 이러한 유적을 통하여 이미 6세기 후반에는 신라에서도 대규모의 불상 조성이 이루어졌음을 추측할 수 있습니다. 6세기 후반의 삼국 시대의 불상 중에는 삼존 형식이 많으며, 그중에는 명문이 있는 작품도 여러 개가 있습니다. 즉, 금동계미명삼존불(국보 제72호), 황해도 곡산 출토 금동신묘명삼존불(국보 제85호) 등을 들 수 있습니다. 그 표현 양식이 중국의 북위 말기 및 동위 시대의 조각 양식을 반영하고 있어 이 불상들은 각기 564년 및 571년에 해당되는 일광삼존상으로 추정됩니다. 그러나 이들 불·보살상의 세부 표현이나 광배의 화염문 혹은 연화대좌의 표현 양식에서 보면 중국의 불상들보다 좀 더 단순화되었습니다. 그리고 기법 면에서도 세부 묘사가 생략되어 있고, 다소 투박한 감이 있습니다.

* **금동계미명삼존불(국보 제72호)** : 커다란 하나의 광배를 배경으로 중앙에 본존불과 양 옆에 협시보살을 배치하고 있는 삼존불(三尊佛)로, 중국 남북조 시대의 불상 양식을 따르고 있는 이 불상은 광배 뒷면에 새겨진 글에 의해 백제 위덕왕 10년(563)에 만든 것으로 추정되고 있습니다. 중앙의 본존불은 상투 모양의 머리가 불상 전체 크기에 비해 크고 높게 표현되었고, 미소를 띤 갸름한 얼굴은 앞으로 약간 숙이고 있으며, 어깨와 가슴은 약간 좁고 둥글며 강인하게 처리되었습니다. 양 어깨를 감싸고 있는 옷에는 정면으로 V자형 옷 주름이 있으며, 좌우로는 새의 깃 같은 옷자락이 뻗치고 있습니다. 오른손은 손바닥을 정면으로 하고 손끝이 위로 향하고 있으며, 왼손은 손바닥을 정면으로 하고 손끝은 아래를 향하고 있는데 손가락 2개를 구부리고 있는 모습이 특징입니다. 그리고 양 옆에 배치한 협시보살은 광배의 끝에 매달리듯 표현하였으며, 세 가닥으로 올라간 보관을 쓰고 있습니다.

본존 주위에는 머리 광배와 몸 광배를 도드라지게 새기고 그 안에 연꽃무늬, 덩쿨무늬, 인동초무늬를 새겼습니다.

불상이 서 있는 대좌는 바닥이 밖으로 퍼진 원통형이고, 연꽃이 새겨져 있습니다.

문화재청

* **금동신묘명삼존불(국보 제85호)** : 1930년 황해도 곡산군 화촌면 봉산리에서 출토된 고구려 시대의 불상으로, 높이는 15.5cm이고, 하나의 커다란 광배에 본존불과 좌우보살상을 조각한 형태의 삼존불(三尊佛)이며, 현존하는 같은 형식의 불상 중에서 가장 큰 것입니다. 좌우의 보살상은 본존불보다 훨씬 작게 만들어 광배의 끝에 겨우 매달린 것처럼 보이는데, 이는 본존불을 한결 돋보이게 하는 효과를 내고 있습니다.

문화재청

본존불은 얼굴이 풍만하고 입가에 미소를 띠고 있으며, 머리에는 상투 모양의 머리가 큼직합니다. 양 어깨를 감싸고 있는 옷은 두껍게 표현되어 있으며, 옷자락은 양 옆으로 펼쳐지면서 발목까지 덮고 있습니다. 오른손은 들어 손바닥을 보이고, 왼손은 내려서 손끝이 아래로 향하면서 손바닥을 보이고 있습니다. 배(舟) 모양의 광배는 본존불을 중심으로 머리 광배와 몸 광배를 표현하였고, 그 안에 연꽃무늬, 덩굴무늬, 인동초무늬를 새겼습니다. 머리 광배와 몸 광배의 가장자리에는 불꽃무늬를 새기고, 그 사이에는 작은 부처를 조각하였습니다. 광배의 아래쪽 끝부분에 새겨진 두 협시 보살은 큼직한 얼굴에 원통형의 빈약한 체구를 지니고 있습니다.

삼국 시대의 석조 불상은 환조(한 덩어리의 재료에서 물체의 모양 전부를 조각해 내는 일)로 된 예는 별로 없으며, 대부분 암벽에 부조(돋을새김)로 표현된 조각이 많습니다.

그중에서도 옛 백제 지역인 충청남도 태안군 태안읍의 태안마애삼존불(국보 제307호)은 보살상을 중심으로 양쪽에 불상이 표현된 특이한 형태입니다. 또한 서산시 운산면의 서산마애삼존불상(국보 제84호)은 조각 수법이 매우 우수하고, 얼굴 표정에 보이는 밝고 티 없이 웃는 모습이 탁월한데, 이러한 자비의 미소는 '백제의 미소'라 불릴 만큼 특징적입니다.

◆ 마애불이란? ◆

절벽의 암벽이나 바위 면에 선각이나 돋을새김 기법을 사용하여 불교의 주제나 내용을 형상화 한 것을 말합니다. 우리나라는 7세기경 백제에서 시작된 것으로 추정되며, 1958년에 발견된 충남 서산의 마애 석불과 태안의 마애석불은 백제 시대의 대표적인 마애불이라 할 수 있습니다.

성남 망경암 마애여래좌상

고창 선운사 도솔암 마애불

법주사 마애불

영주 가흥리 마애삼존불상

* **태안 마애삼존불(국보 제307호)** : 충청남도 태안군 태안읍 동문리에 있는 백제 시대의 불상으로, 좌우 여래입상과 중앙에 보살입상을 배치하여 조각한 삼존불이며, 불상의 높이는 왼쪽 불상 2.96m, 오른쪽 불상 3.06m, 중앙보살 2.23m입니다.

태안 마애삼존불은 큰 바위에 사각형의 감실을 마련하고 남북으로 여래상을 새겼으며, 중앙에 낮은 보살입상을 만들었습니다. 보살상은 양손으로 보주를 받들고, 머리에 삼산보관을 쓰고 있으며, 다리에 X자형으로 교차된 옷자락을 표현하였습니다. 한편, 대좌는 단판연화문(홑잎의 연꽃잎 무늬)으로 날카롭고 분명한 연꽃을 표현하고 있어 백제 연꽃무늬의 전형적인 아름다움을 잘 보여 주고 있습니다.

* **서산 마애삼존불상(국보 제84호)** : 백제 후기 불상으로, 본존여래상 높이 2.8m, 보살입상 높이 1.7m, 반가상 높이 1.66m이며, 동쪽을 향해 있는 거대한 화강암벽에 여래입상을 중심으로 그 좌우에 협시불상 1구씩이 조각되어 있습니다. '마애삼존불'이란 바위나 절벽에 새긴 세 분의 부처라는 뜻이며, 거대한 여래입상(부처님)을 중심으로 오른쪽에는 보살입상, 왼쪽에는 반가 사유상이 있습니다. 특히 서산 마애 삼존불상은 입가에 인자하고 온화한 미소를 머금고 있어 '백제의 미소'라고 하는데, 이 미소는 보는 사람의 각도나 마음 상태, 햇빛이 비치는 시각에 따라 부처님의 모습이 다르게 보인다고 합니다. 이 서산 마애삼존불상은 불상의 왼편에 반가사유보살상을, 오른편에는 보주를 두 손에 마주 잡은 보살입상을 협시로 거느린 삼존불인데, 이 두 보살상 모두 삼국 시대에 유행했던 보살상 형식입니다.

● 석가여래입상(본존불)
●● 제화갈라보살입상
●●● 미륵반가사유상

불교 유산 147

백제의 불상은 대체로 부드럽고 온화한 조형성으로 특징지어지며 일본에도 많은 영향을 주었습니다. 특히 보주를 든 보살상 형식이 일본 초기 불상 조각으로 대표적인 호류사(法隆寺)의 몽전관음상이나 금동48체불에서도 발견되고 있습니다. 삼국 시대의 불상 중에는 특히 반가사유보살상이 많이 만들어졌는데, 반가사유상이란 반가좌(半跏坐) 형태로 앉아 오른손을 뺨에 살짝 대고 사색하는 자세의 보살상을 말합니다. 앞서 언급한 서산 마애삼존불의 좌측 협시는 백제의 반가상으로서의 특징이 있는 반면, 경주 근교의 단석산 신선사에 있는 마애불상군(磨崖佛像群) 중의 반가사유보살상은 신라 초기에 속하는 중요한 불상입니다. 고구려 시대의 반가사유보살상으로는 평양의 평천리 출토 금동반가보살상이 있습니다. 국립중앙박물관에 있는 2구의 거대한 금동미륵보살반가사유상(국보 제78호 및 제83호)을 비롯하여 크고 작은 금동불 20여 구가 전하고 있습니다.

　　* **금동미륵보살반가사유상(국보 제78호)** : 의자 위에 앉아 오른발을 왼쪽다리 위에 올려 놓고, 오른쪽 팔꿈치를 무릎 위에 올린 채 손가락을 뺨에 댄 모습의 보살상으로, 높이는 80㎝이고, 머리에는 화려한 관(冠)을 쓰고 있으며, 여기에서 나온 2가닥의 장식은 좌우로 어깨까지 늘어져 있습니다. 네모꼴에 가까운 얼굴은 풍만한 느낌을 주며, 광대뼈를 나오게 하고 입가를 들어가게 하여 미소 띤 얼굴을 만들었습니다. 상체는 당당하면서도 곧고 늘씬한 모습이며, 하체에서는 우아한 곡선미를 느낄 수 있습니다. 이 반가 사유상은 전체적으로 탄력이 있고 매끄러우며 부드럽고 율동적이어서 보살상의 우아한 모습을 한층 더 돋보이게 합니다. 왼발을 올려 놓은 타원형의 대좌에는 연꽃무늬가 새겨져 있습니다.

문화재청

* **금동미륵보살반가사유상(국보 제83호)** : 금동미륵보살반가사유상(국보 제78호)과 함께 국내에서는 가장 큰 금동반가사유상으로 높이가 93.5cm나 됩니다. 금동반가사유보살상은 머리에 3면이 둥근 산 모양의 관(冠)을 쓰고 있어서 '삼산반가사유상'으로도 불립니다. 얼굴은 거의 원형에 가까울 정도로 풍만하고 눈두덩과 입가에서 미소를 풍기고 있으며, 상체에는 옷을 걸치지 않았고, 목에 2줄의 목걸이가 있을 뿐 아무런 장식이 없습니다. 단순하면서도 균형이 잡힌 신체 표현과 자연스러우면서도 입체적으로 처리된 옷 주름, 분명하게 조각된 눈·코·입의 표현은 정교하게 다듬어진 조각품으로서의 완벽한 주조 기술을 보여줍니다. 잔잔한 미소에서 느껴지는 반가상의 자비로움은 우수한 종교 조각으로서의 숭고미를 더해주고 있습니다.

삼국 시대의 이와 같은 반가사유보살상의 제작은 일본 불상에 큰 영향을 주었습니다. 특히 국보 제83호의 금동미륵보살반가상과는 거의 같은 형태의 목조반가사유상이 일본의 고류사(廣隆寺)에 있는데, 이 상은 우리나라에 많은 적송(赤松)으로 만들어졌으며, 이 절의 창건 연혁이나 불교 교류의 기록으로 보아 우리나라, 아마도 신라에서 가져간 것으로 보입니다. 신라에서 정치·사회적으로 중요시되던 화랑 제도는 불교의 미륵 신앙과 관련지어져 불교사상적·역사적인 면에서 반가사유보살상의 신앙 및 그 의미에 한국적인 독특한 수용태세를 찾아볼 수 있습니다. 삼국 시대의 말기, 즉 7세기 중엽에 가까워지면 불상의 표현에는 얼굴이나 불신의 묘사에 입체감이 강조되고, 법의 표현도 이전 시기보다 자연스러워집니다. 그리고 상의 전면뿐 아니라 측면이나 뒷면의 묘사에도 관심을 두는 그야말로 입체 조각으로서의 형태를 갖추게 됩니다. 7세기의 석조 불상으로서는 경주 서악리 마애석불상(보물 제62호), 경주 배리 석불입상(보물 제63호)을 비롯하여 경주 남산 불곡 석불좌상(보물 제198호) 등이 이 시대 양식을 잘 전하고 있습니다.

* **경주 서악리 마애석불상(보물 제62호)** : 선도산 정상 가까이의 큰 암벽에 아미타여래 입상을 본존불로 하여, 왼쪽에 관음보살상을, 오른쪽에 대세지보살상을 조각한 삼존불상(三尊佛像)입니다. 이 삼존불은 삼국 시대에서 통일 신라 불상 조각으로 이어지는 과도기의 중요한 작품으로, 본존불은 높이가 7m이고, 관음보살상은 높이 4.55m이며, 대세지보살은 높이 4.62m입니다. 서방 극락세계를 다스린다는 의미를 지닌 아미타여래입상의 뺨, 턱, 쫑긋한 입의 표현은 부처의 자비와 의지를 실감나게 보여주고 있고, 넓은 어깨로부터 내려오는 웅장한 체구는 신체의 굴곡을 표현하지 않고 있어 원통형으로 보이지만, 여기에는 범할 수 없는 힘과 위엄이 넘치고 있습니다. 중생을 구제한다는 자비의 관음보살은 내면의 법열(法悅)이 미소로 표현되어 나오는 우아한 기풍을 엿보게 하는데, 어느 것 하나 소홀하게 다룬 데 없는 맵시 있는 솜씨를 그대로 보여주고 있습니다. 또한 중생의 어리석음을 없애준다는 대세지보살은 얼굴과 손의 모양만 다를 뿐 모든 면에서 관음보살과 동일하지만, 사각형의 얼굴에 눈을 바로 뜨고 있어서 남성적인 힘을 강하게 풍기고 있습니다.

* **경주 배리 석불입상(보물 제63호)** : 경상북도 경주시 배동에 있는 삼국 시대의 불상으로, 높이는 본존불이 2.78m이고, 좌측 협시보살이 2.35m이며, 우측 협시보살이 2.93m입니다. 이 석불들은 기본 양식이 똑같아 처음부터 삼존불(三尊佛)로 모셔졌던 것으로 보입니다. 중앙의 본존불은 머리에 상투 모양의 머리가 있는데, 특이하게도 이중으로 되어 있으며, 표면이 매끄럽게 표현되었습니다. 어린아이 표정의 네모난 얼굴은 풍만하며, 둥근 눈썹, 아래로 뜬 눈, 다문 입, 깊이 파인 보조개, 살찐 뺨 등을 통하여 온화하고 자비로운 불성(佛性)을 표현하고 있습니다. 왼쪽의 보살은 머리에 보관을 쓰고 만면에 미소를 띠고 있으며, 가는 허리를 뒤틀고 있어 입체감이 돋보입니다. 오른쪽의 보살 역시 잔잔한 내면의 미소를 묘사하고 있는데, 무겁게 처리된 신체는 굵은 목걸이와 구슬장식으로 발목까지 치장하였습니다.

이 불상들은 조각 솜씨가 뛰어난 다정한 얼굴과 몸 등에서 인간적인 정감이 넘치면서도 함부로 범할 수 없는 종교적 신비가 풍기고 있는 작품으로, 7세기 신라 불상 조각의 대표작으로 평가되고 있습니다.

* 경주 남산 불곡 석불좌상(보물 제198호) : 경주 남산 동쪽 기슭 부처 골짜기의 한 바위에 깊이가 1m나 되는 석굴을 파고 만든 여래좌상으로, 이 석불은 경주 남산에 남아있는 신라 석불 가운데 가장 오래된 것이며, 삼국 시대 후기에 만들어진 것으로 보입니다. 이 불상의 머리는 두건을 덮어쓴 것 같고, 얼굴은 둥그렇고 약간 숙여져 있으며, 부은 것 같은 눈과 깊게 파인 입가에서는 내면의 미소가 느껴지고 있습니다. 양 어깨에 걸쳐 입은 옷은 아래로 길게 흘러내려 불상이 앉아 있는 대좌까지 덮고 있는데, 옷자락이 물결 무늬처럼 부드럽게 조각되어 전체가 아름답게 조화를 이루고 있습니다.

항간에는 불상이 아닌 보살로 보여진다며 가장 친근감을 나타내는 할매보살 이라하여 많은 사람들이 찾고 있습니다.

현존하는 7세기의 석조 불상들은 대체로 신라 지역에 많이 남아 있어 비록 삼국 중 불교가 뒤늦게 공인되긴 하였으나, 그 조상 활동은 7세기 전반 경부터 활발히 성행한 것처럼 보입니다. 7세기에 제작된 우수한 금동불상 중에 특히 관음상이 많이 전하고 있습니다. 백제 규암리 사지에서 나온 2구의 금동보살입상을 비롯하여 공주 근교인 의당면 송정리 출토의 금동관음보살입상, 삼양동 금동관음보살입상(국보 제127호), 그리고 구미 선산읍 관음보살입상(국보 제183호) 등은 모두 이 시대를 대표하는 우수한 보살입상들입니다.

* **서울 삼양동 금동관음보살입상(국보 제127호)** : 삼국 시대 말기에 제작된 신라의 금동관음보살입상으로, 불상의 전체 높이는 20.7㎝입니다. 머리에는 삼각형의 관을 쓰고 있고, 양감 있는 얼굴은 원만해 보이며, 입가에는 엷은 미소를 짓고 있습니다. 상체는 어깨가 좁아 위축된 모양이며, 배를 앞으로 내밀고 있어 옆에서 보면 활처럼 휘어진 모습이고, 배와 무릎 근처에 이중으로 걸쳐져 있는 두꺼운 옷은 U자형으로 늘어져 있습니다. 오른손은 허리 근처에서 정병(淨甁)을 들고 있으며, 왼손은 위로 올려 엄지와 검지를 V자형으로 곧게 펴고 있는 특이한 모습을 하고 있습니다.

보살이 서 있는 대좌에는 엎어 놓은 연꽃무늬를 새겨 놓았으며, 꽃잎은 그 끝이 뾰족하여 보살상의 부드러움과 대비되고 있습니다. 이 불상은 현재 국립중앙박물관에서 관리하고 있습니다.

문화재청

* **구미 선산읍 관음보살입상(국보 제183호)** : 삼국 시대 말기 금동보살상의 전형적인 양식을 보여 주는 신라 시대의 보살상으로, 불상의 전체 높이는 32㎝입니다.

이 관음보살입상은 연화 대좌 위에 오른쪽 무릎을 약간 구부리고, 자연스럽고 유연한 자세로 서 있습니다. 조각 수법은 매우 섬세하고 우수하며, 몸의 균형도 잘 맞고, 비교적 날씬한 형태를 보이고 있습니다. 옷은 몸에 얇게 밀착되어 있고, 옷자락은 오른팔에 한 번 걸쳐 무릎 앞에서 둥글게 드리워지고, 다시 왼팔 위로 걸쳐 그 끝이 대좌 위로 내려 뜨려져 있습니다.

목에는 목걸이가 걸려 있고, 어깨에서 시작한 구슬 장식은 길게 늘어져 X자를 그렸습니다. 오른손은 위로 들어 연꽃 봉오리를 가볍게 들고 있고, 왼손은 내려서 물건을 잡고 있는 모습을 하고 있으며, 대좌는 7각형으로, 아래로 향한 연꽃잎이 새겨져 있습니다. 이 불상은 현재 대구 국립박물관에서 관리하고 있습니다.

문화재청

통일 신라 시대의 불상

통일 신라 시대는 우리나라 불교문화의 전성기라 할 수 있습니다. 삼국 시대부터 숭상되어 오던 불교는 신라가 삼국을 통일하는 데 정신적인 기틀이 되었고, 국가적인 차원의 사원 건축이나 불상 조성 등에 큰 영향을 끼쳤습니다. 통일 신라의 불상 조성의 배경에는 우선 토착적인 신라 시대의 불상 양식이 기반이 되었으며 그 위에 백제와 고구려와의 통합에 따른 새로운 자극과 변화가 불교 미술에도 어느 정도 반영되었습니다. 또한 통일을 전후하여 빈번해진 당과의 정치적·문화적 교류와 승려들의 당나라 유학에 따라 새로운 불교 경전의 전래와 교리 연구도 활발히 이루어져서 율종·화엄종·법상종 등의 종파가 성립됨에 따라 불상의 종류나 표현도 다양하게 발전되었습니다. 더 나아가서 중국을 넘어 서역과 인도로 이어지는 불교문화의 국제적인 요소 또한 신라의 불교 미술에도 반영되어 신라의 불교 미술은 다양한 외래 양식의 수용과 새로운 변형 그리고 토착적인 요소가 합하여져 독특한 통일 신라의 불상 양식으로 발전되어 나갔습니다. 현존하는 통일 신라의 불상들 중에는 역사 기록과 부합되거나, 명문에 의하여 연대를 알 수 있는 예가 많습니다. 통일 신라 초부터 670년대까지는 보수적 경향이 짙은 전대의 양식 계승 및 새로운 요소의 모색기, 680년 이후 8세기 후반 초인 석굴암의 완성기(751~774년)까지는 중국의 당 양식의 수용 및 신라의 이상적인 불상형의 완성기, 8세기 말 이후로는 불상 양식의 토착화와 쇠퇴기 등으로 구분할 수 있습니다. 대체로 통일 신라 시대의 불상 표현의 형식을 보면 입상에는 여원인과 시무외인의 통인(通印)을 보여 주는 불상이 많고, 약함(藥函)을 든 경우도 많이 있습니다. 법의의 형태는 크게 두 가지로 분류할 수 있는데, 그 하나는 경주 구황동 금제여래입상(국보 제80호)과 같이 법의가 양어깨를 덮은 통견으로, 주름이 가슴 앞으로 여러 겹의 U자형의 곡선을 형성하면서 늘어져 있습니다. 또 다른 형식은 경상북도 구미에서 출토된 금동불입상이나 감산사 석조아미타불입상(국보 제82호)과 같이 통견의 법의가 가슴 앞에서

U자형으로 내려오다가 허리 밑에서 Y자형으로 갈라져서 각기 양다리 위에서 U자형의 주름을 형성하면서 좌우 대칭을 이루는 형식입니다. 이들 두 가지 불입상의 직접적인 모형은 중국에서 찾을 수 있으며, 더 거슬러 올라가면 서역이나 인도에서 원류를 발견할 수 있을 만큼 불상 양식은 넓은 지역과 긴 시간에 걸쳐 발전하며 변천하였습니다. 또한 신라 말에서 고려 초에는 철로 만든 불상이 크게 유행했는데, 철원 도피안사 철조비로자나불좌상(국보 제63호)은 그 대표적인 예로, 불상을 받치고 있는 대좌(臺座)까지도 철로 만든 보기 드문 작품입니다.

* **경주 구황동 금제여래입상(국보 제80호)** : 전체 높이 14cm의 순금으로 만든 통일 신라 시대의 불상으로, 대좌와 광배를 모두 갖추고 있습니다. 민머리 위에는 상투 모양의 머리가 큼직하게 솟아 있고, 갸름한 얼굴은 양감이 있고 자비로우며, 눈은 정면을 바라보고 있습니다. 약간 좁은 어깨에는 두껍게 표현된 옷을 걸치고 있는데, 앞면에는 U자형의 옷 주름을 새기고 있고, 치마는 발목 부분에서 양쪽으로 약간 퍼진 모습을 보여주고 있어서, 삼국 시대의 불상 양식이 아직 남아 있는 모습입니다. 오른손은 들어서 손바닥을 보이고 있고, 왼손은 옷자락을 잡고 있습니다. 부처의 몸에서 나오는 빛을 상징하는 광배는 머리 뒤에 원형으로 표현하였는데, 원 안의 연꽃무늬를 중심으로 빛이 뻗어나가는 모양을 하고 있으며, 가장자리의 불꽃무늬는 섬세하게 만들었습니다. 대좌는 따로 만들어 끼운 것으로 12각의 받침 위에 엎어 놓은 연꽃무늬를 큼직하게 새겼습니다. 이 금제여래입상은 머리와 신체의 적당한 비례, 옷 주름의 형태 등을 볼 때, 삼국 시대 후기의 불상에서 좀 더 발전한 통일 신라 초기 새로운 양식의 불상으로 보입니다. 이 불상은 현재 국립중앙박물관에서 관리하고 있습니다.

문화재청

* 경주 감산사 석조아미타불입상(국보 제82호) : 성덕왕 19년(720)에 조성된 화강석제 불상으로, 불상의 전체 높이는 1.74m입니다. 8각의 대좌와 전신을 둘러싼 광배는 1장의 돌로 만들었고, 부처는 정면으로 꼿꼿이 서 있습니다.

이 불상은 전체적으로 균형과 조화를 이루고 있으며, 인체 비례에 가까운 사실적 표현을 하고 있는 작품으로, 불상의 얼굴은 풍만하고 눈·코·입의 세부 표현도 세련되어 신라적인 얼굴을 사실적으로 묘사하고 있습니다. 신체는 비교적 두꺼운 옷 속에 싸여 있어서 가슴의 두드러진 표현은 없지만, 당당하고 위엄이 넘쳐 부처님의 모습을 인간적으로 표현하였고, 양 어깨를 감싸고 있는 옷은 온 몸에 걸쳐서 U자형의 옷 주름을 나타내고 있습니다. 불신 뒤의 광배는 배 모양이며, 가장자리에는 불꽃이 타오르는 모양을 새겼습니다. 광배 안에는 3줄의 선을 도드라지게 새겨 머리 광배와 몸 광배로 구별하고 있으며, 몸 광배 안에는 꽃무늬를 새겨 넣었습니다.

이 불상은 통일 신라 시대의 이상적 사실주의 양식을 보여주는 가장 대표적인 불상일 뿐 아니라, 광배 뒤의 기록에 의해 만든 시기와 만든 사람을 분명하게 알 수 있는 불상으로, 우리나라 불교 조각사에서 매우 중요한 위치를 차지하고 있는 작품입니다. 이 불상은 현재 국립중앙박물관에 보관하고 있습니다.

통일 신라에서는 이 두 가지 형식이 주류를 이룰 만큼 대다수를 차지하며, 상의를 입는 방식에 따라 각기 몇 종류의 유형을 형성하여 토착적인 양식으로 발전하였습니다. 통일 신라 시대의 불좌상 형식은 대부분 결가부좌의 자세를 취하고 있는데, 수인은 경주 안압지에서 출토한 금동삼존판불과 같이 설법인을 하거나 경주 구황리 금제여래좌상(국보 제79호)과 같이 시무외인과 촉지인이 결합된 손 모양을 한 예도 있습니다.

* 경주 구황동 금제여래좌상(국보 제79호) : 높직한 연화좌대에 결가부좌하고 광배도 완전하게 남아 있는 금으로 만든 불상으로, 광배와 불신, 연꽃무늬 대좌의 3부분으로 되어 있으며, 각 부분은 분리되도록 만들어졌습니다. 민머리 위에는 상투 모양의 머리가 큼직하게 솟아 있고, 둥근 얼굴은 원만하며, 균형이 잡혀 있어 통일 신라 시대 불상의 이상적인 모습에 접근하고 있습니다. 불상이 앉아 있는 대좌에 흘러내린 옷자락은 좌우대칭으로 정돈되어 길게 늘어져 있고, 오른손은 어깨 높이로 들어서 손바닥을 보이고 있으며, 무릎 위의 왼손은 손끝이 땅을 향하도록 하여 손등을 보이고 있습니다. 미소 띤 얼굴에 뚜렷한 이목구비와 균형이 잡힌 몸매를 지녀 더욱 위엄 있어 보이는 이 불상은 손모양이나 옷 주름, 양감이 강조된 표현 등에서 8세기 초 불상의 양식과 성격을 연구하는데 매우 중요한 자료가 되고 있습니다. 이 불상은 현재 국립중앙박물관에 보관하고 있습니다.

문화재청

* 철원 도피안사 철조비로자나불좌상(국보 제63호) : 철원 도피안사에 있는 신체와 대좌가 모두 철로 만들어진 통일 신라 시대의 불상으로, 머리에는 작은 소라 모양의 머리칼을 붙여 놓았으며, 갸름한 얼굴은 인자하고 온화한 인상을 풍기고 있습니다. 평판적인 신체에는 굴곡의 표현이 없고, 양 어깨를 감싼 옷에는 평행한 옷주름이 형식적으로 표현되어 있습니다.

이 불좌상은 통일 신라 후기에 유행하던 철조비로자나불상의 새로운 양식을 대표하는 작품으로, 능숙한 조형수법과 알맞은 신체 비례를 보여주는 뛰어난 작품입니다. 불상 뒷면에 신라 경문왕 5년(865)에 만들었다는 내용의 글이 남아 있어서 만든 연대를 확실하게 알 수 있습니다.

7세기 말부터 나타나서 유행하기 시작한 통일 신라 불상 중에는 촉지인의 예가 많이 보입니다. 경상북도 군위 팔공산에 있는 군위 삼존석굴(국보 제109호)의 본존불이나 경주 남산 미륵곡 석조여래좌상(보물 제136호), 석굴암(국보 제24호)의 본존불상 등이 대표적인 예입니다.

* **군위 아미타여래 삼존 석굴(국보 제109호) 본존불** : 삼존 석굴은 경상북도 군위군 팔공산 절벽의 자연 동굴에 만들어진 통일 신라 초기의 석굴 사원으로, 인공적으로 만들어진 경주 석굴암 석굴(국보 제24호)보다 연대가 빠릅니다. 이 석굴은 삼국 시대 조각이 통일 신라 시대로 옮겨가는 과정에서 만들어진 것으로, 높은 문화사적 가치를 지니고 있으며, 자연 암벽을 뚫고 그 속에 불상을 배치한 본격적인 석굴 사원이라는 점에서 불교 미술사에 중요한 위치를 차지하고 있습니다.

이 석굴에는 700년경에 만들어진 삼존석불이 모셔져 있는데, 본존불은 2.18m, 왼쪽 보살상은 1.8m, 오른쪽 보살상은 1.92m이며, 가운데 본존불은 사각형의 대좌 위에 양 발을 무릎 위에 올리고 발바닥이 위로 향한 자세로 앉아 있는 모습입니다. 손모양은 오른손을 무릎 위에 올리고 손가락이 땅을 향한 항마촉지인인데, 우리나라 불상에서 나타나는 최초의 예로써 의의가 큽니다.

* **경주 남산 미륵곡 석조여래좌상(보물 제136호)** : 경주 남산 미륵곡 보리사 터로 추정되는 곳에 남아 있는 전체 높이 4.36m, 불상 높이 2.44m의 석조여래좌상으로, 현재 경주 남산에 있는 통일 신라 시대의 석불 가운데 가장 완벽하게 보존되어 있습니다.

이 불상은 머리에는 상투 모양의 머리(육계)가 높게 솟아 있고, 양 어깨를 감싸고 있는 옷은 축 늘어진 느낌이며, 군데군데 평행한 옷 주름을 새겨 놓았습니다.

손모양은 오른손을 무릎 위에 올려 손끝이 아래로 향하고 왼손은 배 부분에 대고 있는 항마촉지인의 모양을 하고 있습니다. 광배는 불상과 다르게 매우 장식적이며, 광배 안에는 작은 부처와 보상화·넝쿨무늬가 화려하게 새겨져 있습니다.

특히 광배 뒷면에는 모든 질병을 구제한다는 약사여래불을 가느다란 선으로 새겨 놓았는데, 이러한 형식은 매우 특이한 예입니다.

* **경주 석굴암(국보 제24호)의 본존불상** : 토함산 중턱에 백색의 화강암을 이용하여 인위적으로 석굴을 만들고, 내부 공간에 본존불인 석가여래불상을 중심으로 그 주위 벽면에 보살상 및 제자상과 역사상, 천왕상 등 총 40구의 불상을 조각했으나 지금은 38구만이 남아있습니다. 그런데 불상마다의 조각 기법이 뛰어나 동아시아 불교 조각에서 최고의 걸작품으로 꼽히고 있습니다. 특히 주실 안에 모시고 있는 본존불의 고요한 모습은 석굴 전체에서 풍기는 은밀한 분위기 속에서 신비로움의 깊이를 더해주고 있고, 지극히 자연스러운 모습의 본존불은 내면에 깊고 숭고한 마음을 간직한 가장 이상적인 모습으로 모든 중생들에게 자비로움이 저절로 전해지는 듯합니다. 석굴암 석굴은 신라 불교 예술의 전성기에 만들어진 최고 걸작으로 건축, 수리, 기하학, 종교, 예술 등이 종합적으로 결합되어 있어  더욱 돋보이며, 이러한 우수성은 세계적으로 인정받아, 1995년 12월 불국사와 함께 유네스코 세계 문화유산으로 공동 등록되었습니다.

　통일 신라 시대의 보살상은 삼국 시대 말기의 양식에서 좀 더 화려한 영락 장식을 하고 몸의 자세도 정면성 위주에서 탈피하고 있습니다. 허리를 약간 비틀면서 한쪽 다리에 힘을 빼고 자연스럽게 서서 몸의 균형을 유지하면서도 동적인 자세로 바뀌는데, 이러한 변화는 경주 안압지 출토의 삼존판불의 협시보살이나 경주 남산 칠불암의 협시에서 뚜렷하게 보입니다. 또한 천의도 가슴에서 가로질러 대각선으로 걸쳐 있고 영락 장식도 화려하게 변하는데, 719년 명이 있는 감산사 석조미륵보살입상(국보 제81호)이 그 대표적인 예입니다. 통일 신라 시대 불상 조각 중 가장 우수하며, 또한 대표적인 예는 경주 토함산 위에 위치한 석굴암의 조상들입니다. 석굴암의 조상들은 마치 불국토를 재현하듯 본존과 보살 · 천(天) · 나한 등 여러 권속들이 모두 모여 있으며, 여러 개의 다듬어진 돌로 쌓아서 축조한 궁륭 천정의 석굴 사원은 중국에서도 그 유례를 찾아 볼 수 없습니다.

* **경주 감산사 석조미륵보살입상**(국보 제81호) : 감산사에 있는 719년에 제작된 보살상으로, 전체 높이 2.57m, 불상 높이 1.83m입니다. 석조미륵보살입상은 머리에 화려하게 장식된 관을 쓰고 있으며, 얼굴은 볼이 통통하여 원만한 인상을 주고 있습니다. 목에는 2줄의 화려한 목걸이가 새겨져 있고, 목에서 시작된 구슬 장식 하나가 다리까지 길게 늘어져 있습니다. 왼쪽 어깨에 걸치고 있는 옷은 오른쪽 겨드랑이를 지나 오른팔에 감긴 채 아래로 늘어져 있고, 허리 부근에서 굵은 띠 장식으로 매어 있는 치마는 부드러운 곡선을 그리면서 발목까지 내려오고 있습니다. 몸에서 나오는 빛을 상징하는 광배는 불꽃무늬가 새겨진 배 모양이며, 3줄의 도드라진 선으로 머리 광배와 몸 광배를 구분하였습니다. 불상이 서 있는 대좌는 하나의 돌로 만들었는데, 맨 아래가 8각이고, 그 위에는 엎어 놓은 연꽃무늬와 활짝 핀 연꽃무늬를 간략하고 큼직하게 새기고 있습니다.

* **경주 남산 탑곡 마애 불상군**(보물 제201호) : 경주 남산 탑곡 일대는 통일 신라 시대에 신인사라는 절이 있었던 곳으로, 9m나 되는 사각형의 커다란 바위에 여러 불상을 회화적으로 조각해 놓았습니다. 남쪽 바위 면에는 삼존과 독립된 보살상이 배치되어 있고, 동쪽 바위 면에는 불상과 보살, 승려, 그리고 비천상을 조각해 놓았습니다. 불상·보살상 등은 모두 연꽃무늬를 조각한 대좌와, 몸 전체에서 나오는 빛을 형상화 한 광배를 갖추어 놓았습니다. 서쪽 바위 면에는 석가가 그 아래에 앉아서 도를 깨쳤다는 나무인 보리수 2그루와 여래상이 있습니다. 그리고 북쪽 면 바위에는 9층과 7층의 쌍탑이 있는데, 이와 같이 불상, 비천상, 보살, 탑 등 화려한 조각의 구조를 보여주는 것은 우리나라에서 매우 특이한 예입니다.

* **구미(선산) 해평동 석조여래좌상(보물 제492호)** : 경상북도 구미시 해평면 해평리 보천사(寶泉寺)에 있는 통일 신라 때의 석조여래좌상으로, 얼굴과 신체에 약간의 손상이 있을 뿐 광배와 대좌를 모두 갖추고 있는 불상입니다. 이 불상에서 가장 중요한 부분은 부처의 몸에서 나오는 빛을 형상화한 광배와 부처가 앉아있는 대좌인데, 머리 광배와 몸 광배는 모두 2중의 원으로 표현되었고, 원 안에는 넝쿨무늬가 있으며, 머리 광배의 중심 부분에는 연꽃무늬가 새겨져 있습니다. 그리고 광배의 여러 곳에는 작은 부처가 새겨져 있고, 아래쪽에는 향로가 새겨져 있으며, 가장자리에는 화려한 불꽃무늬가 광배 전체를 둘러싸고 있습니다. 대좌는 상·중·하 3부분으로 나누어지는데, 윗부분에는 반원형태로 활짝 핀 연꽃잎이 새겨져 있고, 중간과 아래 부분은 8각형으로 각 면에 연꽃무늬, 구름무늬, 비천상 등을 새겨놓았습니다. 이 불상은 전반적으로 양감이 다소 부족하고 위축되어 있으며, 힘이 빠진 신체 표현과 복잡하고 화려해진 대좌, 그리고 장식성이 강한 광배의 양식 등으로 미루어 볼 때 9세기 중엽의 작품으로 추정되고 있습니다.

고려 시대의 불상

고려 시대에는 대체로 통일 신라 말기에서부터 유행하던 촉지인의 불좌상이 계속 조성되었고, 우견 편단이나 통견의 법의는 약간씩의 변형을 이루면서 고려적인 독특한 불상 양식을 이루어 나갔습니다.

대체로 고려 시대 전기에는 지방에 따라 몇 가지의 특징 있는 불상군이 제작되었습니다. 그중에는 강원도 강릉 주변의 월정사, 한송사지, 신복사지의 석조나 대리석 보살상을 들 수 있습니다.

이 불상들은 신라 말기의 불상 양식을 이어 주는 것 같으면서도 통통하고 풍만한 조형성은 중국의 송이나 요 시대의 불상 양식이 어느 정도 반영된 것처럼 보입니다. 또한 다른 한 유형은 강원도 원주나 경기도 광주, 충청남도

충주 지역에서 출토된 거대한 철불상들로 신라 말기의 양식이 부분적으로 이어지면서도 지방색이 강한 특이한 불상 양식을 보여 주고 있는데, 이러한 점은 고려 초 이 지역에서 활약하던 호족들의 적극적인 불사의 후원과도 관련지어 볼 수 있습니다.

또 다른 유형은 충청남도의 석조불이나 보살상, 전라북도 지역에 많이 보이는 기둥같이 큰 몸체에 관을 쓴 논산 관촉사 석조미륵보살입상(보물 제218호), 부여 대조사 석조미륵보살입상(보물 제217호), 개태사지 석불입상(보물 제219호) 등입니다.

* **논산 관촉사 석조미륵보살입상(보물 제218호)** : 우리나라에서 제일 큰 불상으로, 흔히 '은진미륵'이라고 불리며, 높이가 18m에 이르는데, 당시 충청도에서 유행하던 고려 시대의 지방화된 불상 양식을 대표하는 작품입니다. 머리에는 원통형의 높은 관을 쓰고 있고, 그 위에는 이중의 네모난 갓 모양으로 보개가 표현되었는데, 모서리에 청동으로 만든 풍경이 달려 있습니다. 체구에 비하여 얼굴이 큰 편이며, 옆으로 긴 눈, 넓은 코, 꽉 다문 입 등에서 토속적인 느낌을 주고 있습니다. 양 어깨를 감싸고 있는 옷은 옷 주름선이 간소화되어 단조롭고, 불상의 몸은 거대한 돌을 원통형으로 깎아 만든 느낌을 주고 있습니다.

이 보살상은 경기도나 충청도 일대에서 특징적으로 조성되었던 토착성이 강한 불상으로, 새로운 지방적 미의식을 나타내고 있어 큰 의의를 지니고 있습니다.

* **부여 대조사 석조미륵보살입상(보물 제217호)** : 고려 시대에 유행한 거대한 석조미륵보살의 하나로, 논산에 있는 논산 관촉사 석조미륵보살입상(보물 제218호)과 쌍벽을 이루는 작품입니다.

이 불상은 미래 세계에 나타나 중생을 구제한다는 미륵보살을 형상화한 것으로, 높이가 10m나 되는 거구이며, 머리 위에는 이중의 보개를 얹은 네모난 관을 쓰고 있고, 보개의 네 모서리에는 작은 풍경이 달려있습니다. 얼굴은 4각형으로 넓적하며, 양쪽 귀와 눈은 크나 코와 입이 작아서 다소 비현실적인 느낌을 주고 있습니다. 양 어깨를 감싼 옷은 두껍고 무거워 보이는데 매우 투박한 모습이고, 팔의 윤곽은 몸통에 붙여 옷자락으로 겨우 표현되었으며, 오른손은 가슴에 대고 왼손은 배에 대어 연꽃가지를 잡고 있습니다. 전반적으로 관촉사 석조미륵보살입상과 함께 동일한 지방 양식을 보여주는 보살상으로 높이 평가되고 있습니다.

* 논산 개태사지 석불입상(보물 제219호) : 화강석으로 만든 고려 시대의 불상으로, 중앙의 본존불은 민머리에 얼굴이 둥글지만 평면적이고 귀는 길게 늘어져 있으며, 어깨와 가슴은 투박하게 만들었습니다. 오른손은 가슴에 들고 왼손은 배에 대어 무엇을 잡은 것처럼 보입니다. 왼쪽의 보살상은 머리 부분이 없어진 것을 복원한 것인데, 본존불보다 조각이 화려하고 섬세한 편으로, 어깨와 가슴이 좀 더 부드럽고, 팔찌와 천의(天衣)자락에 장식무늬가 표현되어 있습니다. 오른쪽의 보살상은 왼쪽의 보살상과 거의 같은 수법이나 얼굴이 역사다리꼴 모양이고, 목에는 두터운 삼도(三道)가 있습니다. 이 불상은 단정하면서도 통통한 몸집, 큼직한 두 손과 부피감 있는 팔, 다소 두꺼워진 천의와 선으로 새긴 옷 주름 등이 통일 신라 때보다 진전된 고려 초기의 새로운 양식적 특징을 잘 보여 주는 작품입니다.

고려 시대 초기 이러한 거대 불상의 조성은 고려 왕실의 지방적 기반을 강화하는 의미가 반영되었습니다. 그러나 당시 불상 조성의 의욕에 비해 기술면에서는 다소 뒤떨어진 조형 감각을 보여 주고 있습니다. 고려 후기에는 원나라 황실과의 관계에 따라 라마 불교가 전해져서 현존하는 불상 중에는 티베트나 네팔 계통의 이국적인 요소가 보이는 특이한 불상 양식이 혼재하고는 있으나, 근본적으로는 고려 초기에 형성된 조각 양식이 좀 더 큰 영향력을 지니면서 부드럽고 온화한 조상 양식으로 발전해 나갔습니다.

대표적인 작품으로는 청양 장곡사 금동약사여래좌상(보물 제337호)과 문수사 금동아미타여래좌상(충청남도 유형문화재 제34호)을 들 수 있습니다. 더욱이, 이 두 상은 1346년에 조성되었음을 알려 주는 명문이 있어 고려 후기 불교 조각의 편년 설정에도 매우 중요한 기준이 되는 작품입니다.

또한 고려 시대에는 높이가 12m나 되는 큰 암석을 우묵하게 파고, 두 불상을 나란히 배치한 괴산 원풍리 마애이불병좌상(보물 제97호)과 제천 (월악산) 덕주사 마애여래입상(보물 제406호), 파주 용미리 마애이불입상(보물 제93호) 같은 마애불이 만들어지기도 하였는데, 이 불상들은 고려 시대의 조각으로 우수한 편은 아니지만, 탄생설화가 있는 점 등을 미루어 볼 때 고려 시대 지방화된 불상 양식을 연구하는 귀중한 예로 높이 평가되고 있습니다.

* 청양 장곡사 금동약사여래좌상(보물 제337호) : 충청남도 청양의 장곡사에 있는 상·하 2채의 대웅전 가운데 하대웅전에 모신 불상으로, 충청도 지역에서 유행하던 고려 후기 불상양식을 잘 보여주는 작품입니다. 머리에는 작은 소라 모양의 머리칼을 붙여 놓았으며, 갸름한 타원형의 얼굴은 단정하고 우아하지만 통일 신라 시대 불상에서 보이던 미소는 사라지고 근엄한 인상을 풍기고 있습니다. 양 어깨에 걸쳐 입은 옷은 두꺼워 보이며, 어깨는 상대적으로 왜소하게 보이는데, 옷자락에는 굵은 주름이 듬성듬성 새겨져 있고, 배에 있는 띠 매듭은 생동감 있게 표현되어 있습니다. 왼손에는 약그릇을 들고 있으며, 오른손은 엄지와 가운데 손가락을 맞대고 있는데, 손톱 모양까지 세세하게 표현하고 있습니다. 전반적으로 불상의 신체는 늘씬하게 균형이 잡혀 있으며, 넓은 무릎으로 인해 안정된 느낌을 주고 있습니다.

* 강릉 신복사지 석조보살좌상(보물 제84호) : 강원도 강릉시 내곡동의 신복사지에 있는 높이 181cm의 고려 시대 석불좌상으로, 이 보살상은 한송사 석조보살좌상(국보 제124호)과 월정사 석조보살좌상처럼 원통형의 높은 관을 쓰고 있으나, 관 위에 천개(天蓋)가 놓여 있기 때문인지 관의 높이도 낮고 약간 뒤로 젖혀진 모습을 하고 있습니다. 이 불상은 강릉 신복사지 3층 석탑(보물 제87호)을 향하여 공양하고 있는 모습을 하고 있는데, 왼쪽 다리를 세우고 오른쪽 다리를 꿇어 앉은 자세를 하고 있으며, 두 손은 가슴에 모아 무엇인가를 잡고 있는 모습입니다. 보살이 앉아있는 대좌는 윗면을 둥글게 하여 보살이 들어앉을 수 있도록 하였고, 바깥쪽에는 큼직하게 2겹의 연꽃잎을 조각하여 놓았습니다. 이 석불좌상은 자세와 조각 수법, 탑을 향하여 공양하는 배치 등이 월정사 보살상과 흡사하여 같은 유파의 작품으로 평가되고 있고, 또한 한송사지에서 출토된 보살상과 함께 고려 전기에 강릉 지역에서 유행하였던 한 양식을 잘 보여주고 있습니다.

* **괴산 원풍리 마애이불병좌상(보물 제97호)** : 괴산 원풍리 국도변의 절벽 위에 새겨진 마애불상으로, 높이가 12m나 되는 큰 암석을 우묵하게 파고, 두 불상을 나란히 배치하였습니다. 이 마애이불병좌상은 둥근 얼굴에 가늘고 긴 눈, 넓적한 입 등 얼굴 전반에 미소가 번지고 있어 완강하면서도 자비로운 느낌을 주는 불상입니다. 반듯한 어깨, 평평한 가슴 등 신체의 표현은 몸의 굴곡이 거의 드러나지 않았고, 옷은 양 어깨를 감싸고 있으며, 옷주름은 무딘 선으로 형식적으로 표현하였습니다. 이 마애이불병좌상에서 두 불상을 나란히 조각한 것은 법화경에 나오는 다보여래와 석가여래의 설화를 반영한 것으로 추정됩니다.

* **제천 (월악산) 덕주사 마애여래입상(보물 제406호)** : 충청북도 제천시 월악산 남쪽 능선에 있는 덕주사 경내에 있는 고려 시대 마애불로, 마의 태자의 누이인 덕주 공주가 세운 절이라고 전해지는 월악산 덕주사의 동쪽 암벽, 즉, 하덕주사에서 1.6km를 더 올라간 해발 560m의 상덕주사에 위치하고 있으며, 월악산의 영봉과 일직선상에 남, 북으로 솟아오른 봉우리 아래 삼각형 모양의 바위벽에 음각되어 새겨진 불상입니다. 거대한 화강암벽의 남쪽면에 조각한 이 불상은 전체 높이가 13m나 되는데, 얼굴 부분은 도드라지게 튀어나오게 조각하였고 신체는 선으로만 새겼습니다. 그리고 민머리 위에는 반원형의 큼직한 머리가 솟아 있으며, 살찐 얼굴에는 눈·코·턱 등이 강조되어 있는데, 이와 같이 얼굴을 과장되게 표현하는 것은 고려 시대의 거대한 불상에서 흔히 볼 수 있는 수법입니다. 이 마애불은 고려 초기의 거대한 불상 조성 추세에 힘입어 만든 것으로, 살찐 얼굴, 하체로 내려갈수록 간략해진 조형수법, 입체감이 거의 없는 평면적인 신체 등이 큰 특징입니다.

*** 파주 용미리 마애이불입상(보물 제93호)** : 경기도 파주시 광탄면 용미리에 있는 고려 시대의 불상으로, 높이는 17.4m나 되며, 천연 암벽을 몸체로 삼아 그 위에 목·머리·갓 등을 따로 만들어 얹어 놓고 있는 2구의 거대한 불상입니다.

이 마애이불입상은 자연석을 그대로 이용한 까닭에 신체 비율이 맞지 않아 굉장히 거대한 느낌이 드는데, 이런 점에서 불성(佛性)보다는 세속적인 특징이 잘 나타나는 지방화된 불상이라고 할 수 있습니다.

왼쪽의 둥근 갓을 쓴 원립불(圓笠佛)은 목이 원통형이고, 두 손은 가슴 앞에서 연꽃을 쥐고 있으며, 오른쪽의 4각형 갓을 쓴 방립불(方笠佛)은 합장한 손모양이 다를 뿐 신체 조각은 왼쪽 불상과 같습니다.

이 불상은 고려 초기 건국의 신흥 기운을 타고 조성된 많은 큰 불상들의 한 가지로, 이 불상의 옆에는 명문이 남아 있어서 앞으로 중요한 자료가 될 것으로 보입니다.

◆ **파주 용미리 마애이불입상에 관련된 전설** ◆

이곳 지방민의 전설에 의하면, 둥근 갓의 불상은 남상(男像), 모난 갓의 불상은 여상(女像)이라 한다. 고려 선종이 자식이 없어 원신궁주(元信宮主)까지 맞이했지만, 여전히 왕자가 없었다. 이것을 못내 걱정하던 궁주가 어느 날 꿈을 꾸었는데, 두 도승(道僧)이 나타나 '우리는 장지산 남쪽 기슭에 있는 바위틈에 사는 사람들이다. 매우 시장하니 먹을 것을 달라'고 하고는 사라져 버렸다.

꿈을 깬 궁주가 하도 이상하여 왕께 아뢰었더니 왕은 곧 사람을 장지산에 보내어 알아 오게 하였는데, 장지산 아래에 큰 바위 둘이 나란히 서 있다고 보고하였다. 왕은 즉시 이 바위에다 두 도승을 새기게 하여 절을 짓고 불공을 드렸는데, 그 해에 왕자인 한산후(漢山候)가 탄생했다는 것이다.

* **안동 이천동 마애여래입상(보물 제115호)** : 경북 안동시 이천동에 있는 커다란 암벽에 조각된 고려 시대의 불상으로, 제비원이라는 암자 옆에 있어서 보통 제비원 석불이라 불리기도 하나, 이 석불과 제비원은 아무 관계도 없고 전하는 말에 의하면 이 자리에 예전에는 연미사(燕尾寺)라는 사찰이 있었다고 합니다. 이 마애여래입상은 자연 암벽에 신체를 선으로 새기고 머리는 따로 올려놓은 전체 높이 12.38m의 거대한의 불상입니다. 머리의 뒷부분은 거의 파손되었으나 앞부분은 온전하게 남아 있는데, 머리에는 상투 모양의 머리가 높이 솟아 있고, 얼굴에는 자비로운 미소가 흐르고 있어 거대한 불상임에도 전체적인 형태는 매우 자연스럽게 보입니다. 옷은 양 어깨를 감싸고 있고, 몇 개 안되는 옷주름은 매우 도식적으로 표현되고 있습니다. 또한 양 손은 검지와 가운데 손가락을 맞대어 왼손을 가슴에 대고, 오른손을 배에 대고 있는 모습을 하고 있는데, 이 거대한 불상은 인자한 미소를 머금고 천년 동안 이어져 내려온 안동의 상징적 존재로 꼽히고 있습니다.

* **화순 운주사 와불(전남 유형문화재 제273호)** : 운주사지 계곡 정상부에 있는 석불 2구로 각각 12.7m, 10.3m의 크기로, 국내의 와불 중에서는 가장 큰 규모의 석불이며, 머리를 남쪽으로 향하고 누워있는 형태의 불상입니다.

  운주사를 창건한 도선국사가 나라의 기운을 바로 잡고 새로운 세상을 열기 위해 천불천탑을 하루 낮밤에 세운 뒤, 맨 마지막에 두 부처를 세우려 했으나 공사 끝 무렵에 일을 싫어한 동자승이 일부러 '꼬끼오' 닭소리를 내자 석공들이 날이 샌 줄 알고 하늘로 가버려 와불로 남게 되었다는 전설이 전해져 오고 있습니다. 이 와불은 여러 불상 가운데에서도 가장 많은 관심을 집중케 하는 불상인데, 와불 아래 있는 시위불은 그 동자승이 벌을 받아 시위불(머슴미륵)로 변했다는 석불 입상이 서있어 이러한 전설에 흥미를 더해주고 있습니다.

조선 시대의 불상

조선 시대의 불교는 억불 숭유(抑佛崇儒)의 정책에 따라 중앙 집권층의 관심에서 떠나 쇠퇴의 길을 걷게 되며 고려 말까지 형성된 조각 양식의 답습과 형식화가 오랫동안 지속되었습니다. 따라서 삼국 시대 이후 수용, 발전되어 오던 불교 조상은 표현의 창의성과 종교 조각으로서의 숭고성이 감퇴하고 실제 제작 기술에서도 퇴보를 가져왔습니다. 조선 시대 전기는 고려적인 요소가 아직 남아 있는 반면, 조선 시대 후기는 불신의 비례나 조각 수법에서 형식에 흐르고, 불상에서 풍기는 정신성이 결여되어 있습니다. 조선 시대 전기에는 목조 아미타불좌상이 주로 만들어졌고, 경주 기림사 건칠보살반가상(보물 제415호)은 대좌에 1501년 명이 있습니다.

* **경주 기림사 건칠보살반가상(보물 제415호)** : 기림사에 경내에 모셔진 조선 시대의 보살상으로, 우리나라에는 남아 있는 예가 매우 적어 그 불상의 가치가 매우 큽니다. 건칠불이란 나무로 골격을 만든 뒤 삼베를 감고 그 위에 진흙을 바른 다음 속을 빼낸 불상을 말합니다. 이 건칠보살좌상은 타래머리 위에 보관을 따로 만들어 올렸으며, 관 표면에는 넝쿨무늬가 화려하게 새겨져 있습니다. 얼굴은 둥글고 풍만하며 눈·코·입 등이 단아하게 묘사되어 보살상의 특징 있는 얼굴을 만들어 내고 있으며, 양 어깨에는 천의(天衣)를 걸치고 있습니다. 목에는 3가닥의 장식이 달린 목걸이를 하고 있고, 가슴 부분에 있는 독특한 띠 매듭은 조선 시대에 나무로 만든 불상의 특징을 잘 보여주고 있습니다. 전반적으로 얼굴 모습이나 체구는 당당한 편이나 손과 발이 작게 만들어져 비례감이 다소 떨어져 보입니다.

문화재청

조선 후기에 해당되는 불상 중에는 역시 수종사의 탑에서 나온 20여 구의 소형 금동불상들 중에 1628년에 봉안된 상도 포함되어 있고, 부여 무량사 극락전의 아미타여래삼존좌상(보물 제1565호)의 복장에도 1633년에 해당되는 명문이 있어 17세기 전반기 불상 양식의 대체적인 흐름을 알 수 있습니다.

* 부여 무량사 극락전 아미타여래삼존좌상(보물 제1565호) : 부여 무량사에 있는 조선 시대의 불상으로, 이 소조아미타여래삼존좌상은 중층전각으로 이루어진 극락전의 주존 불로 봉안되어 있는데, 17세기 대규모 사찰에서 널리 조성되었던 대형의 소조 불상 양식을 따르고 있습니다. 이 삼존상은 아미타·관음·대세지라는 분명한 아미타삼존 도상을 보여주고 있고, 이미 발견된 복장발원문을 통해 현진(玄眞)이라는 조각승과 1633년이라는 정확한 조성 연대를 알 수 있어 조선 후기 조각사 연구는 물론 조각 유파 연구에도 귀중한 작품으로 평가되고 있습니다.

 조선 시대 불상의 양식적 특징은 대부분 불신의 비례에서 머리 부분이 크고 신체의 묘사도 형식적이며, 조각 기법도 뒤떨어져 투박한 조형성을 보여주고 있습니다. 이와 같이 조선 시대는 불상의 양식이 전대에 비하여 조형적인 아름다움, 종교적 정신성의 표현 등이 훨씬 뒤떨어져 예술성에서는 퇴보되었지만, 그 나름대로 특징 있는 조선 시대의 불상 양식이 형성되어서 현대에까지 그 맥이 이어지고 있습니다.

 부도

부도의 정의

부도란 고승의 사리나 유골을 봉안한 묘탑을 말합니다. 즉, 부도는 넓은 의미로 불상이나 불타, 불탑도, 불타가 되려는 승려를 일컫지만, 일반적으로 승려들의 묘탑, 즉 승려의 사리를 봉안한 탑을 의미합니다. 이러한 부도는 탑과 더불어 불교문화를 이해하는데 매우 중요한 석조물입니다. 탑이 주로 사찰 안에 있는 반면 부도는 사찰 밖에 세워지는 것이 보통입니다.

부도의 어원

부도는 부두(浮頭)·포도(蒲圖)·불도(佛圖) 등 여러 가지로 표기되는데, 원래는 불타(佛陀)와 같이 붓다(Buddha)를 번역한 것이라 하고 또는 솔도파(stupa), 즉 탑파의 전음이라고도 합니다. 어원으로 본다면 불타가 곧 부도이므로 외형적으로 나타난 불상이나 불탑이 바로 부도이며, 더 나아가 승려들까지도 부도라 부르기도 합니다. 부도는 선종과 깊은 관련이 있는데, 선종은 6세기 달마대사가 중국에 전한 불교의 한 종파입니다.

선종이 신라에 들어온 것은 821년으로 도의선사에 의해서이며, 그는 784년 당나라에 건너가 서당지장으로부터 선법을 전수하여 조사선(祖師禪)을 전하였으나, 당시 우리나라 불교계는 유식과 화엄이 주류를 이루고 있었습니다. 그리하여 그는 설악산의 진전사에 의거하며 선법(禪法)을 염거에게 전하였고, 염거는 체징에게 전하였습니다. 조사선의 요점은 평상심이 도이며, 마음이 곧 부처라는 것입니다. 따라서 누구나 다 부처가 될 수 있다는 것이며, 그것을 깨달은 선사의 죽음은 부처의 죽음과 다를 바가 없기에 선사의 사리나 유골을 봉안하여 부도를 만들게 된 것입니다.

우리나라 부도의 기원

우리나라에서 부도라는 용어로 승려의 사리탑을 가리키는 실례는 신라 하대부터 보이고 있습니다. 즉, 경문왕 12년(872)에 건립된 대안사 적인선사 조륜청정탑비의 비문 중에 "기석부도지지(起石浮屠之地)"라는 구절은 승려의 묘탑이 곧 부도라고 일컬어지고 있었음을 말해 줍니다.

부도를 세우는 것은 불교식 장례법에서 생겨난 것이지만 불교가 전래된 때부터 묘탑의 건립이 시작된 것은 아닙니다.

우리나라에 불교가 전래된 시기는 4세기 후반이지만 연대가 그때까지 올라가는 부도(묘탑)는 문헌상으로도 찾아 볼 수 없으며, 다만 627~649년경에 원광법사의 부도를 세웠다는 ≪삼국유사≫의 기록으로 보아, 이 시기를 부도 건립의 시초로 볼 수 있습니다.

그러나 당시의 실물은 전하지 않고 있으며, 문성왕 6년(844)에 조성된 전흥법사 염거화상탑(국보 제104호)이 가장 오래된 부도로 추정되고 있습니다. 이러한 부도는 우리나라에서 통일 신라 시대 말기인 9세기에 유행하여 고려 초까지 많이 조성되었습니다.

* **전흥법사 염거화상탑(국보 제104호)** : 통일 신라 말의 승려 염거화상의 사리를 모셔 놓은 탑으로, 이 탑은 아래위 각 부분이 8각의 평면을 기본으로 삼고 있습니다. 이 부도는 비록 다른 팔각원당형 부도에 비하여 규모는 크지 않으나 전체적으로 우아한 기품과 소박한 조각 솜씨를 보이고 있습니다. 이 탑의 기단은 밑돌, 가운데돌, 윗돌의 세 부분으로 이루어져 있는데, 밑돌에는 사자를 도드라지게 새겼고, 가운데 돌에는 움푹 새긴 안상(眼象) 안에 향로를 새겨 두었으며, 2단으로 마련된 윗돌은 아래단에는 연꽃을 두 줄로 돌려 우아함을 살리고, 윗단에는 둥그스름한 안상 안에 여러 조각을 두어 장식하였습니다. 사리를 모셔둔 탑신의 몸돌은 면마다 문짝 모양, 4천왕상을 번갈아 가며 배치하였는데, 입체감을 잘 살려 사실적으로 표현하였습니다. 지붕돌은 당시의 목조 건축 양식을 특히 잘 따르고 있어서 경사면에 깊게 패인 기왓골, 기와의 끝마다 새겨진 막새기와 모양, 밑면의 서까래 표현 등은 거의 실제 건물의 기와지붕을 보고 있는 듯합니다. 이 탑은 사리탑 중에서는 현재 가장 오래된 것이며, 규모는 그리 크지 않으나 단아한 기품과 훌륭한 솜씨가 잘 어우러져 있습니다.

부도에는 다른 석조물과 달리 탑비(塔碑)가 따로 세워져 있어 부도의 주인공과 그의 생애 및 행적 등을 알 수 있을 뿐만 아니라 더 나아가 당시의 사회상·문화상 등을 알 수 있어 주목됩니다. 또한 부도는 각 부의 정교한 불교 조각과 화려한 장식문양도 조각의 극치를 보이고 있으며, 형태도 전체적으로 균형이 잘 이루어진 조형으로 조화미를 보이고 있어 우리나라 석조 미술의 백미로 꼽힙니다.

부도의 형식

부도는 기본적으로 팔각원당형, 방형(4각형), 복발형(석종형)의 세 가지 형식으로 구분할 수 있습니다. 부도의 구성 요소를 살펴보면 불탑과 마찬가지로 기단부, 탑신부, 상륜부의 세 부분으로 이루어져 있는데, 상륜부는 불탑보다 간단하게 구성되어 있습니다.

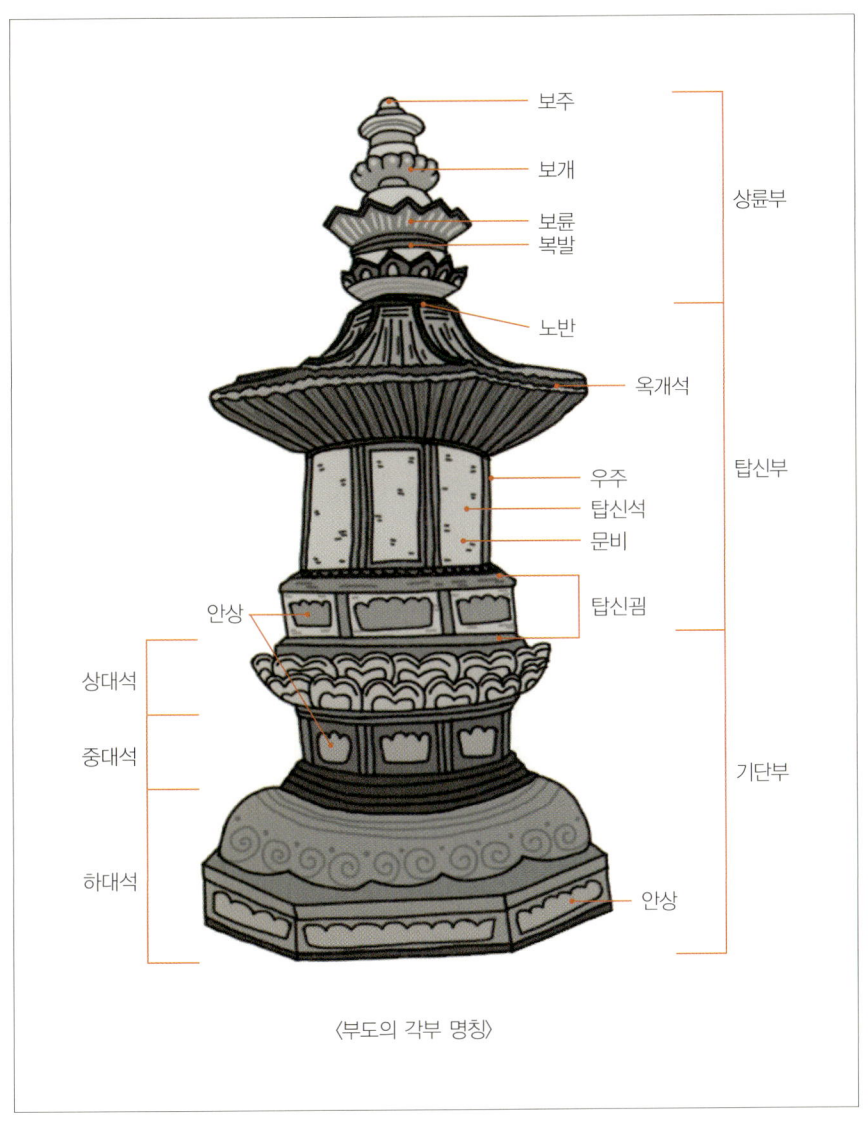

〈부도의 각부 명칭〉

팔각원당형

팔각 원당형은 전체 평면이 팔각을 이루는 부도를 가리키며, 하대석과 중대석·상대석 등의 기단부는 물론, 탑신부와 옥개석·상륜부가 모두 팔각으로 되어 있습니다.

우리나라의 부도 형태 중 가장 많은 형태이며, 대부분 화강암을 사용하여 만들었습니다. 옥개는 목조 건축 양식을 모방하였으며, 기단이나 탑신부에는 대개 사자나 신장·비천상 등을 새겼습니다. 우리나라 부도의 기점을 이루고 있는 전흥법사 염거화상탑은 8각형을 기본으로 하여 상대석·중대석·하대석 등의 기단부는 물론이고, 그 위에 놓이는 탑신굄대·탑신부·옥개석·상륜부까지 모두 8각으로 조성되어 있어 전체적인 평면이 8각입니다. 이러한 형식의 부도를 이른바 팔각원당형이라 일컫고 있으며, 이후 신라 시대에 건립된 부도는 모두 이러한 형태를 기본으로 삼고 있습니다.

8각원당형 부도에는 구례 연곡사 동부도(국보 제53호), 화순 쌍봉사 철감선사탑(국보 제57호), 충주 정토사 홍법국사실상탑(국보 제102호), 충주 청룡사 보각국사정혜원융탑(국보 제197호) 등이 있습니다.

이중 쌍봉사 철감선사탑과 구례 연곡사 동부도는 가장 아름다운 팔각원당형 부도로 꼽히는 부도의 걸작입니다.

* **구례 연곡사 동부도(국보 제53호)** : 구례 연곡사에 있는 통일 신라 시대 후기의 부도로, 이 승탑은 연곡사의 동쪽에 네모난 바닥돌 위에 세워져 있으며, 전체적으로 8각형을 기본으로 하고 있습니다.

기단은 3층으로 아래받침돌, 가운데받침돌, 윗받침돌이 있으며, 아래받침돌은 2단인데, 구름에 휩싸인 용과 사자 모양을 각각 조각해 놓았습니다. 가운데받침돌에는 둥근 테두리를 두르고, 부처님의 설법을 들으러 몰려든다는 8부중상을 새겼습니다. 윗받침돌은 2단으로 나뉘어 두 겹의 연꽃잎과 기둥 모양을 세밀하게 묘사해 두었는데, 이 부분에 둥근 테를 두르고 그 안에 불교의 낙원에 사는 극락조인 가릉빈가를 새겨둔 점이 독특합니다. 탑신은 몸돌의 각 면에 테두리를 두르고, 그 속에 향로와 불법을 수호하는 방위신인 4천왕상을 새겼으며, 지붕돌에는 서까래와 기와의 골을 새겼습니다. 머리장식으로는 날개를 활짝 편 봉황과 연꽃무늬를 새겨 아래위로 쌓아 놓았습니다.

이 부도는 기단이 좀 높아 보이기는 하나 전체적으로 안정된 비례감을 잃지 않으면서 훌륭한 조각수법을 보이고 있어 통일 신라 후기를 대표할 만한 우수한 작품으로 평가받고 있습니다.

* **화순 쌍봉사 철감선사탑(국보 제57호)** : 화순 쌍봉사에 세워져 있는 철감선사의 사리를 모셔놓은 탑으로, 이 탑은 전체가 8각으로 이루어진 일반적인 모습이며, 탑의 대부분이 잘 남아 있으나 아쉽게도 꼭대기의 머리 장식은 없어진 상태입니다.

탑의 무게를 지탱하고 있는 기단은 밑돌, 가운데돌, 윗돌의 세 부분으로 갖추어져 있으며, 특히 밑돌과 윗돌의 장식이 눈에 띄게 화려합니다. 2단으로 마련된 밑돌은 마치 여덟 마리의 사자가 구름 위에 앉아 있는 모습으로, 저마다 다른 자세를 취하고 있으면서도 시선은 앞을 똑바로 보고 있어 흥미로우며, 윗돌 역시 2단으로 두어 아래에는 연꽃무늬를 두르고, 윗단에는 불교의 낙원에 산다는 극락조인 가릉빈가가 악기를 타는 모습을 도드라지게 새겨두었습니다.

사리가 모셔진 탑신은 몸돌의 여덟 모서리마다 둥근 기둥 모양을 새기고, 각 면마다 문짝 모양, 사천왕상, 비천상 등을 아름답게 조각해 두었습니다. 지붕돌에는 특히 최고조에 달한 조각 솜씨가 유감없이 발휘되어 있어서, 낙수면에는 기왓골이 깊게 패여 있고, 각 기와의 끝에는 막새기와가 표현되어 있으며, 처마에는 서까래까지 사실적으로 표현되어 있습니다.

이 탑은 조각 하나하나를 조심스럽게 다듬은 석공의 정성이 고스란히 전해져 오는 작품으로, 당시에 만들어진 부도 가운데 최대의 걸작품이라 할 수 있습니다.

* 충주 정토사지 홍법국사실상탑(국보 제102호) : 고려 목종 때의 승려인 홍법국사의 사리를 모셔놓은 탑으로, 기단은 네모난 바닥돌을 깐 후에 8각의 아래받침돌을 놓고, 그 위로 엎어놓은 연꽃무늬가 새겨진 높직한 괴임을 두어 가운데 받침돌을 올린 후 다시 위의 받침돌을 얹어 놓은 모습입니다. 가운데 받침돌에는 구름을 타고 있는 용이 섬세하게 조각되어 있고, 위의 받침돌에는 아래와 대칭되는 솟은 연꽃무늬가 새겨져 있습니다.

이 탑에서 가장 특징적인 것은 탑신의 몸돌로, 둥근 공 모양을 하고 있습니다. 몸돌에는 공을 가로·세로로 묶은 것처럼 보이는 십(十)자형의 무늬가 조각되어 있으며, 그 교차점에는 꽃무늬를 두어 장식하고 있습니다. 지붕돌은 별다른 장식이 없으나 여덟 곳의 모서리마다 꽃 조각을 둔 것이 눈에 띠며, 삿갓 모양으로 깊숙이 파인 지붕돌 밑면에는 비천상(飛天像)이 조각되어 있습니다.

이 탑은 전체적인 구성에서는 8각형을 기본으로 하는 신라의 탑 형식을 잃지 않으면서 일부분에서 새로운 시도를 보여준 작품으로, 고려 시대의 대표적인 부도이며, 섬세한 조각과 단조로운 무늬가 잘 조화되어 부드러운 느낌을 주고 있습니다.

이 홍법국사실상탑은 현재 국립중앙박물관에서 보존하고 있고, 그 모형이 현지에 제작되어 있습니다.

모형

정토사지 터

불교 유산 179

* **충주 청룡사 보각국사정혜원융탑**(국보 제197호) : 충주 청룡사지에 있는 조선 시대의 고승 보각국사의 사리를 모셔놓은 부도로, 이 탑은 전체가 8각으로 조성되었으면서도 새로운 양식이 도입된 부도입니다. 지표에는 높은 8각의 지대석이 있고, 그 위에는 하대석이 있으며, 상면에는 연화문이 양각되고 그 중심에는 방형의 3단 굄이 있으나, 최상단은 원형으로 북 모양의 형태를 한 중대석이 놓여 있습니다.

탑신은 원형에 가까운 팔각으로, 각 면에 용이 양각되어 있는 기둥이 있고, 그 안에 신장상을 1구씩 정교하게 새겨 놓았습니다. 옥개석은 여덟 귀퉁이에서 높이 들려 있는데, 가장자리 부분에는 용의 머리 모양이 장식되어 있으며, 상륜부에는 앙화와 보주, 화염보주가 거의 완전한 형태를 이루고 있습니다.

이 부도는 옆에 있는 탑비에 의하여 태조 3년(1394)에 건립되었음을 알 수 있으며, 조선 전기 조형미술의 표본이 되는 귀중한 탑입니다.

방형(4각형)

고려 시대 이후에는 평면이 사각형으로 일반 석탑과 닮은 방형 부도가 나타났고, 범종 모양의 석종형 부도도 건립되었습니다. 방형 부도로는 원주 법천사지 지광국사 현묘탑(국보 제101호)이 대표적인데 기단, 탑신, 옥개 모두 사각형이며, 조각과 상륜부의 양식이 섬세합니다. 원주 영전사지 보제존자 사리탑(보물 제358호)도 석탑 형식의 방형 부도입니다.

* **원주 법천사지 지광국사 현묘탑(국보 제101호)**
: 고려 시대의 승려 지광국사 해린을 기리기 위해 건립한 묘탑으로, 원래는 강원도 원주시 법천리에 있었으나, 국권 침탈 직후 일본으로 반출되었다가 반환되어 현재 경복궁으로 옮겨져 보존되고 있습니다. 이 부도는 통일 신라 이후의 탑이 8각을 기본형으로 만들어진 것에 비해, 전체적으로 4각의 평면을 기본으로 하는 새로운 양식을 보여주고 있습니다. 바닥돌은 네 귀퉁이마다 용의 발톱 같은 조각을 두어 땅에 밀착된 것처럼 안정감이 느껴지며, 7단이나 되는 기단의 맨 윗돌은 장막을 드리운 것처럼 돌을 깎아 엄숙함을 느끼게 합니다.

탑신에는 앞뒤로 문짝을 본떠 새겼는데, 이는 사리를 모시는 곳임을 표시하기 위함이며, 지붕돌은 네 모서리가 치켜 올려져 있고, 밑면에는 불상과 보살, 봉황 등을 조각해 놓았습니다.

이 탑은 탑 전체에 여러 가지 꾸밈을 두고, 4각의 평면을 기본으로 하고 있는 등 자유로운 양식에 따라 만들어졌는데도, 장식이 정교하며 혼란스럽지 않아 고려 시대에 만들어진 탑 가운데 다른 어떤 것에 비할 수 없을 만큼 우수한 작품입니다.

* **원주 영전사지 보제존자사리탑(보물 제358호)** : 고려 후기의 승려인 보제존자의 사리탑으로, 모두 2기이며, 보통 승려의 사리탑과는 달리 석탑 형식을 취하고 있습니다. 이 탑은 2단의 기단 위에 3층의 탑신을 올린 모습으로, 짜임새가 훌륭하고 균형을 잘 이루고 있습니다.

기단은 위·아래층 모두 모서리에 기둥 조각을 새겼고, 위층 기단 윗면에는 탑신을 받치기 위한 돌을 따로 끼웠습니다. 탑신은 몸돌과 지붕돌이 각각 하나의 돌로 이루어져 있고, 몸돌에는 모서리마다 기둥 조각이 있으며, 지붕돌은 밑면의 받침이 4단씩입니다. 이 탑은 고려 우왕 14년(1388)에 세운 것으로, 승려의 묘탑으로서는 매우 이례적이며, 더욱이 거의 같은 양식으로 2기를 건립하였다는 점도 특이한 예입니다.

이 사리탑은 현재 국립중앙박물관에서 소장하고 있습니다.

복발형(석종형)

복발형은 부도의 탑신이 종 모양을 하고 있다고 해서 붙여진 이름이며, 석종형이라고도 합니다. 팔각원당형 부도에 비해 수법이 단순하며, 고려 시대에 등장해 조선 시대에 많이 만들어진 형태입니다. 여주 신륵사 보제존자석종(보물 제228호)과 양산 통도사 금강계단(국보 제290호) 사리탑이 대표적인 석종형 부도의 형태를 하고 있는데 이중 신륵사 보제존자석종이라 불리는 나옹화상탑은 석종형 부도의 최고 걸작으로 꼽히는 부도입니다.

* 여주 신륵사 보제존자석종(보물 제228호) : 신륵사 뒤쪽 편에 있는 나옹대사의 사리를 모셔둔 사리탑으로, 넓찍하게 마련된 단층 기단 위에 2단의 받침을 둔 후 종 모양의 탑신을 올린 모습을 하고 있습니다. 기단은 돌을 쌓아 넓게 만들고 앞쪽과 양 옆으로 계단을 두었고, 탑신은 아무런 꾸밈이 없으며, 꼭대기에는 머리 장식으로 불꽃무늬를 새긴 큼직한 보주가 솟아 있습니다. 이 탑은 단순하면서도 우아한 형태를 자랑하는 부도로, 석종형 부도를 대표하는 아름다운 부도로 손꼽힙니다.

* **양산 통도사 금강계단(국보 제290호) 사리탑** : 통도사 금강 계단은 금강과 같이 단단하고 보배로운 규범이란 뜻이고, 부처님이 항상 그곳에 있다는 상징성을 띠고 있으며, 양식은 우리나라의 전통적인 금강 계단 형태를 띠고 있는데, 가운데에 종 모양의 석조물을 설치하여 사리를 보관하고 있습니다. 1층 기단 안쪽 면에는 천인상을 조각하고 바깥쪽 면은 불법을 지키는 수호신인 제석의 모습을 조각하였습니다. 부처님의 진신사리를 담고 있는 금강계단은 각각 건축 구조와 건축사 연구, 계단(戒壇)이 가지고 있는 그 의미에서 중요한 문화재로 평가받고 있습니다.

고성건봉사 적멸보궁

우리나라 부도의 변천 과정

통일 신라 시대의 부도

우리나라에는 통일 신라 말기에 세워진 많은 부도들이 현존하는 가장 오래된 부도들인데, 이는 선종의 유입과 매우 관계가 깊으며, 우리나라에 선종을 처음 도입한 사람은 도의선사입니다.

그리고 도의선사의 제자였던 염거화상은 강원도 억성사에 머물며 선종을 알렸고, 그 후 보조국사 체징이 염거화상의 법맥을 이어받아 장흥의 가지산 아래 보림사를 창건해 구산선문 중의 하나인 가지산문을 열었습니다. 이 염거화상의 부도인 염거화상탑(국보 제104호)이 문성왕 6년(844)에 조성되었다는 기록이 있어 가장 오래된 부도로 기록되었고, 이 부도는 통일 신라 부도의 전형적인 형태인 팔각원당형의 완전한 모습을 보여주고 있어, 팔각원당형 부도의 원형으로 평가받고 있습니다.

당시에 조성된 부도로는 화순의 쌍봉사 철감선사탑(국보 제57호), 남원의 실상사 증각대사탑(보물 제38호)과 남원의 실상사 수철화상탑(보물 제33호), 장흥의 보림사 보조선사탑(보물 제157호), 곡성의 태안사 적인선사탑(보물 제273호), 문경의 봉암사 지증대사적조탑(보물 제137호), 연곡사 동부도(보물 제53호) 등이 있습니다.

이런 전형적인 팔각원당형 부도는 시간이 흐르면서 변화를 겪게 되며, 통일 신라가 쇠약해진 9세기 말에는 기단부의 변화가 일어나는데, 기단부의 중대석이 길어진다거나 북 모양을 본뜬 모습이 나타나기 시작합니다.

* **남원 실상사 증각대사탑(보물 제38호)** : 실상사 극락전 왼쪽에 있는 증각국사의 사리를 모셔놓은 탑으로, 팔각의 평면을 기본으로 삼고 있는 전형적인 팔각원당형 탑입니다. 기단은 팔각형의 석재를 여러 층 쌓은 뒤 연꽃이 피어있는 모양의 돌을 올렸고, 탑신은 몸돌과 지붕돌로 구성되었는데, 낮은 편이며, 몸돌은 기둥 모양을 새겨 모서리를 정하고 각 면에 아치형의 문(門)을 새겼습니다. 이 탑은 전체적인 조형과 조각수법으로 보아 9세기 후반의 작품으로 추정되고 있습니다.

* **남원 실상사 수철화상(능가보월)탑(보물 제33호)** : 실상사 안에 있는 극락전을 향하여 그 오른쪽에 서 있는 탑으로, 수철화상의 사리를 모셔 놓은 사리탑입니다. 이 탑은 신라 석조 부도의 전형적인 양식인 8각의 평면을 기본으로 삼아 맨 아래 바닥돌에서 지붕까지 모두 8각을 이루고 있고, 기단은 아래 받침돌에 구름, 용무늬, 사자가 새겨져 있습니다. 윗받침돌에는 솟은 연꽃무늬가 삼중으로 조각되어 둘러져 있고, 8각의 탑신은 모서리마다 기둥 모양이 새겨져 있으며, 각 면에는 문(門) 모양과 사천왕상이 새겨져 있습니다. 지붕돌은 얇고 경사가 완만하며, 지붕 경사면에는 기와골을 표시하였고, 그 끝에는 막새기와까지 표현함으로써 목조 건축의 지붕 양식을 충실히 모방하였습니다. 이 탑은 통일 신라 시대의 팔각원당형 승탑 양식을 기본으로 했으며, 특히 목조 건축의 세부 양식을 충실하게 묘사하였다는 점에서 중요한 작품으로 평가되고 있습니다.

* **장흥 보림사 보조선사탑(보물 제157호)** : 보림사 명부전 우측 구릉에 세워져 있는 보조선사의 사리를 모셔두고 있는 사리탑으로, 이 탑은 바닥돌부터 지붕돌까지 모두 8각으로, 통일 신라 탑의 일반적인 모습을 보이고 있습니다.

탑신을 받치는 기단의 아래 받침돌에는 구름무늬를 매우 입체적으로 조각하였고, 가운데 받침돌은 아래위로 띠를 두른 약간 배가 부른 모습입니다. 8개의 큰 연꽃조각 위에 놓여 있는 탑신은 앞·뒷면에 문짝 모양을, 그 양 옆에는 사천왕상을 새겼습니다.

지붕돌은 밑면에 서까래를 표현해 놓았고, 윗면에는 기왓골이 깊게 파여져 있으며, 꼭대기에는 머리장식으로 완전한 모양은 아니지만 복발, 보륜, 보주 등이 차례로 놓여 있습니다.

* **곡성 태안사 적인선사탑(보물 제273호)** : 승려 적인선사 혜철 스님의 사리를 모셔두고 있는 사리탑으로, 이 탑은 전형적인 8각원당형탑이며, 3단의 기단 위로 탑신과 머리 장식을 올리고 있습니다. 기단은 아래받침돌, 가운데받침돌, 윗받침돌로 구분되어지는데, 아래 받침돌은 위가 좁고 아래가 넓은 사다리꼴 모양을 하고 있으며, 각 면마다 사자상을 조각해 놓았고, 가운데 받침돌은 그 높이가 매우 낮으며, 면마다 가늘고 길게 안상을 조각하였습니다. 윗받침돌은 옆면에 솟은 연꽃무늬를 새겼고, 앞면과 뒷면에 문짝 모양을 새겼으며, 그 옆면에 다시 불법을 지키는 수호신인 사천왕상을 조각하였습니다. 지붕돌은 넓은 편으로 밑면에는 서까래를, 윗면에는 기왓골과 막새기와까지 표현하여 목조 건축의 지붕 양식을 사실적으로 표현하였고, 꼭대기에는 머리 장식으로 앙화, 복발, 보륜, 보주 등이 차례로 놓여 있습니다.

* **문경 봉암사 지증대사적조탑(보물 제137호)** : 봉암사 대웅전 왼쪽에 세워져 있는 지증대사의 사리를 모신 통일 신라 시대의 사리탑으로, 이 탑은 사리를 넣어두는 탑신을 중심으로 하여 아래에는 이를 받쳐주는 기단부를 두고, 위로는 머리 장식을 얹었습니다.

기단은 2단으로 이루어졌고, 평면 모양은 8각인데, 밑단에는 각 면마다 사자를 도드라지게 조각하였고, 윗단을 괴는 테두리 부분을 구름무늬로 가득 채워 두툼하게 하였습니다. 윗단은 각 모서리마다 구름이 새겨진 기둥조각을 세우고, 사이사이에 날개를 펼치고 악기를 연주하는 가릉빈가를 새겨 넣었는데 그 모습이 매우 우아합니다. 가운데 받침돌의 각 면에는 여러 형태의 조각을 새겨 넣었고, 윗받침돌은 윗면에 탑신을 괴기 위한 굄대를 두었으며, 모서리마다 작고 둥근 기둥 조각을 세워 입체감 있는 난간을 표현하였습니다. 탑신은 8각의 몸돌 모서리마다 기둥 모양을 새겨두었고, 앞뒤 2면에는 자물쇠와 문고리가 달린 문짝 모양을 조각하였으며, 그 양 옆으로는 사천왕상을, 나머지 두 면에는 보살의 모습을 새겨놓았습니다.

지붕돌은 8각이며, 지붕돌 꼭대기에는 연꽃받침 위로 머리장식이 차례로 얹혀 있습니다. 이 탑은 전체적인 비례가 잘 어우러져 있으며, 안정감이 있습니다.

문화재청

고려 시대의 부도

고려 시대 초기에는 통일 신라의 부도를 그대로 계승하여 팔각원당형 부도가 계속 조성되었으나, 통일 신라의 부도와의 차이점은 탑신 옥개석의 끝부분이 좀 더 위로 치켜 올려진 점 정도라 할 수 있습니다. 그러나 고려 시대 후기로 가면서 부도가 점차 길어지기 시작하는데, 이는 기단부의 중대석이 길어지고 또 탑신부 옥개석이 경사가 급한 뾰족한 형태로 바뀌기 때문입니다. 그러나 탑과 마찬가지로 고려 시대의 부도 역시 통일 신라의 부도에 비하면 조형미가 떨어지는 편이라 할 수 있습니다. 고려 시대의 부도로는 여주의 고달사지 승탑(국보 제4호), 강릉 굴산사지 승탑(보물 제85호), 법천사 지광국사현묘탑(국보 제101호), 서산 보원사지의 법인국사보승탑(보물 제105호), 여주 신륵사 보제존자석종(보물 제228호), 공주의 갑사 승탑(보물 제257호), 원주 홍법사지 진공대사탑(보물 제365호), 군위 인각사의 보각국사탑(보물 제428호) 등이 있습니다.

* 여주 고달사지 승탑(국보 제4호) : 고달사지에 남아 있는 고려 초의 화강석 부도로, 이 승탑은 바닥의 형태가 8각을 이루고 있으며, 전체의 무게를 지탱하고 있는 기단은 상·중·하 세 부분으로 갖추어져 있는데, 특히 가운데 돌에 새겨진 조각들이 가장 크게 눈에 띕니다. 가운데 돌은 8각이라기보다는 거의 원에 가까우며, 표면에 새겨진 두 마리의 거북은 입체적으로 표현되어 사실감이 느껴집니다. 각 거북을 사이에 두고 네 마리의 용을 새겨 두었으며, 나머지 공간에는 구름무늬로 가득 채웠습니다. 가운데 돌을 중심으로 그 아래와 윗돌에는 연꽃무늬를 두어 우아함을 살리고 있고, 사리를 모셔둔 탑 몸돌에는 문짝 모양과 사천왕상이 새겨져 있습니다. 지붕돌은 꽤 두꺼운 편으로, 각 모서리를 따라 아래로 미끄러지면 그 끝마다 큼직한 꽃 조각이 달려 있으며, 지붕돌 꼭대기에는 둥그런 돌 위로 지붕을 축소한 것처럼 보이는 보개가 얹혀 있습니다. 이 탑은 전체적으로 신라의 기본형을 잘 따르면서도 각 부분의 조각들에서 고려 특유의 기법을 풍기고 있어 고려 시대 전기인 10세기경에 세워진 것으로 추측되고 있습니다.

* **강릉 굴산사지 승탑(보물 제85호)** : 굴산사지의 위쪽에 자리 잡고 있는 굴산사를 세운 범일국사의 사리를 모신 탑으로, 고려 시대에 만들어진 것으로 추정되며, 모든 부재가 8각을 기본으로 하여 조성되고 있지만 부분적으로는 변형된 수법을 보이고 있습니다. 이 탑은 사리를 모시는 몸돌을 중심으로 아래로는 받침 부분이 놓이고, 위로는 지붕돌과 꼭대기 장식이 놓여 있으며, 꼭대기 장식으로는 상륜 받침과 보개, 연꽃봉오리 모양의 구슬장식이 놓여 있습니다.

한 돌로 된 바닥돌은 8각의 평면이며, 위에는 접시 모양의 받침돌이 있는데, 2단으로 된 8각의 괴임돌이 있는 아래 받침돌은 평면이 원형이며, 구름무늬가 새겨져 있고, 그 위 중간 받침돌에는 8개의 기둥을 세워 모서리를 정하고 각 면에 천상(天上)의 사람이 악기를 연주하는 모습을 새기고 있습니다.

탑신석은 8각으로 각 측면에 우주가 표현되었는데, 전체적으로 보면 보다 상면이 좁아들어 이른바 배흘림의 형태를 보이고 있어 주목됩니다.

* 서산 보원사지 법인국사보승탑(보물 제105호) : 보원사지에 세워져있는 법인국사 탄문(坦文)의 사리를 모신 사리탑으로, 이 탑은 전체적으로 8각의 기본 양식을 잘 갖추고 있습니다. 기단부는 아래 받침돌을 8각으로 된 2개의 돌로 쌓았고, 밑돌에는 각 면마다 움푹하게 새긴 안상 안에 사자 한 마리씩을 도드라지게 조각하였습니다.

그리고 윗돌에는 구름 속을 거니는 용의 모습을 사실적으로 표현하였으며, 모서리마다 꽃이 새겨져 있습니다. 중간받침돌은 아무런 조각이 없는 8각의 배흘림기둥을 세웠고, 윗받침돌은 윗면에 수직으로 난간 조각을 새겼습니다. 탑신의 몸돌은 8각이며, 각 모서리를 기둥처럼 새기고, 앞면과 뒷면에는 자물쇠가 달린 문짝모양을 새겨두었고, 그 양쪽에는 사천왕을 새겨두었으며, 나머지 2면에는 높은 관을 쓴 인물상이 서 있습니다. 지붕돌은 넓고 두꺼운데, 밑으로는 목조 건축에서와 같은 서까래가 표현되어 있고, 윗면은 가파른 경사를 표현하였습니다.

탑의 꼭대기에는 머리 장식으로 큼직한 연꽃이 조각된 복발 위로, 굽이 달려있는 3개의 보륜이 차례로 놓여 있습니다. 이 탑은 몸돌에서 보이는 여러 무늬와 지붕돌의 귀꽃 조각 등이 고려 전기의 시대성을 그대로 보여주고 작품입니다.

* **공주 갑사 승탑(보물 제257호)** : 공주 갑사에 있는 승탑으로, 전체가 8각으로 이루어진 모습이며, 3단의 기단 위에 탑신을 올리고 지붕돌을 얹은 형태를 하고 있습니다. 높직한 바닥돌 위에 올려놓은 기단부는 아래받침돌, 가운데받침돌, 윗받침돌로 나뉘어지는데, 특이하게도 아래층이 넓고 위층으로 갈수록 차츰 줄어듭니다. 아래 받침돌에는 사자·구름·용을 아름답게 조각하였으며, 거의 원에 가까운 가운데 받침돌에는 각 귀퉁이마다 꽃 모양의 장식이 튀어나와 있고, 그 사이에 주악천인상을 새겨 놓았습니다. 탑신을 받치는 두툼한 윗받침돌에는 연꽃을 둘러 새겼고, 탑 몸돌 4면에는 자물쇠가 달린 문을 새겨 놓았으며, 다른 4면에는 사천왕입상을 새겨놓았습니다. 지붕돌은 기왓골을 표현하는 등 목조 건축의 지붕 모양을 정교하게 표현하고 있습니다. 현재 머리 장식은 모두 없어졌으나, 후에 새로 만든 보주가 올려 져 있습니다. 이 탑은 전체적으로 조각이 힘차고 웅대하지만, 윗부분으로 갈수록 조각기법이 약해졌고, 특히 지붕돌이 지나치게 작아져 전체적인 안정감과 균형을 잃고 있습니다. 그러나 기단부의 조각은 고려 시대의 특징을 잘 드러내고 있으며, 전체에 조각된 각종 무늬와 기법 등은 고려 시대 승탑들 중에서도 우수한 작품으로 손꼽을 만합니다.

* **원주 흥법사지 진공대사탑**(보물 제365호) : 흥법사지에 있는 진공대사의 사리를 모셔놓은 승탑으로, 이 탑은 전체가 8각으로 이루어진 기본적인 형태이며, 기단의 아래와 윗받침돌에 연꽃을 새겼습니다. 북 모양을 하고 있는 가운데 받침돌 표면에는 웅장한 구름과 함께 뒤엉켜 있는 용의 몸체를 생동감 있게 조각하였고, 탑신의 몸돌은 8각의 모서리마다 꽃무늬가 장식되어 독특하고, 앞뒤 양면에는 자물쇠가 달린 문짝모양이 각각 새겨져 있습니다. 그 위로 얹혀 있는 지붕돌은 밑면에 3단의 받침과 2중으로 된 서까래가 표현되어 있고, 경사가 완만한 낙수면은 8각의 모서리선이 굵게 새겨져 그 끝에는 높이 솟아있는 꽃 조각이 달려있으며, 꼭대기에는 8각의 작은 지붕 모양의 머리 장식인 보개가 있습니다.

* **군위 인각사 보각국사탑**(보물 제428호) : 인각사에 있는 보각국사 일연의 사리를 모셔놓은 승탑으로, 이 탑은 자연석으로 된 바닥돌 위에 8각의 아래 받침돌을 놓았는데, 그 윗면이 급한 경사를 이루고 있습니다. 가운데 받침돌은 8각으로 동물을 조각하였으나 뚜렷하지 않으며, 윗받침돌은 8각이지만 원형에 가깝고, 단조롭고 소박한 연꽃이 새겨져 있습니다. 탑신도 8각으로 정면에는 '보각국사정조지탑'이란 탑 이름이 있고, 뒷면에는 문 모양의 조각이 있으며, 남은 6면에는 사천왕입상과 연꽃 위에 서 있는 보살상을 새겼습니다. 지붕의 두꺼운 추녀 밑은 위로 완만하게 들려 있고, 지붕선 끝부분에 꽃장식이 달려 있으며, 지붕 꼭대기에는 머리 장식이 큼직하게 올려 져 있습니다.

조선 시대의 부도

조선 시대에는 불교가 억압을 받으면서 부도 역시 간소화되었습니다. 조선 초기에는 팔각원당형 부도가 만들어지기도 하였지만, 점차 이 형태가 무너지고 또 주로 석종형 부도가 많이 만들어졌습니다.

조선 시대를 대표하는 팔각원당형 부도로는 양주 회암사지의 무학대사탑(보물 제388호)이 있는데, 이 부도를 보면 탑신이 북을 엎어놓은 것처럼 불룩 솟아 있고, 기단부와 옥개석도 과거에 비해 굵고 투박해졌음을 알 수 있습니다. 부도에 새겨진 문양도 전 시대에 비해 섬세함이 많이 떨어집니다. 그리고 시간이 지나면서 이 팔각원당형 부도는 더욱 단순화되어 탑신은 북 모양이었다가 다시 공 모양으로 더 단순해지고 기단과 옥개석도 극도로 단순하게 변합니다.

조선 시대의 부도가 이렇듯 간결하게 변한 것은 불교가 탄압을 받았기 때문이기도 하지만 워낙 많은 부도가 만들어졌기 때문이기도 하며, 고려 시대까지는 명망이 높은 고승(高僧)들만이 부도를 조성했으나, 조선 시대로 접어들면서 어떤 까닭인지 일반 승려들도 부도를 조성하기 시작했습니다. 그렇다 보니 부도의 수가 크게 늘어나게 되었고, 부도 조성에도 큰 공력을 들이지 않게 되었습니다.

* **양주 회암사지 무학대사탑(보물 제388호)** : 회암사지 북쪽 능선에 세워져 있는 무학대사의 사리를 모셔둔 묘탑으로, 탑의 형태는 구름무늬를 조각한 8각의 바닥돌 위에 받침 부분인 기단이 놓이고, 탑신과 지붕돌 부분이 포개져 있는 모습을 하고 있습니다. 기단의 아래돌과 윗돌은 연꽃모양의 돌이고, 가운데 돌은 배가 불룩한 8각의 북 모양으로, 각 면에는 모양이 서로 다른 꽃 조각이 새겨져 있습니다. 탑신은 몸돌이 둥근 모양으로 표면에 용과 구름이 가득 새겨져 있고, 용의 머리와 몸, 비늘 등이 사실적으로 표현되어 생동감 있게 보이며, 구름무늬가 한층 운동감을 느끼게 합니다. 지붕돌은 8각으로 처마 부분에는 목조 건축을 흉내 낸 모양들이 새겨져 있고, 지붕 꼭대기에는 둥근 돌 하나만 올려놓아 간소화된 형태를 보입니다. 조선 전기의 양식을 보여주는 이 탑은 규모가 웅대하고 모양도 가지런합니다.

 # 탑비

탑비의 정의

탑비는 승려의 생애를 적은 비를 말합니다. 승려의 시신을 화장하고 남은 유골을 돌로 만든 묘탑에 안치하는데, 이를 부도 또는 승탑이라 하며, 탑비(塔碑)는 부도와 함께 조성되는 것으로, 승려의 출생에서 사망에 이르는 일생의 행적을 적은 것입니다. 탑비에는 고승의 일평생 행적이 건립 연월일과 함께 새겨 지고 있어, 그 비문의 내용이 역사적으로 귀중한 사료가 되고 있으며, 그 서체는 금석학의 입장에서 중요한 연구 자료가 되기도 합니다.

탑비의 형식

탑비는 일반적으로 맨 밑에 비좌(비 받침)로 구부(龜趺)가 조각되고, 그 위에 비신(碑身)이 세워지며, 상부에는 비 머리(개석)로 용머리가 구름과 함께 화려하게 조각되는 형식으로 이루어집니다.

* **비좌(비 받침)** : 비신(碑身)을 세우는 대좌 또는 비신을 꽂아 세우기 위하여 홈을 판 자리를 가리킵니다. 비좌(비 받침)는 일반적으로 거북이 형태를 조각한 후 등 위에 직사각형의 홈을 파서 비신을 끼우도록 되어 있습니다.

* 비신(비 몸) : 비문을 새긴 비석의 몸체를 말합니다. 비신은 일반적으로 긴 직육면체로 깎아 세우며, 비신의 앞면을 비양이라 하고, 뒷면을 비음이라 합니다. 이러한 비신에는 역사책에서 보기 어려운 고승의 일생이 기술되어 있습니다. 즉 출생으로부터 불문에 들어가 활동하고 사망하기까지 일생의 행력(行歷)이 적혀 있으며, 뒤쪽에는 탑비 조성에 참여한 제자와 문도(門徒)들의 이름이 열거되어 있습니다.

* 비 머리(개석) : 비석을 세울 때 위에 지붕 형태로 만들어 그 위에 얹는 돌로, 개석 또는 관석이라고 하며, 이수라는 명칭을 쓰기도 합니다. 이수란 용 모양을 새긴 비석의 머릿돌로, 통일 신라 시대를 거쳐 고려 시대, 조선 시대에 이르기까지 석비 건립의 하나의 양식으로 정립되어 대부분의 석비 정상은 이수로 장식되어 있습니다. 용은 상상의 동물이지만 항상 하늘을 향하면서 신성함, 웅장함을 나타내고 있기 때문에, 이수는 비의 품격을 더욱 높인다는 의미가 있습니다. 이수를 용으로 보지만 뿔이 없어 용 이전의 단계인 이무기로 보는 견해도 있습니다.

탑비의 역사

우리나라는 예로부터 부도와 탑비를 함께 조성하는 사례가 많았는데, 특히 신라 하대로부터 각 선문(禪門)을 개창하거나 그 계보를 이은 고승에 대한 숭앙심이 높아지면서 널리 유행하였습니다. 고려 시대에도 이러한 관례는 지속되었는데, 그 수량이나 제작 수준은 우리나라 석비의 역사에 있어 높은 위치를 차지하고 있습니다. 그 뒤 조선 시대에 들어서면 이전과 같이 국왕이 탑명을 내리는 국가적 차원의 조성은 매우 드물었지만, 부도와 탑비의 조성에 대한 전통은 꾸준히 지속되었습니다. 통일 신라 시대 고승의 탑비 가운데 연대가 가장 빠른 예로는 800~808년경에 세워진 경주의 고선사 서당화상비와 813년에 세워진 진주의 단속사 신행선사비 등이 유명한데, 비문에 탑명이 명시되지 않았지만 이후에 조성된 탑비와 같은 의미에서 조성된 것들입니다. 이후 9세기 중반을 넘어서면 탑명을 지닌 부도와 이를 명시한 탑비가 한 벌로 조성되기 시작했는데, 868년경에 세워진 전라도 화순의 쌍봉사 철감선사탑비(보물 제170호)와 884년에 세워진 장흥의 보림사 보조선사창성탑비(보물 제158호), 887년에 세워진 경상도 하동의 쌍계사 진감선사탑비(국보 제47호) 등이 대표적인 예입니다.

* **경주 고선사 서당화상비** : 서당화상이란 바로 원효대사를 일컫는 말로, 서당화상비는 원효 대사를 추모하기 위하여 건립한 신라 시대의 비이며, 경북 경주시 고선사의 옛터에서 1913년 3편으로 조각난 채 발견되어 현재 국립중앙박물관에 보관 중이고, 비신의 상단부는 옛날 동천사 터로 전해지는 경상북도 경주시 동천동 부근 농가에서 발견되어 현재 동국대학교 박물관에 소장되어 있습니다. 비문을 지은 사람과 글씨를 쓴 사람의 성명은 전하지 않고, 글씨는 전체 33행에 각 행은 61자로 추정되며, 문장은 전형적인 사륙변려체입니다. 이 비는 원효의 전기에 관한 가장 오래된 자료로서 원효 연구에 귀중한 자료가 되고 있습니다.

* **화순 쌍봉사 철감선사징소탑비(보물 제170호)** : 통일 신라 경문왕 8년(868)에 세워진 비로, 철감선사 도윤을 추모하기 위해 건립한 탑비입니다. 현재 이 비는 비의 몸돌이 없어진 채 거북 받침돌(귀부)과 머릿돌(이수)만 남아 있는데, 네모난 바닥돌 위의 거북은 용의 머리를 하고 여의주를 문 채 엎드려 있는 모습으로, 특히 오른쪽 앞발을 살짝 올리고 있어 흥미롭습니다. 머릿돌은 용 조각을 생략한 채 구름무늬만으로 채우고 있습니다. 이 탑비는 전체적인 조각수법이 뛰어나며, 특히 거북 받침돌의 조각들은 매우 훌륭한 경지에 이른 것이라고 할 수 있습니다.

*** 장흥 보림사 보조선사탑비(보물 제158호)** : 통일 신라 헌강왕 10년(884)에 세워진 비로, 보조선사 지선을 추모하기 위해 건립한 탑비이며, 거북 받침돌 위에 비의 몸돌을 세우고 머릿돌을 얹은 모습을 하고 있습니다.

이 탑비는 거북 받침돌의 머리가 용머리를 하고 있어 이목구비가 뚜렷한 사나운 모습이고, 등 뒤에는 육각형의 무늬가 전체를 덮고 있으며, 등 중앙에 마련된 비를 꽂아두는 부분에는 구름과 연꽃을 새겨 장식해 놓았습니다. 비의 몸돌에는 보조선사에 대한 기록이 새겨져 있는데, 김영이 비문을 짓고, 김원과 김언경이 글씨를 썼습니다. 머릿돌에는 구름과 용의 모습을 웅대하게 조각하였고, 앞면 중앙에 '가지산 보조선사비영'이라는 비의 명칭을 새겼습니다. 이 탑비는 9세기말경의 석비 양식의 전형을 보여주는 것으로서 당시 조형 수준을 대표하는 뛰어난 작품이라 할 수 있습니다.

*** 하동 쌍계사 진감선사대공탑비(국보 제47호)** : 통일 신라 진성여왕 원년(887)에 세워진 비로, 통일 신라 후기의 유명한 승려인 진감선사를 추모하기 위해 건립한 탑비입니다. 이 탑비는 몸돌에 손상을 입긴 하였으나, 아래로는 거북 받침돌을, 위로는 머릿돌을 고루 갖추고 있는 모습을 하고 있습니다.

통일 신라 후기의 탑비 양식에 따라 거북 받침돌은 머리가 용머리로 꾸며져 있고, 등에는 6각의 무늬가 가득 채워져 있으며, 등 중앙에는 비의 몸돌을 끼우도록 만든 비좌(碑座)가 자리하고 있습니다. 머릿돌에는 구슬을 두고 다투는 용의 모습이 힘차게 표현되어 있고, 앞면 중앙에는 '해동고진감선사비'라는 비의 명칭이 새겨져 있으며, 꼭대기에는 솟은 연꽃무늬 위로 구슬모양의 머리 장식이 놓여 있습니다.

이 탑비는 당시의 대표적인 문인이었던 최치원이 비문을 짓고, 글씨를 쓴 것으로 유명한데, 특히 붓의 자연스런 흐름을 살려 생동감 있게 표현한 글씨는 최치원의 명성을 다시금 되새기게 할 만큼 훌륭합니다.

탑비의 의의

탑비는 고승의 학통이라든지 그를 둘러싼 당시 불교계의 여러 가지 상황을 살필 수 있는 귀중한 사료가 되고 있으며, 또한 당대 최고 수준의 문장과 글씨로 조성되었다는 점에서 문학사·서예사 사료로서도 매우 소중합니다. 특히 금석문 이외의 필적이 드문 통일 신라 시대, 고려 시대에 있어 탑비는 서예사 서술에 있어 매우 귀중하다고 할 수 있습니다. 탑비에 새겨진 글씨체는 일반 석비의 경우와 같이 정자체인 해서(楷書)가 주로 사용되는데, 신라 하대 이후 계속해서 조성되었기 때문에 각 시기마다 해서풍의 변화 과정을 살필 수 있습니다.

이외에 행서를 사용하기도 하며, 옛 명필가들의 필적을 모아 새기기도 합니다. 예를 들어 940년에 세워진 당태종의 필적으로 집자한 흥법사 진공대사비(보물 제463호), 954년에 세워진 통일 신라 김생의 필적으로 집자한 태자사 낭공대사백월서운탑비, 강진 무위사 선각대사편광탑비(보물 제507호) 등이 바로 그것입니다.

또한 탑비는 석조 미술품으로서의 가치도 높은데, 그 기본 형식은 일반 석비와 크게 다르지 않지만, 세부의 장엄에 있어서는 뛰어난 수준을 보여주는 경우가 많습니다. 특히 고려 중기의 탑비는 제작기술 상의 완성도와 조각기법 상의 화려한 극치를 보여주는데, 1085년에 세워진 원주의 법천사 지광국사현묘탑비(국보 제59호) 등이 대표적인 예입니다.

일반적으로 탑비는 부도와 함께 조성되거나 부도가 세워진 뒤 몇 년 안에 건립되므로 대부분 조성 연대를 알 수 있으며, 이런 점에서 탑비에 나타난 양식적 특징은 다른 석조 미술품의 양식을 고찰하는 데 기준 자료로서의 역할도 하고 있습니다.

* 원주 흥법사 진공대사비(보물 제463호) : 강원도 원주시 지정면 안창리 흥법사 터에 있는 신라 말 고려 초의 선사 진공대사 충담을 추모하기 위해 건립한 탑비로, 비 건립에 몇 년씩 소요되는 다른 비와는 달리 대사가 입적한 바로 그 해인 940년에 신속하게 건립되었습니다. 이 탑비는 현재 귀부와 이수는 원형이 잘 보존되어 절터에 남아 있으나, 비신은 일찍이 파괴되어 중앙부가 크게 절단되었으며, 파손과 마모가 심해서 현재 깨진 비신 4개가 국립중앙박물관에 옮겨져 보존되고 있습니다. 이 탑비의 비문은 고려 태조가 짓고 문신 최광윤이 당나라 태종(太宗)의 행서 글씨를 집자하여 새긴 것으로, 비문의 내용은 진공대사가 신라 귀족 가문에서 태어나 출가하여 계율을 배우다 입당하여 원정(圓淨)의 법을 수학하고 돌아와 태조로부터 왕사의 예우를 받고 태조의 명으로 흥법사에 주석하다 입적한 생애를 기술하였습니다.

* 태자사 낭공대사백월서운탑비 : 통일 신라 시대 때 낭공대사의 행적을 기록해 놓은 탑비로, 태자사와 탑은 이미 오래 전에 없어졌고, 오로지 대사의 생애를 기록한 비석만이 남아있습니다. 당시 나라와 백성의 존경을 받았던 국사, 큰 스승인 낭공대사는 많은 업적을 남겼는데, 비석에는 그의 85년의 인생, 불가의 연과 수행자로서, 학승으로서, 그리고 정신적 지도자로서의 61년의 승려로서의 삶이 기록되어 있습니다. 비석의 글은 낭공대사의 입적 후 한해 뒤에 최치원의 동생이자 신라 말 고려 초 최고 문장가 최인연에 의해 완성되었고, 글씨는 통일 신라 시대의 서예가 김생의 글씨를 집자(集字)하여 만들었습니다.

김생은 통일 신라 시대 최고의 명필이자 승려로, 우리나라 신품사현의 첫 번째로 꼽는 서예가입니다. 신품이란 글씨가 빼어나 그 경지가 가히 신의 반열에 놓아도 손색이 없는, 최고 경지를 일컫는 말입니다.

* **강진 무위사 선각대사편광탑비(보물 제507호)** : 전라남도 강진군 성전면 무위사에 있는 고려 시대 선각대사의 화강석 탑비로, 이 탑비는 높이 약 2.35m, 너비 1.12m이고, 선각대사편광탑과 나란히 서 있으며, 고려 정종 원년(946)에 건립되었습니다.

이 탑비의 비받침을 보면 몸은 거북이나, 머리는 여의주를 물고 있는 용의 형상으로 사나워 보이며, 중앙에 마련되어 비를 직접 받치고 있는 비좌에는 구름무늬와 둥근 형태의 조각을 새겨 놓았습니다. 비몸에는 선각대사에 관한 기록과, 최언위가 비문을 짓고 유훈율이 해서로 글을 썼다는 기록이 있습니다. 머릿돌은 밑면에 연꽃무늬를 새긴 3단의 받침이 있고, 이수 주위는 모두 운룡문과 쌍룡문으로 조각되어 있는 것이 특색입니다.

선각대사는 신라 말의 명승으로, 당나라에 건너가서 14년 만에 돌아와 무위사에 8년간 머물렀습니다. 고려 태조 원년(918)에 54세의 나이로 입적하자 고려 태조가 '선각'이라는 시호를 내리고, 탑 이름을 '편광탑'이라 하였습니다.

* **원주 법천사 지광국사현묘탑비(국보 제59호)** : 법천사지에 있는 고려 시대 때 지광국사를 추모하기 위해 1085년(선종 2)에 건립한 탑비로, 이 탑비는 고려 시대 석비를 대표할만한 걸작품이며, 조각수법이 매우 뛰어납니다.

비신 옆면에 새긴 운룡조각과 귀부의 귀갑문 안에 새긴 '王'자 등이 매우 특이하고, 또한, 비면 가장자리에 새긴 보상당초문이나 이수의 네 귀퉁이에 단 귀꽃 및 이수 중앙의 상륜부가 매우 화려합니다. 비문은 당대의 명신 정유산이 짓고, 명필 안민후가 썼는데, 글씨는 구양순체를 기본으로 부드러움과 단아함을 추구하였습니다.

법천사지

 # 석등

석등의 정의

　석등은 불전 앞에서 불을 밝히기 위해 세우는 석조물입니다. 이러한 석등은 불교에서 등불을 밝히는 공양을 으뜸으로 여겼기 때문에 등불을 안치하는 공양구의 하나로서 만들어졌던 것으로 추측됩니다.

　우리나라의 석등은 다른 대부분의 석조물과 마찬가지로 불교의 가람배치 양식에 따른 한 구조물로서 전래되어 등기로서의 기능과 사원 공간의 첨경물(添景物)로서의 기능을 함께 지니고 있습니다. '석등'이라는 명칭에 관해서는 우리나라에서 현존하는 유물과 몇몇 기록에서 찾아볼 수 있습니다.

　진성여왕 5년(891)에 건립된 담양 개선사지 석등(보물 제111호)의 명기(銘記)에는 '석등'을 건립했다는 기록이 있고, 선종 10년(1093)에 건립한 나주 서성문안 석등(보물 제364호)의 명기에도 석등을 건립했다는 기록을 찾아 볼 수 있습니다.

* **담양 개선사지 석등(보물 제111호)** : 담양 개선사 터에 세워져 있는 높이 3.5m의 석등으로, 이 석등은 석등의 창 사이 공간에 통일 신라 진성여왕 5년(891)에 만들었다는 글이 새겨져 있는데, 이것은 신라 시대 석등 가운데 글씨를 새긴 유일한 예로, 비슷한 시대의 다른 작품의 연대와 특징을 연구하는데 있어서 표준이 되는 석등입니다. 이 석등은 아래 받침돌에는 엎어놓은 연꽃 모양을 새겼고, 윗받침돌에는 솟은 연꽃 모양을 새겼습니다. 사잇기둥은 장고 모양이고, 불을 밝히는 곳인 화사석은 8각이며, 창이 8면에 뚫려 있습니다. 지붕돌은 아랫면에 낮고 널찍한 괴임이 있고, 8각의 끝부분에는 꽃모양을 둥글게 조각하였습니다.

* **나주 서성문안 석등(보물 제364호)** : 받침에 새겨져 있는 기록을 통해 고려 선종 10년(1093)에 석등을 세웠음을 알 수 있는 석등으로, 이 석등은 네모난 모양의 널찍한 바닥돌 위에 세워져 있으며, 아래 받침돌은 8각이고, 연꽃문양이 새겨져 있습니다.

이 석등은 불을 밝혀두는 화사석을 중심으로, 아래는 3단을 이루는 받침을 두고, 위로는 지붕돌과 머리 장식을 얹었습니다. 이 석등은 각 부분의 조각이 둔중한 편이나 지붕돌의 형태가 장식적인 공예기법을 보이고 있는 특이한 고려 시대의 작품으로, 통일 신라 시대 8각형 석등의 양식을 이어받으면서도 그 구조와 조각이 매우 우수합니다.

이 석등은 현재 국립중앙박물관에 옮겨져 보존되고 있습니다.

석등의 형식

석등의 기본형은 하대석·중대석·상대석을 기대로 삼고, 그 위에 등불을 직접 넣는 화사석과 옥개석을 얹으며, 정상부를 보주 등으로 장식하는 형식입니다. 그러나 이러한 형태는 시대와 지방에 따라 변화를 보이고 있어 시대적 또는 지방적인 특색을 지니고 있습니다.

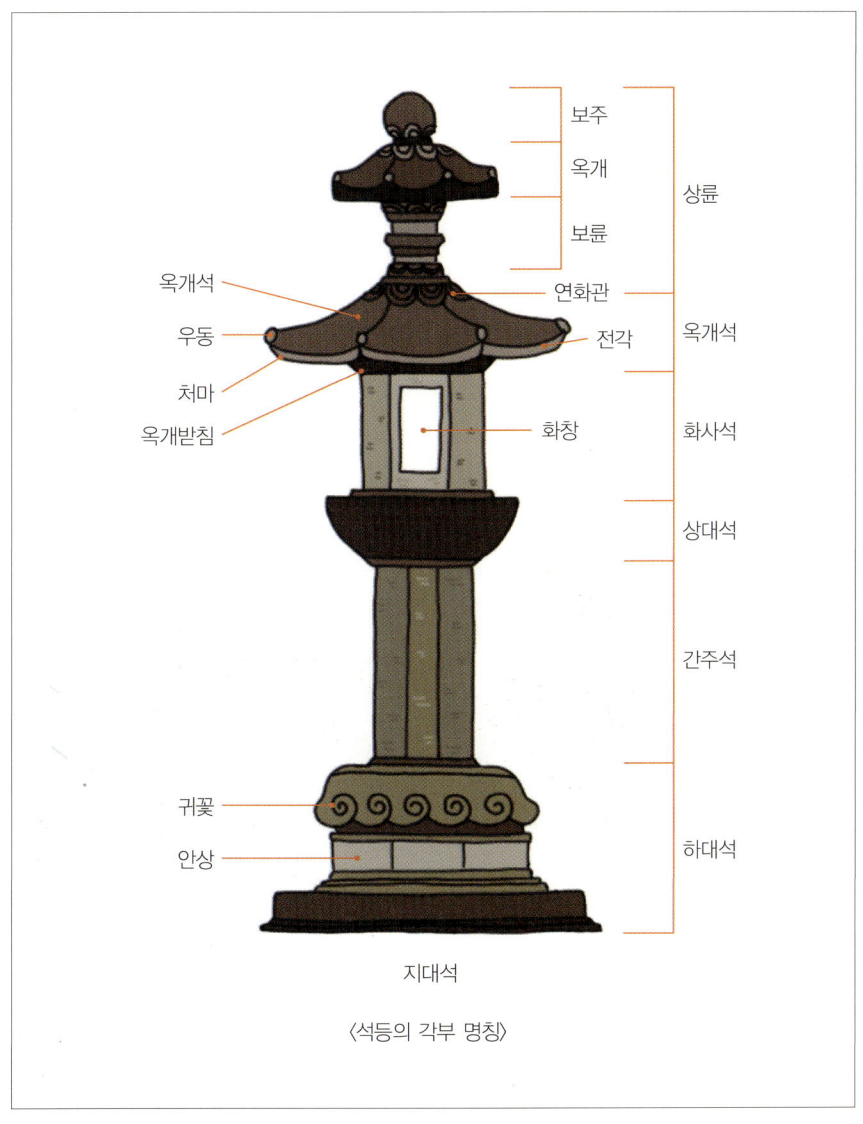

〈석등의 각부 명칭〉

석등에서 가장 중요한 부분은 등불이 장치된 화사석인데, 이제까지 조사된 백제 시대 석등의 화사석은 평면이 8각이고, 네 면에 화창구를 낸 형태를 기본으로 하고 있습니다. 이러한 백제 시대 석등의 기본적인 8각형은 통일 신라 시대에 주류를 이루었는데,

대표적인 예로는 영주 부석사 무량수전 앞 석등(국보 제17호)을 들 수 있습니다. 이 석등은 8각의 전형양식을 잘 보여 주고 있는데, 네모난 지대석 위에 8각의 복련석을 얹고, 그 위에 가늘고 긴 8각의 간주를 세웠으며, 다시 8각의 화사석을 받치기 위한 8각의 앙련석을 얹고, 화사석 위에는 8각의 옥개석을, 옥개석 정상부에는 보주를 얹은 형식입니다.

* **영주 부석사 무량수전 앞 석등(국보 제17호)** : 부석사 무량수전 앞에 세워져 있는 통일 신라 시대를 대표하는 가장 아름다운 석등으로, 석등의 전체 높이는 2.97m이고, 4각 바닥돌은 옆면에 무늬를 새겨 꾸몄으며, 그 위의 아래 받침돌은 큼직한 연꽃 조각을 얹어 가운데 기둥을 받치고 있습니다.

전형적인 8각 기둥 형태인 이 기둥은 굵기나 높이에서 아름다운 비례를 보이는데, 위로는 연꽃무늬를 조각해 놓은 윗받침돌을 얹어놓았습니다.

8각의 화사석은 불빛이 퍼져 나오도록 4개의 창을 두었고, 나머지 4면에는 세련된 모습의 보살상을 새겨놓았습니다. 이 석등은 전체적으로 비례의 조화가 아름답고, 화려하면서도 단아한 멋을 지니고 있으며, 특히, 화사석 4면에 새겨진 보살상 조각의 정교함은 이 석등을 더욱 돋보이게 하고 있습니다.

우리나라 석등의 변화

통일 신라 시대의 석등

통일 신라 시대의 석등은 각 부재의 알맞은 비례가 매우 아름답게 조화를 이루고 있으며, 특히 화사석 네 면에 조각된 보살입상과 복련석의 모서리마다 귀꽃문양을 붙인 장식이 아름답습니다. 이러한 장식은 통일 신라 시대 석등에서 잘 나타나는데, 그중에서 보은 법주사 사천왕 석등(보물 제15호)에는 보살상 대신 사천왕상이 조각되어 있어 더욱 주목을 끌고 있습니다.

또한 이 시대에는 특수한 형식으로 고복형(鼓腹形)이라 불리는 간주석의 형태가 있는데, 이 형식은 특히 호남 지방에서 유행한 것으로 보입니다. 이러한 고복형 석등은 각 부재가 주로 8각형으로 되어 있다는 점에서는 일반적인 전형양식의 석등과 다를 바가 없으나, 간주석의 평면이 원형이고 중앙에 굵은 마디를 두어 마치 '북' 모양을 이루고 있는 점이 특이합니다.

그리고 이러한 형식의 석등에서 볼 수 있는 또 하나의 특징은 복련석 혹은 옥개석의 귀꽃이 특히 크게 강조되고 있는 점이며, 대표적인 작품으로는 구례 화엄사 각황전 앞 석등(국보 제12호)을 꼽을 수 있는데, 이 석등은 우리나라에서 가장 클 뿐 아니라 장엄하고 대담한 걸작품입니다.

이 밖에도 임실 용암리(진구사지) 석등(보물 제267호)과 남원 실상사 석등(보물 제35호) 등이 있는데, 이 석등들에서 주목되는 점은 화창구가 화사석의 8면에 모두 뚫려 있는 것으로, 이것은 고복형 석등에서 볼 수 있는 또 하나의 특색이라고 할 수 있습니다.

또한 담양 개선사지 석등(보물 제111호)에는 8각의 화사석에 조성 연대가 새겨져 있어 891년에 조성되었음을 알 수 있는데, 이처럼 절대 연대가 밝혀진 석등은 매우 드문 경우입니다. 다음으로 형태가 이색적인 석등 양식이 있는데, 그 중에서도 중간에 간주 대신 사자 두 마리를 이용하는 기법, 즉 '쌍사자 석등'이라고 불리는 양식은 통일 신라 시대에 유행하였고, 이러한 형식은 고려 시대를 거쳐 조선 시대에 이르기까지 계속 나타납니다.

통일 신라 시대의 대표적인 작품으로는 보은 법주사 쌍사자 석등(국보 제5호), 광양 중흥산성 쌍사자 석등(국보 제103호), 합천 영암사지 쌍사자 석등(보물 제353호) 등이 있습니다.

이 시대의 석등에 표현된 쌍사자는 모두 뒷발로 밑의 복련석에 버티고 마주서서 앞발을 들어 위로 앙련석을 받치고 있는 형태로 법주사 석등에서는 장중함을, 중흥산성 석등에서는 경쾌함을 보이고 있습니다.

* 보은 법주사 사천왕 석등(보물 제15호) : 법주사 팔상전의 서쪽에 자리 잡고 있는 높이 3.9m의 석등으로, 통일 신라의 전형양식을 잘 보여주는 작품이며, 8각의 하대와 8각의 간주석, 그리고 네 개의 화창이 뚫린 8각 화사석과 옥개석 등을 갖추고 있습니다. 화사석은 4면에 창을 두었고, 나머지 4면에는 불법을 수호하는 신으로 사천왕상을 조각하였습니다. 이 석등은 대체로 각 부분의 양식이 정제되어 있고 조각수법이 우수하며, 제작 시기는 신라 불교 미술이 꽃피워진 8세기 중기 이후로 추측되고 있습니다.

* **구례 화엄사 각황전 앞 석등(국보 제12호)** : 화엄사 각황전 앞에 세워진 전체 높이 6.4m의 우리나라에서 가장 큰 규모의 석등으로, 활짝 핀 연꽃조각의 소박미와 화사석·지붕돌 등에서 보여주는 웅건한 조각미를 간직한 통일 신라 시대의 대표적 작품입니다. 이 석등은 8각 바닥돌 위의 아래 받침돌에는 엎어놓은 연꽃무늬를 큼직하게 조각해 놓았고, 그 위로는 장고 모양의 가운데 기둥을 세워두었는데, 장고 모양의 특이한 기둥 형태는 통일 신라 시대 후기에 유행했던 것으로, 이 석등은 그 중에서도 가장 전형적인 형태를 보이고 있습니다. 기둥 위로는 솟은 연꽃무늬를 조각한 윗받침돌을 두어 화사석을 받치도록 하였고, 8각으로 이루어진 화사석은 불빛이 퍼져 나오도록 4개의 창을 뚫어 놓았으며, 큼직한 귀꽃이 눈에 띄는 8각의 지붕돌 위로는 머리 장식이 온전하게 남아있어 전체적인 완성미를 더해주고 있습니다.

* **임실 용암리(진구사지) 석등(보물 제267호)** : 진구사지에 세워져 있는 석등의 전체 높이가 5.18m나 되는 우리나라에서 손꼽힐 정도로 큰 석등으로, 가운데 받침돌을 제외한 각 부분 모두 신라 시대 석등의 기본 형태인 8각을 이루고 있습니다.

아래 받침돌에는 옆면에 안상을 새기고, 윗면에는 커다란 꽃 장식을 두었으며, 그 위에는 구름을 조각하였습니다. 윗받침돌에도 연꽃이 새겨져 있으며, 그 위에 있는 화사석에는 각 면마다 창을 내었습니다. 가운데 기둥은 장고 모양이고, 연꽃을 새긴 마디가 있으며, 지붕돌의 경사는 급한 편입니다.

꼭대기에는 머리 장식으로 노반과 복발이 놓여 있습니다.

* **남원 실상사 석등(보물 제35호)** : 남원 실상사 보광명전 앞뜰에 세워져 있는 통일 신라 후기의 석등으로, 이 석등은 전체 높이가 5m나 되며, 불을 밝히는 화사석을 중심으로 밑에 3단의 받침을 쌓고, 위로는 지붕돌과 머리 장식을 얹었는데, 평면은 전체적으로 8각형을 기본으로 하고 있습니다. 이와 같이 실상사 석등은 전체적으로 8각을 기본형으로 하고 있으면서 간주석 부분을 마치 북처럼 불룩하게 표현하여 흔히 고복형 석등이라고 불립니다. 받침 부분의 아래 받침돌과 윗받침돌에는 8장의 꽃잎을 대칭적으로 새겼고, 화사석은 8면에 모두 창을 뚫었으며, 지붕돌은 여덟 곳의 귀퉁이가 모두 위로 치켜 올려진 상태로, 돌출된 꽃 모양 조각을 얹었습니다. 머리 장식에는 화려한 무늬를 새겨 통일 신라 후기의 뛰어난 장식성을 잘 보여주고 있습니다. 이 실상사 석등에는 등불을 밝히기 위한 층단형 석단(石壇)이 바로 앞에 놓여 있어 당시의 석등 점화 방법을 엿볼 수 있습니다.

* **보은 법주사 쌍사자 석등(국보 제5호)** : 법주사 대웅전과 팔상전 사이에 있는 높이 3.3m의 통일 신라 시대의 석등으로, 이 석등은 사자를 조각한 석등 가운데 가장 오래되었으며, 매우 특수한 형태를 하고 있습니다. 이 석등에서 넓다란 8각의 바닥돌 위에 올려져 있는 사자 조각은 두 마리가 서로 가슴을 맞대고 뒷발로 아랫돌을 디디고 서서 앞발과 주둥이로는 윗돌을 받치고 있는 모습을 하고 있는데, 이러한 모습은 현재 남아있는 사자 조각들 가운데 가장 뛰어나 머리의 갈기, 다리와 몸의 근육까지도 사실적으로 표현하였습니다. 불을 밝혀두는 화사석은 8각으로 높직하고, 네 곳에 창을 내어 불빛이 새어나오도록 하였으며, 지붕돌은 처마 밑이 수평을 이루다가 여덟 귀퉁이에서 위로 살짝 들려 있는데, 꾸밈을 두지 않아서인지 소박하고 안정되어 보입니다.

*** 광양 중흥산성 쌍사자 석등(국보 제103호)** : 이 석등은 간주 대신 쌍사자 조각을 사용한 쌍사자 석등 양식에 속하는 것으로, 원래는 전라남도 광양시 옥룡면 운평리 중흥산성 안의 암자에 있었으나, 현재는 국립중앙박물관에 보존되어 있는 통일 신라 시대의 석등입니다. 이 석등은 전체 높이가 2.5m로 그리 크지 않으나, 아름다운 조각 수법과 청아한 조형이 하얀 석질과 아울러 우아한 기품을 보여 주는 작품입니다.

이 석등에서 두 마리의 사자는 뒷발로 버티고 서서 가슴을 맞대어 위를 받치고 있는 모습으로, 사실적이면서 자연스럽게 표현되어 있어 주목되고 있습니다. 8각의 화사석에는 4개의 창이 뚫려 있고, 지붕돌은 여덟 귀퉁이에서의 치켜 올림이 아름답게 표현되었습니다.

*** 합천 영암사지 쌍사자 석등(보물 제353호)** : 영암사 터에 세워진 통일 신라 시대의 석등으로, 이 석등은 높이가 2.3m로 작은 편이고, 일반적으로 불을 밝혀두는 화사석을 중심으로 하여, 아래로는 이를 받치기 위한 3단의 받침을 두고, 위로는 지붕돌을 얹었습

니다. 이 석등은 사자를 배치한 가운데 받침돌을 제외한 각 부분이 모두 통일 신라 시대의 기본 형태인 8각으로 이루어져 있습니다. 화사석은 4면에 창이 있고, 다른 4면에는 사천왕상이 조각되었습니다. 아래 받침돌에는 연꽃 모양이 조각되었고, 그 위로 사자 두 마리가 가슴을 맞대고 서 있는데, 사자의 뒷발은 아래 받침돌을 딛고 있으며, 앞발은 들어서 윗받침돌을 받들고 있습니다. 사자의 머리는 위로 향하고 갈퀴와 꼬리, 근육 등의 표현이 사실적으로 표현되었습니다.

지붕돌은 8각으로 얇고 평평하며, 여덟 곳의 귀퉁이마다 자그마한 꽃 조각이 새겨져 있습니다.

고려 시대의 석등

고려 시대 초기에는 대체적으로 전 시대의 8각형의 전형을 계승하고 있으나, 석탑에서와 같이 전체적인 형태가 다소 둔하고 무거워집니다. 그러나 고려 시대에는 신라 시대의 8각 평면의 전형양식에서 벗어나 방형 평면의 새로운 양식이 나타나게 됩니다. 예를 들어, 논산 관촉사 석등(보물 제232호)과 충주 미륵리사지 사각 석등(충청북도 유형문화재 제315호)은 이러한 양식에 속하는 것으로서, 간주는 원형 평면이고, 그 위에 4각형의 앙련석을 얹었으며, 화사석은 네 귀에 석주만을 세우고 방형의 옥개석을 덮었습니다. 이러한 형식은 고려 시대 석등에 남아 있는 예가 많으며, 조선 시대에도 전해져서 초기에 건립된 회암사지 쌍사자 석등과 청룡사지 사자 석등의 상대석·화사석·옥개석은 4각형으로 되어 있습니다.

이 밖에도 금강산의 정양사 석등이나 법천사 지광국사 현묘탑 앞 석등과 같이 6각형의 양식도 나타나는데, 이것은 석탑의 양식에 있어서도 4각형을 기본으로 삼았던 신라 시대의 양식이 고려 시대에 이르러 다각형이 나타나는 것과 같은 현상이라고 할 수 있습니다.

고려 시대의 유물로는 여주 고달사지 쌍사자 석등(보물 제282호)을 들 수 있는데, 이 석등에서는 두 마리의 사자가 쭈그리고 앉아 있으며, 윗부분의 부재도 사자가 직접 받치지 않고 쌍사자 사이를 한 단 높게 하여 받치고 있는 것이 특징입니다.

또한 고려 말에서 조선 시대로 넘어가는 과도기적 양상을 보여주는 좋은 예로서 신륵사 보제존자 석종 앞 석등(보물 제231호)을 들 수 있는데, 이 석등은 전체적으로 크기가 작으면서도 각 부의 구성이 안정감 있고, 특히 화사석의 화려한 장식미가 돋보이는 작품으로서 고려 말기의 석등 형식을 대변하여 주는 귀중한 석등입니다.

* **논산 관촉사 석등(보물 제232호)** : 관촉사 앞뜰의 큰 석불 앞에 놓여있는 높이 5.45m 크기의 대형 4각 석등으로, 이 석등은 평면이 정사각형으로 이루어진 전형적인 고려 시대의 석등이며, 아래받침돌과 윗받침돌에 새겨진 굵직한 연꽃무늬는 두터운 편입니다. 이 석등은 불을 밝혀두는 화사석이 중심이 되어, 아래에는 3단의 받침돌을 쌓고, 위로는 지붕돌과 머리장식을 얹었습니다. 2층으로 이루어진 화사석은 1층에 4개의 기둥을 세워 지붕돌을 받치도록 하였고, 각 층의 지붕들은 처마가 가볍게 곡선을 그리고 있으며, 네 귀퉁이에는 큼직한 꽃조각이 서 있어 부드러운 조화를 이루고 있습니다. 꼭대기는 불꽃무늬가 새겨진 큼직한 꽃봉오리 모양의 장식을 두었는데, 조각이 두터워서 인지 둔하고 무거워 보입니다.

* **충주 미륵리사지 사각 석등(충청북도 유형문화재 제315호)** : 고려 초기에 세워진 석등으로, 크게 기단부·화사석·옥개석 등으로 구성되어 있는데, 기단부의 지대석은 평면 사각형의 판석형 석재가 마련되었고, 하대석은 투박한 복판 연화문이 장식되어 있으며, 간주석은 평면 사각의 석주형으로 마련되었습니다. 상대석은 하부에 앙련문을 표현하였는데, 하대석에 비하여 정교하게 조각하였고, 화사석은 별도로 마련하지 않고 모서리마다 원주형 기둥을 세워 옥개석을 받치도록 하였으며, 옥개석은 하부를 수평으로 치석하고 관통된 원공을 시공하였습니다. 이 석등은 전체적으로 보존 상태가 양호하며, 간주석과 화사석은 독특한 치석 수법을 보여주고 있어 주목됩니다.

* **여주 고달사지 쌍사자 석등(보물 제282호)**
: 고달사 터에 세웠던 높이 2.43m의 석등으로, 현재는 국립중앙박물관에 보존되어 있습니다. 이 석등은 두 마리 사자가 화사석을 받치고 있는 매우 특이한 형태의 석등으로, 직사각형의 바닥돌 4면에 둥글넓적한 모양의 안상을 새기고, 아래 받침돌 대신 2마리의 사자를 앉혀 놓았습니다.

우리나라 쌍사자 석등의 사자는 서 있는 자세가 대부분인데, 이 석등은 웅크리고 앉은 모습이 특징적이며, 조각 수법 등으로 보아 고려 전기인 10세기경에 만들어진 것으로 추측되고 있습니다. 이 석등은 가운데 받침돌에 구름무늬를 돋을새김 하였고, 윗받침돌에는 연꽃을 새겼으며, 그 위에 놓인 화사석은 4면에 창을 뚫었습니다.

* **여주 신륵사 보제존자 석종 앞 석등(보물 제231호)** : 신륵사 서북쪽 언덕 위에 세워져 있는 높이 1.94m의 소형 8각 석등으로, 이 석등은 고려 우왕 5년(1379) 보제존자 석종 및 석비와 함께 세워진 것이고, 확실한 연대를 알 수 있는 귀중한 유물이며, 고려 후기의 대표적 양식을 보여주고 있습니다.

이 석등은 불을 밝혀두는 화사석을 중심으로, 아래에는 세부분으로 이루어진 받침을 두고, 위로는 지붕돌과 머리장식을 얹은 모습입니다. 받침에는 표면 전체에 꽃무늬를 가득 새겨 장식하고 있고, 화사석은 각 면에 무지개 모양의 창을 낸 후, 나머지 공간에 비천상과 이무기를 조각했으며, 지붕돌은 두꺼우나 여덟 귀퉁이에서의 치켜 올림이 경쾌하여 무거운 느낌을 덜어줍니다.

조선 시대의 석등

조선 시대의 석등은 모두 4각형 평면이 기본 형식이고, 간주는 우리나라 석등 형태의 특징이라고 할 수 있는, 길고 가는 형태 대신에 짧고 두툼한 형태로 변하였습니다. 이러한 변화 과정은 위에서 언급한 바와 같이 이미 고려 말 만들어진 신륵사 보제존자 석종 앞 석등(보물 제231호)에서 나타나고 있습니다.

이 석등의 간주 형태는 전체적으로 위축 퇴화되고 화사석은 장대하여졌으며, 전면에는 장식성이 농후해졌는데, 특히 이러한 대석의 형태는 조선 시대의 장명등(능묘 앞에 설치하는 석등)으로 옮아가는 과도기적인 현상으로 보아야 할 것입니다.

즉, 하대는 복련을 두르고, 간주는 넓고 얇아지며 8면의 모서리마다 연주문을 우주로 새겼고, 또, 각 면에는 안상을 오목새김하고, 상대에는 앙련을 조각하였는데, 이러한 모든 기단부의 형상은 바로 조선 시대의 장명등에서 흔히 볼 수 있는 형식입니다.

또한 사자 석등은 조선 시대에도 계속 이어졌는데, 양주 회암사지 무학대사탑 앞 쌍사자 석등(보물 제389)에는 두 마리의 사자가 있으나, 충주 청룡사 보각국사탑 앞 사자 석등(보물 제656호)에서는 한 마리의 사자가 엎드려 있고, 그 등 위에 간주를 놓고 있습니다.

이것은 사자 석등임은 분명하나 시대가 내려옴에 따라 약식화된 형태라고 할 수 있습니다.

* 양주 회암사지 무학대사탑 앞 쌍사자 석등(보물 제389) : 회암사지 무학대사탑 앞에 세워진 높이 2.5m 크기의 조선 시대 석등으로, 바닥돌과 아래 받침돌은 하나로 붙여서 만들었으며, 그 위의 중간 받침돌은 쌍사자를 두어 신라 이래의 형식을 따르고 있습니다. 쌍사자는 가슴과 배가 서로 붙어 입체감이 없고, 엉덩이가 밑에 닿아 부자연스럽습니다. 윗받침돌에는 8개의 연꽃모양을 새겼고, 불을 밝혀두는 곳인 화사석은 2개의 석재를 좌·우에 놓아 그 간격으로 생긴 2개의 공간이 창의 구실을 하고 있습니다. 지붕돌은 두껍고, 처마 밑이 반원 모양으로 들려 있으며, 지붕돌 꼭대기에는 둥근 돌 위로 보주가 올려져 있습니다.

* 충주 청룡사 보각국사탑 앞 사자 석등(보물 제656호) : 보각국사의 명복을 빌어 주기 위해 그의 사리탑 앞에 세워진 석등으로, 불을 밝혀두는 화사석을 중심으로, 아래에는 이를 받쳐주는 3단의 받침을 두고, 위로는 지붕돌과 머리 장식을 얹었습니다. 3단의 받침 가운데 아래 받침돌은 앞을 향해 엎드려 있는 사자를 조각하였는데, 이 때문에 사자 석등이라 부릅니다.

사자의 등에 얹어진 가운데 받침은 기둥 모양으로 4각의 낮은 돌을 두었고, 화사석은 4각으로, 네 모서리를 둥근 기둥처럼 조각하였으며, 앞뒤로 2개의 창을 내었습니다. 지붕돌은 네 귀퉁이마다 자그마한 꽃을 돌출되게 조각해 놓았습니다. 이 석등은 1392년 12월경 부도와 함께 치석 건립된 것으로 보이며, 석등의 구체적인 건립 시기를 알 수 있어 편년 기준 석탑이라는 점에 의의가 있습니다.

 # 당간지주

당간지주의 정의

　당간지주란 당(불화를 그린 기)을 걸었던 장대, 즉 당간을 지탱하기 위하여 당간의 좌측과 우측에 세우는 기둥을 말합니다. 당간지주는 돌로 만드는 것이 보통이나 철제·금동제·목제인 경우도 있습니다. 절에 행사가 있을 때 절의 입구에는 당(幢)이라는 깃발을 달아두는데, 이 깃발을 달아두는 장대를 당간(幢竿)이라 하며, 장대를 양쪽에서 지탱해 주는 두 돌기둥을 당간지주라 합니다. 이러한 당간지주는 통일 신라 시대부터 당을 세우기 위하여 사찰 앞에 설치되었던 건조물이면서, 한편으로는 사찰이라는 신성한 영역을 표시하는 구실을 하였던 것으로 생각되며, 이러한 관점에서 볼 때 당간지주는 선사 시대의 '솟대'와도 맥을 같이 한다고 볼 수 있습니다.

당간지주의 형식

　당간지주의 기본 형식은 두 기둥을 60~100cm의 간격으로 양쪽에 세우고 그 안쪽 면에 상대하여 간(杆)을 설치하기 위한 간구(杆溝)나 간공(杆孔)을 마련하고, 아래에는 간대(竿臺)나 기단부를 시설하는 것입니다. 당간지주를 간구 또는 간공의 위치 및 형태·외형·장식 등에 의하여 분류하여보면 다음과 같이 몇 가지 형식으로 나누어 볼 수 있습니다.

첫째, 간구·간공의 위치나 형태에 따라 구분하면 원형 또는 방형의 간공이 세 군데 관통되어 있는 것, 윗부분에만 간구가 있는 것, 윗부분에는 간구가 있고 그 아래로 2개의 관통된 간공이 있는 것, 윗부분에 간구가 있고 그 아래로 방형의 작은 간공이 1개 또는 2개 있는 것 등이 있습니다.

둘째, 외형에 따라 분류하면 一자형, 기둥의 바깥면 중간에 한 단의 굴곡을 주어 상·하부로 나눈 것, 기둥 바깥면의 두 곳에 굴곡을 주어 허리가 잘록하게 보이도록 한 것, 그 밖의 특수한 형태 등으로 나누어집니다.

셋째, 기둥에 새겨진 장식에 따라 구분하면 바깥면 모서리에 모죽임만 있는 것, 선문(線文) 또는 돌대(돋을띠무늬)로 장식한 것, 선문이나 돌대로 장식하고 그중 꼭대기의 사분원에 한 단의 굴곡을 둔 것, 그 밖의 특수한 모양을 가진 것 등이 있습니다. 이러한 당간지주의 형태는 시대가 흐름에도 큰 변화가 없고, 다만 각 면에 장식된 무늬와 기둥의 돌다듬기 수법만이 시대적인 차이를 보이고 있는 정도입니다.

〈당간과 당간지주의 명칭〉

우리나라의 당간지주

통일 신라 시대의 당간지주

우리나라에서 현재까지 알려진 당간지주들은 모두 통일 신라 시대 이후의 것이며, 그 이전에 조성된 예는 남아 있지 않습니다. 통일 신라 시대의 예로는 강릉 굴산사지 당간지주(보물 제86호), 영주 부석사 당간지주(보물 제255호), 영주 숙수사지 당간지주(보물 제59호)를 비롯하여, 기단부까지 완전하게 남아 있는 김제 금산사 당간지주(보물 제28호) 등으로, 각 부에서 세련되고 시원한 느낌을 주는 것이 특징입니다. 특히, 827년(선덕왕 10)이라는 제작 연대를 밝힌 명문이 새겨져 있는 안양 중초사지 당간지주(보물 제4호)는 다른 당간지주의 편년을 고찰할 수 있는 기준 자료가 되고 있습니다.

* **강릉 굴산사지 당간지주(보물 제86호)** : 신라 문성왕 9년(847)에 범일국사가 창건한 굴산사의 옛터에 있는 우리나라에서 가장 규모가 큰 당간지주로, 높이가 5.4m이며, 현재 밑부분이 묻혀 있어 지주 사이의 깃대받침이나 기단 등의 구조는 정확히 확인할 수가 없습니다.

두 지주의 4면은 아무런 조각이 없고, 깃대를 고정시켰던 구멍은 상·하 두 군데에 있으며, 정상은 끝이 뾰족한 형상입니다.

이 당간지주는 전반적으로 소박하나 규모가 거대하여 웅장한 조형미를 보여주고 있습니다.

* **영주 부석사 당간지주(보물 제255호)** : 부석사 입구에 1m 간격을 두고 마주 서 있는 통일 신라 전기에 세워진 당간지주로, 마주보는 안쪽 옆면과 바깥면에는 아무런 장식이 없고, 양쪽 모서리의 모를 둥글게 다듬었습니다. 기둥 윗부분은 원을 2겹으로 경사지게 조각하였고, 옆면 3줄의 세로줄이 새겨져 있으며, 기둥머리에는 깃대를 단단하게 고정시키기 위한 네모 모양의 홈이 파여 있습니다. 기둥 사이에는 한 돌로 된 정사각형의 받침 위에 원형을 돌출시켜 깃대를 세우기 위한 자리가 마련되어 있고, 이 주변에는 연꽃을 장식하고, 윗면 중앙에는 구멍을 뚫어 당간의 밑면을 받치고 있습니다.

* 영주 숙수사지 당간지주(보물 제59호) : 통일 신라 전기에 창건된 사찰인 숙수사지 입구에 세워진 당간지주로, 당간은 마주보는 면의 바깥면 중앙에 세로띠를 새기고, 꼭대기에서 1.17m 밑에서 부터 2.34m 까지 사이가 면이 쑥 들어가 있어서 마치 넓은 홈을 마련한 것처럼 보입니다. 네모난 기둥 끝으로 올라가면 약간 가늘어지고, 맨끝은 둥글게 경사지도록 하였으며, 꼭대기 끝 안쪽 면에는 홈을 파서 당간을 고정시키도록 하였습니다.

　이 당간지주는 전체적으로 소박하며, 돌을 다듬은 솜씨도 세련되어 보이는 통일 신라 시대의 작품입니다.

* 김제 금산사 당간지주(보물 제28호) : 금산사 경내에 있는 높이 3.5m의 당간지주로, 통일 신라 시대의 전성기라고 할 수 있는 8세기 후반에 세워진 것이며, 보양쪽 지주가 남북으로 마주보고 서 있습니다. 지주의 기단은 한 층인데, 잘 다듬은 6장의 길쭉한 돌로 바닥을 두고, 그 위를 두 장의 돌을 붙여서 마무리했습니다. 기단 위로는 당간을 세우는 받침을 지주 사이에 둥근 형태로 조각하였고, 받침 주변에는 괴임을 새겨두었을 뿐 별다른 꾸밈은 없습니다. 지주의 꼭대기 부분은 안쪽 면에서 바깥쪽 면으로 떨어지는 선을 둥글게 깎았고, 당간을 고정시키기 위한 구멍은 각각 지주의 위·중간·아래의 3곳에 뚫었습니다. 이 당간지주는 기단부와 당간 받침을 완전하게 갖추고 있는 작품으로, 지주의 면에 새겨진 조각수법이 훌륭하며, 우리나라 당간지주 중에서도 가장 완성된 형식을 갖추고 있습니다.

* **안양 중초사지 당간지주(보물 제4호)** : 안양 중초사지에 양 지주가 원래 모습대로 85 cm 간격을 두고 동서로 서 있는 당간지주로, 기단 위에 당간을 세우는 받침은 지주 사이에 돌을 마련하고 그 중심에 지름 36cm의 둥그런 구멍을 뚫어서 마련하였습니다. 양쪽 지주에 장식적인 꾸밈이 없으며, 윗부분을 둥글게 다듬은 흔적이 있어 시대가 오래된 것임을 알 수 있습니다. 이 당간지주는 서쪽 지주의 바깥쪽에 모두 6행 123자로 된 명문이 해서체로 쓰여 있는데, 이 글에 의하면 신라 흥덕왕 1년(826) 8월 6일에 돌을 골라서 827년 2월 30일에 건립이 끝났음을 알 수 있습니다. 당간지주에 문자를 새기는 것은 희귀한 예로, 이 당간지주는 만든 해를 뚜렷하게 알 수 있는 국내에서 유일한 당간지주입니다.

고려 시대의 당간지주

고려 시대의 당간지주는 통일 신라 시대와 같이 안쪽 면을 제외한 각 면에 종선문을 조식하고 주두도 원호를 이루었으며, 간대와 기단 등 각 부분을 갖추고 있습니다. 그러나 무늬가 형식화 또는 약화되어 정교하지 못하고 돌을 다듬는 수법도 고르지 않아 둔하고 무거운 느낌을 줍니다. 고려 시대의 대표적인 예로는 천안 천흥사지 당간지주(보물 제99호), 춘천 근화동 당간지주(보물 제76호), 홍천 희망리 당간지주(보물 제80호) 등을 들 수 있습니다.

* **천안 천흥사지 당간지주(보물 제99호)** : 고려 태조 4년(921)에 창건되었던 천흥사에 세워진 당간지주로, 동·서로 서 있는 두 지주는 60㎝의 간격을 두고 있으며, 2단의 기단 위에 세워졌습니다. 이 당간지주는 안쪽 면에 조각이 없으며, 상단 꼭대기 끝의 한 곳에만 깃대를 고정시키기 위한 네모난 구멍이 있습니다. 이 당간지주는 지주 각 부의 양식에서 통일 신라 시대의 형식을 지니고 있으나, 퇴화된 기법으로 만들어져 고려 시대의 작품으로 보입니다.

* **춘천 근화동 당간지주(보물 제76호)** : 춘천 시내에서 의암호를 따라 춘천역으로 돌아가는 도로 옆에 세워져 있는 당간지주로, 아무런 꾸밈새가 없는 간결한 형태이며, 마주 보고 있는 두 기둥 사이에는 2단으로 이루어진 당간의 받침돌이 놓여 있는데, 아랫단은 둥근 조각이 있고, 윗단은 16잎의 연꽃조각이 돌려져 있습니다. 기둥의 꼭대기는 반원형을 이루고 있고, 한 곳에만 깃대를 고정시켰던 홈의 흔적이 남아 있습니다. 이 당간지주는 돌을 다듬은 기법이나 연꽃잎을 새긴 수법으로 보아 고려 중기의 작품으로 추정되고 있습니다.

* 홍천 희망리 당간지주(보물 제80호) : 고려 중기에 세워진 당간지주로, 지주는 약 70㎝의 간격을 두고 마주 서 있으며, 특별한 장식이 없어 소박해 보입니다. 이 당간지주는 중간 아래로 내려오면서 조금 굵어졌고, 밑 부분에 이르러는 더욱 굵어진 모습을 하고 있으며, 깃대를 고정시켜주는 홈이 안쪽 윗부분에 파여져 있습니다.

조선 시대의 당간지주

조선 시대에는 통일 신라나 고려 시대처럼 거대한 규모의 당간이나 지주가 조성되지는 않았습니다. 법주사의 당간과 같은 경우도 원래에 있었던 신라 시대의 지주에 당간만을 근년에 다시 만들어 세운 것입니다. 조선 시대 때는 대개 작고 낮으며 선문 등의 조식이 없는 지주에 목조의 당간을 세웠는데, 그나마 지금은 당시 중창한 여러 사찰에 그 흔적만 남아 있을 뿐입니다.

 # 불화

불화의 정의

불화는 불교의 종교적인 이념을 표현한 그림을 말합니다. '불교 회화'를 줄여서 부르는 용어로, 좁은 의미와 넓은 의미의 두 가지 개념이 있는데, 좁은 의미로는 존상화(尊像畵), 즉 절의 법당 같은 곳에 모셔 놓고 예배하기 위한 그림을 가리키며, 넓은 의미로는 불교도나 이교도를 교화하기 위한 여러 가지 그림이나 절을 장엄하게 하기 위한 단청(丹靑) 등 불교적인 목적을 지닌 일체의 그림을 가리킵니다.

불화의 기원

불화의 제작 시기에 대해서는 정확히 알 수 없으나, 원시 불교 사찰의 하나인 기원정사에 그림을 그려 넣었다는 기록이 전해지는 것으로 미루어 보아 불교 도입 초기부터 제작되었음을 알 수 있습니다. 그러나 당시의 불화는 부처의 전생을 기록한 본생담이나 불전도 등이 주류를 이루었으며, 본격적으로 불화라 부를 만한 그림이 제작된 것은 기원전 2~3세기 인도에서부터였을 것으로 추측됩니다. 지금까지 알려진 최초의 불화는 인도 아잔타 석굴의 벽에 그려진 불화들인데, 이 불화들은 서기전 2세기경의 작품들이어서 부처 당시 또는 초기 불교의 불화들은 알 수 없는 형편입니다. 우리나라의 불화는 4세기 불교가 전파되었을 때 함께 전래되었을 것으로 보고 있으며, 삼국사기 열전 중 신라의 화가 솔거가 황룡사의 벽에 노송을 그렸다는 기록이 있습니다.

불화의 종류

영산회상도

영산회상도는 ≪법화경≫의 변상을 압축, 묘사한 그림으로, 이 불화는 대웅전의 석가후불화로 봉안되거나 영산회상도를 봉안하기 위하여 특별히 지은 영산전의 후불화로 모셔집니다.

* 하동 쌍계사 팔상전 영산회상도(보물 제925호) : 석가가 영취산에서 설법한 내용을 묘사한 영산회상도로, 크기는 길이 410㎝, 폭 273㎝이며, 석가불을 중심으로 사천왕상, 여러 보살, 제자 등의 무리가 석가불을 에워싸고 있는 모습입니다. 이 불화의 색채는 밝고 부드러운 중간색을 주로 사용하였고, 17세기 중반의 불화 특징을 잘 보여주는 우수한 작품입니다.

팔상도

팔상도는 부처의 전기를 회화로 표현한 것으로, 초기에는 보통 부처의 생애를 네 장면으로 압축, 묘사하였으나 대승 불교에서는 여덟 장면으로 묘사하였습니다. 우리나라의 팔상도는 통도사 영산전 팔상도(보물 제1041호), 운흥사 팔상도, 개심사 팔상도 등이 대표적인 작품들입니다.

* **양산 통도사 영산전 팔상도(보물 제1041호)** : 부처가 태어나 도를 닦고 열반에 이르기까지의 일생을 8부분으로 나누어 그린 팔상도로, 크기는 가로 151㎝, 세로 233.5㎝이며, 비단에 채색하여 그린 이 팔상도는 모두 8폭으로 액자에 끼워 벽에 붙여 놓아 보관하고 있습니다. 이 팔상도는 조선 영조 51년(1775)에 여러 화가에 의해 그려졌는데, 보존상태가 양호하고 제작 연대도 확실하여 조선 시대 불교 회화 연구에 귀중한 자료가 되고 있으며, 좌측 벽면에 법화경 견보탑품도와 협시 청중도(보물 제 1711호) 등이 있습니다.

법화경 견보탑품도 (보물 제 1711호)

협시 청중도 (보물 제 1711호)

비로자나불화

비로자나불화는 비로자나불을 모신 대적광전이나 비로전·문수전·화엄전 같은 곳에 모셔지는 불화로, 이 불화는 석가불화 만큼이나 많이 조성되었습니다.

* 경주 기림사 비로자나삼불회도(보물 제1611호) : 기림사 대적광전의 후불탱화로 봉안되어 있는 불화로, 중앙에 있는 비로자나불회도를 중심으로 하여 왼쪽에 약사불회도, 오른쪽에 아미타불회도가 배치되어 있습니다.

문화재청

아미타불화

아미타불화는 극락전의 아미타 불상 뒤에 모시는 불화로, 아미타불이 서방 정토에서 무량한 설법을 하고 있는 장면을 묘사하였습니다.

* 강진 무위사 극락전 아미타여래삼존벽화(국보 제313호) : 강진 무위사 극락보전 후불벽 앞면에 그려져 있는 조선 시대 초기의 아미타삼존불벽화로, 앉은 모습의 아미타불을 중심으로 왼쪽에 관음보살이, 오른쪽에는 지장보살이 서 있는 구도를 취하고 있습니다. 화면의 맨 위부분에는 구름을 배경으로 좌우에 각각 3인씩 6인의 나한상을 배치하였고, 그 위에는 작은 화불이 2구씩이 그려져 있습니다.

조선 성종 7년(1476)에 화원 대선사 해련에 의해 조성된 것으로 추정되는 이 벽화는 온화한 색채나 신체의 표현 등 고려 시대의 특징적 요소를 가지고 있으면서도 간결한 무늬나 본존불과 같은 크기의 기타 인물 표현 등 조선 초기 불화의 새로운 특징들이 잘 나타나 있어 조선 초기 불화 연구에 귀중한 불화입니다.

관음보살화

관음보살화는 원통전의 후불화 또는 극락전에 모셔진 불화로, 관음 신앙의 성행에 따라 많이 조성되었습니다.

* 흥국사 수월관음도(보물 제1332호) : 18세기 최고 화승으로 꼽히던 의겸 스님이 그린 불화로, 짜임새 있는 구도, 섬세한 필치, 조화로운 색채 등 조선 후기를 대표하는 작품으로 평가되고 있습니다. 이 불화는 조선 시대 관음도의 전형적인 모습을 잘 따르고 있는 관음도로, 안정된 구도에 적·녹·청색의 조화로운 배색으로 인해 화려함과 따뜻한 느낌을 줍니다.

문화재청

나한도

나한도는 부처의 16제자를 그린 불화로, 응진전에 봉안되며, 나한도의 배치는 본존불을 중심으로 좌우 6인씩으로 합니다.

* **여수 흥국사 16 나한도(보물 제1333호)** : 불화에 수묵화 기법을 도입한 의겸 스님의 화풍을 잘 보여주는 16 나한도로, 이후 조선 후기 16 나한도의 본보기가 되었다는 점에서 소중한 작품으로 평가되고 있습니다.

이 불화는 여섯 폭 모두 황토색 바탕에 인물과 함께 명암 처리가 두드러진 바위와 고목을 자연스럽게 배치하고 부드러운 중간색을 많이 사용함으로써 전반적으로 차분한 느낌을 줍니다.

문화재청

조사도

조사도는 고승들의 초상화를 일컫는 불화로, 영정 또는 진영이라고도 부르며, 우리나라에서는 신라 시대부터 이런 그림이 성행하였습니다.

* 순천 선암사 33 조사도(보물 제1554호) : 『조당집』에 근거하여 가섭존자부터 중국의 육조 혜능 스님까지 33명의 조사를 11폭으로 나누어 그린 선종 33 조사도로, 우리나라에 유일하게 남아 있는 33 조사도입니다.

이 불화는 1753년에 은기를 비롯한 5명의 승려 화원이 그린 것으로, 18세기 중반 불화 속에 수묵기법을 적극적으로 도입하였던 의겸의 화풍을 계승하고 있습니다.

현존하는 유일한 33 선종 조사도라는 희귀성과 함께 도상의 구성 방식과 수려한 필치 등에서 우수함을 잘 보여주고 있습니다.

문화재청

칠성탱화

북두칠성은 별 중에 가장 널리 알려진 별로, 그의 특이한 별자리는 방향을 가리켜주는 길잡이로 각광을 받았고, 이러한 민간 전래의 칠성 신앙을 불교에서는 일찍부터 흡수였습니다. 칠성불은 인간의 수명도 관장하고 있어 중생을 불쌍히 여기는 까닭에 항상 기도하는 자들을 위하여, 그 수명을 길게 하여 준다고 알려져 있습니다. 그리하여 칠성은 신에서 불(佛)로 승격하게 되었고, 별마다 'ㅇㅇ여래불'이라는 이름을 붙여 칠성각에서 예배하게 되었습니다. 칠성각의 중앙에는 칠성을 대표하는 치성광삼존(熾盛光三尊) 그림이 있고, 그 좌우로 칠성 그림을 배치합니다.

* **공주 영은사 칠성탱화(충청남도 문화재자료 제377호)** : 치성광불인 칠성불을 그림으로 표현한 탱화로, 19세기 후반 충청도 지역을 중심으로 크게 활약하였던 약효 스님이 고종 25년(1888)에 으뜸화원을 맡아 「공주 영은사 아미타후불탱화」와 함께 조성하였습니다. 이 불화는 두 손으로 해와 달을 상징하는 공 모양의 지물을 들고 있는 일광보살·월광보살을 협시로 한 치성광삼존불을 중심으로, 하단부에는 자미대제와 군자 모습의 칠원성군을 배치하였고, 중단부에는 북두칠성을 나타내는 칠성불이 배치되어 있으며, 상단부에는 과일 등 공양물을 받쳐 든 동자를 그려 넣었습니다.

산신도

호랑이에 대한 신앙은 칠성 신앙처럼 일찍부터 민간인들에게서 산신령으로 존중되어 오던 것을 불교에서 수용한 것으로, 절에서는 산신각을 지어 산신도를 그려 봉안하고 신앙하게 되었습니다.

산신 그림은 호랑이의 변신인 신선을 큼직하게 그리고, 진짜 호랑이는 신선 앞에 정답게 그려 놓는 것이 보통입니다. 특히 산신도는 없는 절이 없을 정도로 작품도 많이 남아 있습니다.

* **울산 용화사 산신도(울산광역시 문화재자료 제19호)** : 용화사에 봉안된 가로 68.7cm, 세로 52.5cm의 규모로 비단위에 그려진 산신도입니다. 깊은 산골짜기를 먼 배경으로 화면 좌측에 약간 치우쳐 그려진 노인 모습의 산신이 있고, 손을 뻗어 호랑이의 머리를 쓰다듬고 있는데 부리부리한 매서운 눈과 흰 이빨을 드러내며 웅크리고 앉은 호랑이와 무표정하게 호랑이를 제압하는 산신 표정과는 서로 대조되고 있으며, 채색은 붉은 색과 녹색을 위주로 사용하였고, 흰색과 군청을 보조색으로 사용하였습니다.

문화재청

 # 범종

범종의 정의

범종은 일반적으로 동종(銅鐘)이라고도 하는데, 동종이란 사찰에서 사용하는 동(銅)으로 만든 범종으로, 대중을 모으거나 때를 알리기 위하여 울리는 종입니다.

범종은 법구사물(범종 · 목어 · 법고 · 운판) 중의 하나로, 중생을 제도하는 불구입니다. 이 범종은 다른 불구와 달리 그 규격이 크기 때문에 흔히 종루나 종각을 짓고 달아둡니다.

범종의 기원

범종의 기원에 대하여는 지금까지 일반적 통설로서 두 가지 설이 있는데, 하나는 중국 은(殷)나라 이후에 악기의 일종으로 사용되어 왔던 고동기(古銅器)의 종을 본떠 오늘날 불교사원에서 볼 수 있는 범종의 조형이 비롯되었다는 설이고, 또 하나는 고대 중국의 종이나 탁(鐸)을 혼합한 형식이 점점 발전되어 범종을 이루게 되었다는 설입니다.

이 두 가지 설에서 공통되는 것은 모두가 악기인 고동기의 일종인 종에서 시작되어 발전되었다고 보는 점입니다. 여기에서 말하는 종은 용종(甬鐘)을 의미하는데, 이 용종은 중국의 주대(周代)에 만들어져 성행하다가 주나라 말기인 전국 시대 이후부터 다른 예기(禮器)와 같이 그 모습을 찾아볼 수 없게 된 악기의 일종입니다.

이와 같은 용종을 모방하여 오늘날 우리나라의 종의 형태가 이루어졌다고 볼 수 있습니다.

범종의 세부 명칭

* 상대(견대) : 범종의 어깨 부분에 둘린 무늬 띠로, 신라 시대 범종들의 주된 문양 처리는 통계적으로 보아 반원권(半圓圈) 문양을 사용한 것이 가장 많습니다.

* 유곽 : 윗부분의 네 곳에 있는 네모난 테이며, 그 안에는 각각 9개의 볼록 솟아 있는 꼭지가 있는데, 이것이 마치 젖꼭지 같다고 하여 유두(乳頭)라고 합니다.

* 하대 : 아랫부분에 둘린 무늬 띠로, 성덕대왕신종 등 2·3구의 종에서는 보상당초문과 파상문(波狀文)을 사용한 것도 있으나, 대부분이 상대나 유곽의 문양과 같은 반원권 문양을 주된 문양으로 사용하고 있습니다.

* 비천상(飛天像) : 범종의 가운데에 새겨 놓은 상으로, 신라 시대의 범종에서 공통적으로 볼 수 있는 비천상은 구름 위에서 무릎을 꿇거나 세우고 앉거나, 또는 결가부좌한 자세로 천의(天衣)를 날리며 악기를 들고 주악하거나 또는 합장하면서 공양하는 상으로 일관되고 있습니다.

* 용뉴 : 범종의 가장 위쪽에 있는 용의 모습을 한 고리로, 이곳에 쇠줄을 연결하여 종을 매답니다.

* 용통(음통) : 범종을 걸 때 지주 역할을 하는 곳으로, 범종의 가장 위쪽에 있는 대나무 마디 모양의 소리 대롱입니다.

* 음관 : 용뉴 바로 옆에 붙어 있는 대나무 마디 모양의 소리 대롱입니다.

* 천판 : 용뉴·음관과 접촉하고 있는 범종의 머리 부분으로, 주로 연꽃잎이 새겨져 있습니다.

* 당좌 : 종을 치는 당목(撞木)이 닿는 곳으로, 일반적으로 2개의 원형 당좌를 종신에 배치하였는데, 이 당좌의 형태는 중심부에 자방을 갖춘 연화와 인동(忍冬) 연화가 있고, 그 주위를 세각(細刻)한 연주문대(連珠文帶)나 당초문으로 장식하였습니다.

당좌의 외곽은 굵은 연주문대로 선각(線刻)하여 더욱 화려한 느낌을 줍니다.

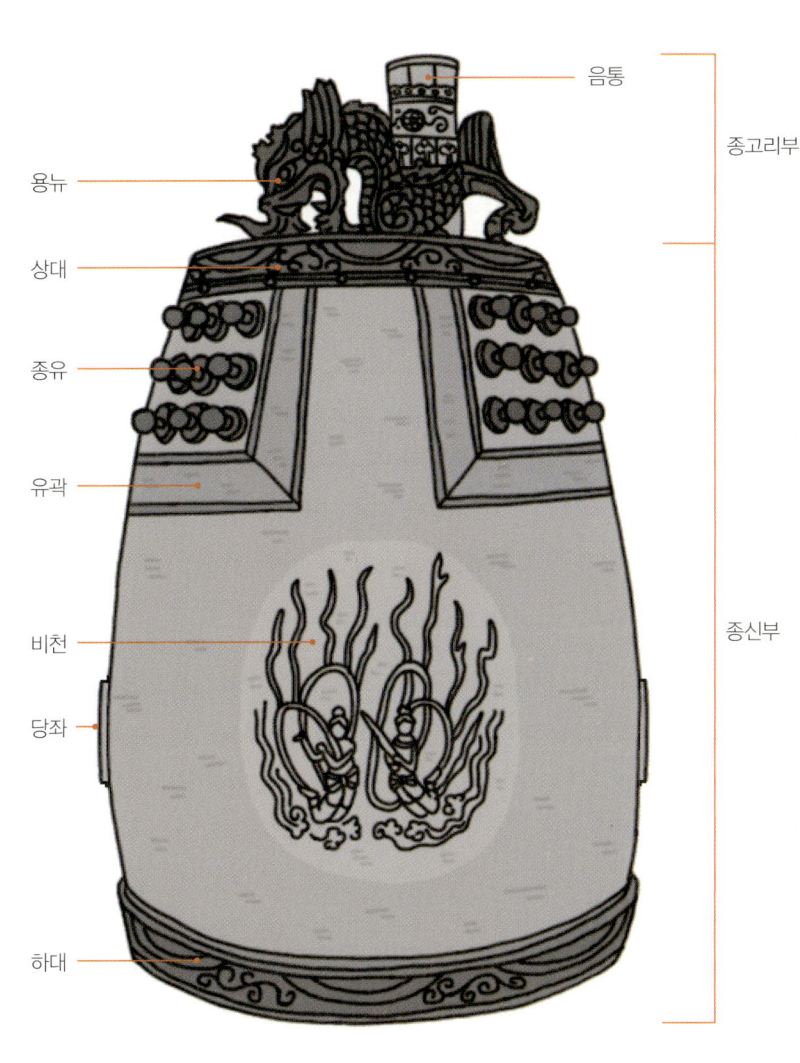

〈범종의 각부 명칭〉

우리나라의 범종

우리나라 범종의 전형적인 양식과 형태는 통일 신라 시대에 주조된 상원사 동종과 성덕대왕 신종에서 비롯되었으므로, 이후 고려 시대와 조선 시대 범종의 형태나 양식의 변천을 살펴볼 때는 이들을 기준으로 합니다. 즉, 우리나라 범종의 전형으로 대표가 되고 기본적인 양식을 갖춘 범종은 역시 신라 시대의 범종입니다.

신라 시대의 범종

신라 시대의 범종은 우리나라 범종의 대표적인 것으로, 중국이나 일본의 것에 비할 수 없는 독특한 형식을 갖추고 있습니다. 오늘날 남아 있는 신라 시대의 범종은 국내·외를 합쳐 10구를 넘지 못하고 있으며, 국내에 남아 있는 신라 시대의 범종은 상원사 동종, 성덕대왕 신종, 청주 운천동 출토 동종, 실상사 동종 등 4구인데, 실상사 동종은 파손되어 완전한 형태가 아니므로 완전한 형태를 갖춘 것은 3구에 불과한 실정입니다.

우리나라 범종의 대표가 되고 가장 기본적인 형태를 갖추고 있는 것으로는 상원사 동종(국보 제36호)과 성덕대왕 신종(국보 제29호)을 들 수 있습니다.

* **상원사동종(국보 제36호)** : 오대산 상원사에 있는 동종으로, 신라 성덕왕 24년(725)에 만들어졌고, 우리나라 종의 고유한 특색을 모두 갖추고 있는 대표적인 범종입니다. 이 동종은 경주 성덕대왕 신종(국보 제29호)과 더불어 우리나라에 남아있는 완전한 형태의 통일 신라 시대 범종 3구 중 하나이며, 크기는 높이 167cm, 입지름 91cm입니다.

이 종의 맨 위에는 큰 머리에 굳센 발톱의 용이 고리를 이루고 있고, 소리의 울림을 도와주는 음통이 연꽃과 덩굴무늬로 장식되어 있습니다.

종 몸체의 아래 위에 있는 넓은 띠와 사각형의 유곽은 구슬 장식으로 테두리를 하고 그 안쪽에 덩굴을 새긴 다음 드문드문 1~4구의 악기를 연주하는 주악상을 두었습니다. 네 곳의 유곽 안에는 연꽃 모양의 유두를 9개씩 두었고, 그 밑으로 마주보는 2곳에 구름 위에서 무릎 꿇고 하늘을 날며 악기를 연주하는 비천상을 새겼습니다. 비천상 사이에는 종을 치는 부분인 당좌를 구슬과 연꽃무늬로 장식하였습니다.

이 종은 조각 수법이 매우 뛰어나며, 종 몸체의 아래와 위의 끝부분이 안으로 좁혀지는 고풍스런 모습을 하고 있습니다.

오대산에 있는 상원사는 신라 성덕여왕 4년(705)에 자장율사가 월정사와 함께 창건한 사찰로, 우리나라 불교에서 중요한 위치를 차지하는 성지이며, 월정사에서 약 9km 위쪽에 위치하고 있습니다. 조선 시대 세조와의 인연이 깊어 문수보살을 친견하고 나서 등에 난 종기를 고친 후 조각하게 하였다는 문수 동자상과 문수보살이 등을 밀어줄 때 옷을 벗어 두었다는 관대걸이가 남아 있습니다. 상원사는 오대산 비로봉을 오르는 등산객이 쉬었다 가는 곳으로, 사람들의 발길이 요란하지만 울창한 전나무 숲을 등지고 서서 깊은 산속에 있는 선원으로서의 기품과 불교 성지로서의 명망은 그대로 유지되고 있으며, 여기에서 1.3km를 오르면 석가모니의 진신사리를 모신 적멸보궁이 있습니다.

* **성덕대왕 신종(국보 제29호)** : 우리나라에 남아있는 가장 큰 종으로, 높이 3.75m, 입지름 2.27m, 두께 11~25cm이며, 무게는 18.9톤입니다.

이 종은 처음에 봉덕사에 달았다고 해서 봉덕사종이라고도 하며, 아기를 시주하여 넣었다는 전설로 아기의 울음소리를 본 따서 '에밀레종'이라고도 합니다.

종이 맨 위에는 소리의 울림을 도와주는 음통(音筒)이 있는데, 이것은 우리나라 동종에서만 찾아볼 수 있는 독특한 구조이며, 종을 매다는 고리 역할을 하는 용뉴는 용머리 모양으로 조각되어 있습니다.

종 몸체에는 상하에 넓은 띠를 둘러 그 안에 꽃무늬를 새겨 넣었고, 종의 어깨 밑으로는 4곳에 연꽃 모양으로 돌출된 9개의 유두를 사각형의 유곽이 둘러싸고 있고, 유곽 아래로 2쌍의 비천상이 있으며, 그 사이에는 종을 치는 부분인 당좌가 연꽃 모양으로 마련되어 있습니다.

이 동종은 통일 신라 예술이 각 분야에 걸쳐 전성기를 이룰 때 만들어진 종으로, 화려한 문양과 조각수법은 시대를 대표할 만하고, 또한, 몸통에 남아있는 1,000여자의 명문은 문장뿐 아니라 새긴 수법도 뛰어나, 1,300여년이 지난 지금까지도 손상되지 않고 전해오고 있습니다.

◈ **성덕대왕 신종의 전설** ◈

성덕대왕신종이 에밀레종이라는 별칭을 얻게 된 것은 그 여운의 소리가 '에밀레' 같고, 그 뜻은 "에밀레라" 즉 "에미 탓으로"와 같기 때문이라고 합니다. 전설에 의하면, 경덕왕이 대종을 만들기 위한 성금을 모으기 위하여 전국에 시주 중을 내보냈을 때 어느 민가의 아낙네가 어린 아이를 안고 희롱조로 "우리 집엔 시주할 것이라고는 이 애밖에 없는데요."라며 스님을 놀렸다고 합니다. 당시 종 만드는 일에 계속 실패를 거듭하자, 일관 스님이 점을 쳐서 이것은 부정을 탄 것이니 부정을 씻는 희생이 있어야 한다는 것이었습니다. 그리하여 여러 갈래로 그 부정의 원인을 알아본 결과 그 아낙네 탓으로 단정되었고, 결국 그 아이가 희생이 되어 "에밀레"로 되었다는 것입니다.

고려 시대의 범종

고려 시대의 범종은 신라의 경우와 달리 국외로 유출된 것도 많지만 국내에 보존되어 있는 것도 상당히 많은 편인데, 고려 전기에 속하는 대표적인 범종으로 성거산 천흥사명 동종(국보 제280호), 청녕4년명 동종(보물 1166호), 용주사 동종(국보 제120호)의 3구를 들 수 있습니다. 고려 후기에 속하는 범종으로는 정풍2년명 동종, 내소사 동종(보물 제277호), 탑산사명 동종(보물 제88호), 죽장사기축명 동종 등이 있으며, 이들 4구의 동종은 역시 상대 위에 산형(山形)의 입상화문이 돌려져 있어 고려 후기 범종의 특징적인 면을 잘 나타내고 있습니다.

* 성거산 천흥사명 동종(국보 제280호) : 국립중앙박물관에 소장되어 있는 고려 시대 초기의 대표적인 큰 종의 하나로, 1969년 7월 이전에는 옛 덕수궁 미술관의 소장품이었던 범종입니다. 현재 국내에 남아있는 고려 시대 종 가운데 가장 커다란 종으로, 크기는 종 높이 1.33m, 종 입구 0.96m입니다. 이 동종 위에는 종의 고리 역할을 하는 용뉴가 여

의주를 물고 있는 용의 모습으로 표현되었는데, 신라 동종의 용보다 고개를 쳐들어 올린 모습을 하고 있습니다. 용통은 대나무 모양이고, 천판 가장자리에는 연꽃무늬를 돌렸으며, 몸체의 아래와 위에는 구슬무늬로 테두리를 한 너비 10㎝ 정도의 띠를 두르고, 꽃과 덩굴로 안을 채워 넣었습니다. 아래로는 4곳에 사각형의 유곽을 만들고 그 안에 가운데가 도드라진 9개의 연꽃을 새겼고, 유곽 아래에는 종을 치는 부분인 당좌를 원형으로 2곳에 두었습니다. 당좌 사이에는 2구의 비천상을 두었는데, 1구씩 대각선상에 배치하여 신라 범종과는 다른 모습을 하고 있습니다. 유곽 바로 아래에는 위패형의 틀을 설치하고 그 속에 글을 새겨, 고려 현종 원년(1010)에 주조되고 성거산에 위치한 천흥사에 있던 종임을 알 수 있게 해주고 있습니다.

* **청녕4년명 동종(보물 1166호)** : 경기도 여주군 금사면 상동리에서 출토된 고려 중기의 범종으로, 높이 83.2㎝, 입지름 53.5㎝입니다. 용통은 6단으로 구획되어 보상당초문을 조각하였고, 용뉴는 입안에 커다란 여의주를 물고 머리 위에 쌍각이 달려 있는 용의 목 부분을 S자형으로 구부려 고리를 만들었습니다. 몸체에는 4개소의 유곽 밑에 각기 1구씩 비천상을 작게 배치하여 주위 여백을 많이 남기고 있으며, 비천상의 2구는 보관을 쓴 보살상이고, 2구는 여래상인데 각기 서로 대칭적으로 마주 대하고 있습니다.

비천상과 교차되는 네 곳에 당좌가 배치되었는데, 당좌는 자방이 있는 중판의 16엽 연화로서 둘레에 연주문이 장식되어 있습니다. 이 동종은 종신에 새겨진 명문의 내용으로 보아 문종 12년(1058)에 주조된 것임을 알 수 있습니다.

* **화성 용주사 동종(국보 제120호)** : 신라 범종 양식을 보이는 고려 시대 초기에 만들어진 거대한 범종으로, 높이 1.44m, 입지름 0.87m, 무게 1.5톤입니다. 종 맨 위에는 소리의 울림을 도와주는 용통이 있고, 고리 역할을 하는 용뉴는 용이 여의주를 물고 두 발로 힘차게 몸을 들어 올리는 형상을 하고 있습니다. 4곳의 유곽 안에는 9개의 돌출된 연꽃 모양의 유두가 있었는데, 현재 남아 있는 것은 1곳뿐입니다.

종의 몸체 앞뒤에는 비천상을, 좌우에는 삼존상을 조각하였고, 4곳에는 종을 치는 부분인 당좌를 두었는데, 비천상과 삼존상은 모두 구름을 타고 하늘을 나는 모습으로 옷자락이 가볍게 날리고 있습니다.

종 입구 부분의 넓은 띠는 구슬무늬로 테두리를 하고 어깨띠와는 다르게 덩굴무늬를 두고 있어 이 종의 특징이 되고 있습니다. 이 동종은 용통에 약간 금이 가고 유두가 부서진 것 외에는 보존 상태가 양호하며, 조각한 수법이 뛰어나 고려 종의 걸작 중 하나로 손꼽히고 있습니다.

* **부안 내소사 동종(보물 제277호)** : 우리나라 범종의 전통을 잘 계승한 종으로, 그 표현이 정교하고 사실적이어서 고려 시대 후기의 걸작품으로 손꼽히고 있습니다.

종의 규모는 높이 103㎝, 입지름 67㎝입니다. 종의 아랫부분과 윗부분에는 덩굴무늬 띠를 둘렀고, 어깨부분에는 꽃무늬 장식을 하였으며, 종의 어깨 밑에는 사각형의 유곽이 4개 있고, 그 안에는 9개의 돌출된 유두가 있습니다.

종을 치는 부분인 당좌는 연꽃으로 장식했고, 종의 몸통에는 구름 위에 삼존상이 새겨져 있는데, 이 중 가운데 본존불은 활짝 핀 연꽃 위에 앉아 있고, 좌·우 양쪽에 협시불이 서 있습니다.

동종 정상부에는 소리의 울림을 돕는 음통과 큰 용머리를 가진 용뉴가 있습니다.

이 종은 고려 고종 9년(1222)에 청림사 종으로 만들었으나, 조선 철종 원년(1850)에 내소사로 옮겨졌습니다.

* **탑산사명 동종(보물 제88호)** : 고려 시대 후기에 만들어진 높이 79㎝, 입지름 43㎝의 동종으로, 이 범종은 신라 형식을 계승하면서 고려 시대에 새로 나타난 특징들을 잘 보여주고 있습니다.

동종 꼭대기에는 소리의 울림을 도와주는 용통이 있고, 용뉴에는 여의주를 물고 있는 용이 사실적으로 표현되었습니다. 어깨부분에는 연꽃으로 띠를 둘렀고, 그 아래는 덩굴무늬를 새겼으며, 사각형의 유곽 안에는 가운데가 돌출된 연꽃을 9개 두었는데, 이것은 신라 때의 유두보다 훨씬 납작해진 모습을 하고 있습니다.

이 종의 전체 형태는 상원사 동종을 연상시킬 만큼 아름다운 선을 갖고 있으며, 각종 조각 수법이 빼어나 고려 시대 범종 중 걸작품으로 손꼽히고 있습니다.

조선 시대의 범종

조선 시대의 범종은 임진왜란(1592)을 중심으로 하여 전기와 후기로 나누어 볼 수 있는데, 전기는 고려 시대의 여운을 엿볼 수 있는 시기로, 고려적인 조성 양식과 수법을 다소나마 간직한 작품들이 출현하여, 오늘날 실제로 그 유례를 보이고 있습니다.

그러나 임진왜란 이후인 후기에는 고려의 여운은 전혀 찾아볼 수 없고, 도리어 전란 때문에 오랜 전통이 단절되어 조형미술 전반에 걸쳐 새로운 방향을 찾게 되었습니다.

오늘날 남아 있는 조선 전기의 범종은 10여구에 불과한데, 이것은 임진왜란과 그 이후의 많은 전재(戰災), 또는 한말 일본인들의 약탈에 의한 결과로 생각됩니다. 대체적으로 조선 전기의 범종들은 그 규모가 거대한데, 이것은 당시 불교를 보호한 왕실과의 관계에서 주성(鑄成)되었기 때문이며, 이 시기의 대표적인 범종으로는 흥천사명 동종(보물 제1460호), 남양주 봉선사 동종(보물 제397호), 해인사 동종(보물 제1253호) 등이 있습니다.

이들 3구의 범종 가운데 해인사 동종을 제외한 2구는 모두 왕실과 관련된 주성의 배경을 가지고 있으며, 역시 높이가 1.5m에서 2.8m에 이르는 거대한 규모입니다. 조선 후기의 범종은 상당히 많은데, 이들 후기의 범종들은 대개 주성연기가 있어 절대 연대를 알 수 있습니다.

이 시기의 대표적인 범종으로는 보광사 숭정7년명 동종(경기도 유형문화재 제158호), 사인비구 제작 동종(보물 제11호), 범어사 동종(부산광역시 유형문화재 제90호) 등을 들 수 있습니다.

* **흥천사명 동종(보물 제1460호)** : 고려 말부터 수용된 중국 종적인 요소 가운데 우리나라 전통 범종에서 보였던 형식과 요소가 가미되어 새로운 조선 전기의 종으로 정착되는 과정을 잘 보여주는 범종으로, 이후 만들어지는 조선 전기 범종의 하나의 기준이 되는 작품이라는 점에서 다른 조선 전기 범종의 발전 과정을 보여주는 기념비적인 작품이라 할 수 있습니다.

이 종은 크기나 문양, 주조 기술의 탁월함 외에도 왕실에서 발원한 종이어서 각 분야의 관장(官匠)들이 대거 참여해 만들었습니다.

* **남양주 봉선사 동종(보물 제397호)** : 임진왜란 이전에 만든 것 중 몇 개 남지 않은 조선 전기의 동종으로, 종의 규모는 높이 238㎝, 입지름 168㎝, 두께 23㎝이며, 예종 원년(1469)에 왕실의 명령에 따라 만들었습니다. 이 종의 꼭대기에는 용통이 없고, 두 마리 용이 서로 등지고 종의 고리 구실을 하는 전형적인 조선 범종의 모습을 하고 있으며, 종의 어깨에는 이중의 가로줄을 돌려 몸통 부분과 구분 짓고 있습니다. 종 가운데는 굵고 가는 3중의 가로줄을 그어 몸통 부분을 상·하로 나누고 있고, 줄 윗부분에는 사각형의 유곽과 보살을 교대로 배치하였으며, 아랫부분에는 강희맹이 짓고 정난종이 글씨를 쓴 장문이 새겨져 있습니다. 이 동종은 고려 시대에 비해 종 입구가 넓어진 형태, 몸통에 있는 가로 띠, 조각수법 등은 조선 시대에 나타난 새로운 양상으로, 그 특징들이 잘 나타나 있는 의미 있는 범종입니다.

* 합천 해인사 동종(보물 제1253호) : 합천 해인사의 대적광전 안에 있는 조선 전기에 만들어진 동종으로, 종의 규모는 높이 85cm, 입지름 58cm, 두께 6cm입니다. 이 동종은 조선 성종 22년(1491)에 해인사 대적광전의 종으로 주조되었습니다.

　이 종은 꼭대기에는 사실적이고 생동감 넘치는 두 마리의 용이 종을 매다는 고리인 용뉴 역할을 하고 있고, 어깨 부분에는 연꽃을 새겼으며, 밑으로는 돌출된 9개의 유두가 사각형 모양의 유곽 안에 있습니다.

　유곽 사이사이에는 보살상이 있고, 종 중앙에는 3줄의 굵은 가로줄을 돌리고 그 위쪽에는 꽃무늬를, 아래로는 용무늬를 새겨 종 전체가 무늬로 가득 차 매우 화사한 느낌을 주고 있습니다.

　이 동종은 용뉴의 힘찬 형상과 종신에 새겨진 정교하고 다양한 무늬들을 통해 심혈을 기울여 정성껏 제작한 것임을 알 수 있고, 조선 초기의 양식적 특징을 잘 보여주고 있을 뿐만 아니라, 주조 솜씨가 우수하고 조각이 아름다운 매우 뛰어난 동종으로, 우리나라 조선 시대 범종의 변천 과정과 양식 연구에 귀중한 자료가 되고 있습니다.

* **파주 보광사 숭정7년명 동종(경기도 유형문화재 제158호)** : 조선 시대 인조 12년 (1634)에 설봉자가 만든 동종으로, 보광사 범종각에 있으며, 종의 규모는 높이 98.5cm의 중형 범종입니다.

　이 동종은 전체적으로 푸른 녹이 감돌며, 볼륨감과 안정감이 있는 조선 후기 범종으로, 둥근 형태의 머리 위에는 2마리의 용이 있어 종을 매다는 고리 역할을 하고, 어깨 부위에는 꽃무늬로 장식하였으며, 몸통은 띠를 둘러 구획을 나누었습니다. 위쪽에는 사각형의 4개와 유곽과 4구의 보살입상이 교대로 배치되었고, 아래쪽에는 발톱이 5개인 용과 만든 시기를 알려주는 글이 양각되어 있습니다.

　이 동종은 종의 입구로부터 조금 위쪽에는 파도 무늬와 용으로 된 문양을 두었습니다.

* **사인비구 제작 동종(보물 제11호)** : 조선 숙종 때 경기도와 경상도 지역에서 활동한 승려인 사인비구에 의해서 만들어진 조선시대의 동종입니다.

사인비구는 18세기 뛰어난 승려이자 장인으로 전통적인 신라 종의 제조기법에 독창성을 합친 종을 만들었는데, 현재 그의 작품 8구가 서로 다른 특징을 보이며 전해지고 있습니다.

'포항 보경사의 서운암 동종'은 크기는 작지만 그의 초기 작품 세계를 엿볼 수 있는데, 종 몸통에 보살상이나 명문이 아닌 부처님 말씀을 새겨 둔 것이 특징이며, '양산 통도사 동종'은 8괘를 문양으로 새기고 유곽 안에 보통 9개씩의 유두를 새기나 단 한 개만을 중앙에 새겨 넣었습니다.

'안성 청룡사 동종'은 가장 전통적인 신라 범종의 형태를 갖추고 있고, '강화 동종'은 조선의 종 모습을 보여주고 있습니다.

'서울 화계사 동종'과 '의왕 청계산 동종'은 종을 매다는 용뉴 부분에 두 마리 용을 조각해 놓았고, '문경 김룡사 동종'과 '홍천 수타사 동종'은 종을 치는 부분인 당좌를 그만의 독특한 모습으로 선보이고 있습니다.

이러한 그의 작품들은 우수성을 인정받아 8구 모두가 보물로 지정되었으며, 각기 독창성이 엿보이는 작품들로 동종을 연구하는데 중요한 자료가 되고 있습니다.

화계사 동종

의왕 청계사 동종

홍천 수타사 범종각

홍천 수타사 동종

* 범어사 동종(부산광역시 유형문화재 제90호) : 1728년에 제작되어 범어사 종루에 매달려 있는 동종으로, 이 동종의 규모는 높이 127cm, 지름 92.5cm입니다.

천판 정상부에 쌍룡의 용뉴가 조형되어 있고, 동체 윤곽선이 아래로 가면서 서서히 배가 부른 원만한 곡선미를 보여 주고 있으며, 종신에는 유곽, 보살상, 전패가 양각되어 있습니다.

이 범어사 동종은 현존하는 18세기 범종으로는 규모가 제법 큰 편에 속하는 것으로, 조선 후기 범종의 대표작이며, 조선 후기 동종 양식을 살펴볼 수 있는 귀중한 동종입니다.

사진 이수안

Chapter 3

궁궐 유산

궁궐의 정의

궁궐의 역사

조선 시대 여러 종류의 궁궐과 기능

궁궐의 업무 공간

궁궐 유산

궁궐의 정의

　궁궐은 임금과 그의 가족 및 그들의 생활을 돌보는 사람들이 사는 곳을 가리킵니다. 궁궐이란 용어는 원래 궁(宮)과 궐(闕)의 합성어로서, 궁이란 천자나 제왕, 왕족들이 살던 규모가 큰 건물을 일컫고, 궐은 본래 궁의 출입문 좌우에 설치하였던 망루를 지칭한 것으로, 제왕이 살고 있던 건축물이 병존하고 있어서 궁궐이라 일컫게 되었습니다.

　이러한 궁궐은 궁전·궁성·궁실 등으로도 불리며, 이들 용어는 넓은 의미로 볼 때 같은 뜻으로 해석되고 있습니다. 궁이란 한 마디로 왕이 일하고 생활하는 공간입니다. 우리는 흔히 '궁', '궁궐', '궁전'이라는 단어를 혼용하여 사용하지만 각각의 단어의 의미에는 미세한 차이가 있습니다. '궐'은 궁을 둘러싼 담, 문, 누각을 의미합니다.

　또 궁전의 '전'은 경복궁의 근정전이나 창덕궁의 인정전처럼 임금이나 그에 준하는 최고의 사람만이 거주할 수 있는 건물을 말합니다. 궁궐의 건물 가운데 가장 높은 건물에만 '전'이라는 글자를 붙일 수 있는데, 경복궁에서는 임금이 주무시는 건물을 '강녕전'이라 하고, 왕후가 주무시는 곳을 '교태전'이라고 합니다.

궁궐의 역사

조선 시대 이전의 궁궐 건축은 지상 건축 유구(遺構 ; 옛날 토목건축의 구조와 양식들을 알 수 있는 실마리가 되는 구조물)가 현존하지 않아 자세한 내용은 알 수 없으나, 문헌에 나타난 궁궐 건축의 관계 자료와 그들 유지(遺址 ; 예전에 건물 따위가 있었거나 사건이 일어나 역사적 자취가 남아 있는 자리)에서 밝혀진 조사 내용을 통해 당시의 궁궐 건축의 실상을 일부 알 수 있을 뿐입니다.

고구려 시대의 궁궐 건축

고구려 시대의 궁궐 건축은 만주 통구(通溝)의 국내성과 평양의 안학궁 유지에서 그 옛 모습을 찾아볼 수 있습니다. 그러나 국내성의 경우에는 일부 초석이나 기와조각만으로는 궁궐 건축 내용을 확실히 알 수 없고, 평양의 안학궁은 근년 발굴된 조사 내용으로 궁궐의 배치형식을 알 수 있습니다. 안학궁은 발굴 조사 결과 궁역 범위와 전당 및 회랑·문지(門址) 등의 배치형식이 밝혀졌으며, 건물 수도 52개소나 확인되었습니다. 안학궁은 평양 대성산 기슭에 위치한 궁궐로, 남북 및 동서 길이 약 620m의 방형 궁성을 돌리고, 그 안에 남북 방향의 3개 축(軸)을 기준으로 건물을 배치하였습니다.

백제의 궁궐 건축

백제 시대의 궁궐 건축은 《삼국사기》에 의하면 온조왕 15년 한성에 세웠던 신궁이 "검소하면서도 누추하지 않고, 화려하면서도 사치스럽지 않았다."는 기사로 미루어 초창기의 궁궐 건축은 소박하였음을 알 수 있습니다. 그러나 진사왕 7년에 궁전을 수리하고 연못을 파서 그 속에 산을 만들고 기이한 동물이나 새, 풀, 나무 등을 길렀다는 기록을 보면 그 당시 궁궐 건축의 화려함과 조경술의 수준을 알 수 있습니다. 웅진으로 수도를 옮긴 뒤 동성왕은 궁궐 동쪽에 임류각을 지었는데, 그 높이가 50여 척(尺)이었다고 하며, 연못을 파고 기이한 새들을 기르게 하므로, 신하들이 상소로 항의하였으나 왕은 회답하지 않고 오히려 궁문을 닫기까지 하였다는 것을 보면, 궁궐의 화려함과 사치스러움을 짐작할 수 있습니다. 또한 성왕 16년에는 사비(오늘날의 부여)로 수도를 옮기고, 도성 안에는 사비궁·망해궁·황화궁·태자궁 등이 있었다고 하나, 현재 그 실상은 알 수 없습니다. 그러나 ≪삼국사기≫에 따르면, 무왕 35년 궁궐 남쪽에 땅을 파고 20여리의 거리에서 물을 끌어들이고 연못 연안에는 나무를 심었으며, 못 안에는 섬을 만들었다고 하는데, 이런 기록들을 통하여 백제에도 고구려에 뒤떨어지지 않는 권위와 장엄함, 그리고 호사함을 갖춘 궁궐 건축이 있었음을 알 수 있습니다.

신라 시대의 궁궐 건축

신라 시대의 궁궐 건축은 박혁거세가 처음 왕위에 올랐을 때 궁궐을 남산 서쪽 기슭 고허촌에 만들고, 혁거세 21년에는 금성 안에 궁궐을 지었다고 합니다. 그리고 파사왕 32년에는 월성을 만들고 궁궐을 그곳으로 옮겼으며, 첨해왕 3년에는 남당이라는 정청이 건축되었습니다.

또 진평왕 때에는 대궁·양궁·사량궁을 만든 뒤, 내성을 두어 3궁(三宮)을 장악하게 하였고, 진덕왕 5년에는 조원전(朝元殿)에서 왕이 백관의 하례를 받았다고 ≪삼국사기≫에 기록되어 있어, 중요한 의식행사를 하던 궁궐이 건축되었음을 알 수 있습니다.

통일 신라 시대의 궁궐 건축

통일 신라 시대의 궁궐 건축은 삼국을 통일한 통일 국가답게 더욱 융성, 발전되었습니다. ≪삼국사기≫에 따르면, 문무왕 14년 "궁내에 못을 파고 산을 만들어 화초를 심고 진기한 짐승을 길렀다."고 하며, 679년에는 궁궐을 중수하였는데 매우 장려하였다고 합니다. 그러나 이들 궁궐 건축은 현존하지 않으며, 유지로서 확인된 것은 1975년 발굴 조사된 안압지(雁鴨池) 주변 유적뿐입니다. 안압지 주변에서는 총 30개소의 건물터가 확인되었는데, 건물의 배치는 남북 중심축을 기준으로 하여 좌우대칭 형식이었습니다.

고려 시대의 궁궐 건축

고려 시대의 궁궐 건축은 개성 만월대에 남아 있는 궁궐터의 초석과 석축 유구 자료를 기초로 문헌과 비교하여 대략의 형식을 알 수 있습니다. ≪고려도경≫에 따르면, '궁궐은 송산에 의지하여 고목이 우거져 있어 멀리서 본 모습이 악묘(嶽廟)나 산사(山寺)에 가까운 느낌이 있고, 담담한 아름다움이 있다.'고 하였습니다. 또 궁성 주위에는 13개의 문이 있어 광화문(廣化門)이 정동의 문으로 긴 거리와 통하고, 궁궐의 문은 모두 15개인데 그 중에서 신봉문(神鳳門)이 가장 화려하다고 하였습니다. 만월대의 궁궐 특징은 평지가 아닌 구릉지대에 건물을 배치한 점이며, 궁궐의 중심이 되는 외전·내전·침전 등의 건물군이 남북의 동일 중심축에 배치되지 않은 점입니다. 건축의 장은 건물에 단청이 되어 있고, 구리로 꽃무늬를 만든 동화(銅花)로 꾸며져 있어 매우 웅장하고 화려하였다고 합니다.

조선 시대의 궁궐 건축

조선 시대의 궁궐 건축으로 대표적인 것은 경복궁·창덕궁·창경궁·덕수궁(일명 경운궁), 경희궁 등입니다. 경복궁은 이들 궁궐 중 정궁(正宮)으로서 주위에 궁장을 쌓아 전체 평면이 남북 방향으로 긴 장방형이며, 정남 중앙에 광화문, 동쪽과 서쪽에 건춘문과 영추문을 세우고 북쪽에는 신무문을 배치하였습니다.

조선 시대 여러 종류의 궁궐과 그 기능

조선 시대의 수도였던 한양에는 경복궁(사적 제117호), 창덕궁(사적 제122호), 창경궁(사적 제123호), 경운궁(덕수궁 ; 사적 제124호), 경희궁(사적 제271호) 등 5개의 궁궐이 있습니다.

* **경복궁(사적 제117호)** : 조선 시대 궁궐 중 가장 중심이 되는 조선 왕조 제일의 궁궐로, 태조 4년(1395)에 한양으로 수도를 옮긴 후 처음으로 세운 궁궐입니다. 궁의 이름은 정도전이 『시경』에 나오는 "이미 술에 취하고 이미 덕에 배부르니 군자만년 그대의 큰 복을 도우리라."에서 큰 복을 빈다는 뜻의 '경복(景福)'이라는 두 글자를 따서 지은 것입니다. 1412년 태종은 경복궁의 연못을 크게 넓히고 섬 위에 경회루를 만들었고, 이곳에서 임금과 신하가 모여 잔치를 하거나 외국에서 오는 사신을 대접하도록 하였으며, 연못을 크게 만들면서 파낸 흙으로는 아미산이라는 동산을 만들었습니다.

경복궁은 임진왜란(1592년)으로 인해 창덕궁·창경궁과 함께 모두 불에 탄 것을 1867년에 흥선대원군이 다시 중건하였습니다. 현재 궁궐 안에 남아있는 주요 건물은 근정문·근정전·사정전·천추전·수정전·자경전·경회루·재수각·숙향당·함화당·향원정·집옥재·선원정 등이 있습니다. 경복궁은 비록 궁궐 안 대부분의 건물들이 없어지기는 하였지만, 정전·누각 등의 주요 건물들이 남아있고, 처음 지어진 자리를 지키고 있어서, 조선의 정궁의 모습을 대체적으로나마 확인할 수 있는 중요한 유적입니다.

경회루

아미산 굴뚝

경복궁 근정전(국보 제223호) : 조선 시대 정궁인 경복궁의 중심 건물로, 신하들이 임금에게 새해 인사를 드리거나 국가의식을 거행하고 외국 사신을 맞이하던 곳입니다.

이 근정전은 태조 4년(1395)에 지었으며, 정종과 세종을 비롯한 조선 전기의 여러 왕들이 이곳에서 즉위식을 거행하기도 하였습니다. 지금 남아 있는 건물은 임진왜란 때 불탄 것을 고종 4년(1867)에 다시 지은 것으로, 앞면 5칸, 옆면 5칸 크기의 2층 건물이며, 지붕은 옆면에서 볼 때 여덟 팔자 모양인 팔작지붕입니다.

지붕 처마를 받치기 위해 장식하여 짜여진 구조가 기둥 위뿐만 아니라 기둥 사이에도 있는 다포식 건물이며, 그 형태가 화려한 모습을 띠고 있습니다.

건물의 기단인 월대의 귀퉁이나 계단 주위 난간 기둥에 훌륭한 솜씨로 12지신상을 비롯한 동물상들을 조각해 놓았습니다.

건물 내부는 아래·위가 트인 통층으로 뒷편 가운데에 임금의 자리인 어좌가 있고, 어좌 뒤에는 '일월오봉병' 병풍을 놓았으며, 위는 화려한 장식으로 꾸몄습니다.

이 근정전은 조선 중기 이후 세련미를 잃어가던 수법을 가다듬어 완성시킨 왕궁의 위엄을 갖춘 웅장한 궁궐 건축입니다.

월대

십이지신

일월오봉병

궁궐 유산

* **창덕궁(사적 제122호)** : 창덕궁은 조선 시대 궁궐 가운데 하나로, 태종 5년(1405)에 세워졌는데, 당시 종묘·사직과 더불어 정궁인 경복궁이 있었으므로, 이 궁은 하나의 별궁으로 만들었습니다. 조선의 왕들이 경복궁에서 주로 정치를 하고 백성을 돌보았기 때문에, 처음에는 크게 이용되지 않은 것처럼 보입니다.

　이 궁궐은 임진왜란 이후 경복궁·창경궁과 함께 불에 타 버린 뒤 제일 먼저 다시 지어졌고, 그 뒤로 조선 왕조의 가장 중심이 되는 정궁 역할을 하게 되었습니다. 이러한 창덕궁은 화재를 입는 경우도 많았지만 제때에 다시 지어지면서 대체로 원래의 궁궐 규모를 잃지 않고 유지되었습니다. 덕수궁은 왕과 신하들이 정사를 돌보던 외전과 왕과 왕비의 생활공간인 내전, 그리고 휴식 공간인 후원으로 나누어지는데, 내전의 뒤쪽으로 펼쳐지는 후원은 울창한 숲과 연못, 크고 작은 정자들이 마련되어 자연 경관을 살린 점이 뛰어나며, 또한 우리나라 옛 선현들이 정원을 조성한 방법 등을 잘 보여주고 있어 역사적으로나 건축사적으로 소중한 가치를 지니고 있는 궁궐입니다.

　정궁인 경복궁이 질서정연한 대칭구도를 보이는데 비해, 창덕궁은 지형 조건에 맞추어 자유로운 구성을 보여주는 것이 큰 특징입니다. 창덕궁과 후원은 자연의 순리를 존중하여 자연과의 조화를 기본으로 하는 한국 문화의 특성을 잘 나타내고 있는 장소로, 유네스코의 세계문화유산으로 등록되어 있습니다.

부용지와 주합루

애련지와 애련정

연경당

창덕궁 인정전(국보 제225호) : 창덕궁의 정전으로, 이곳은 왕의 즉위식을 비롯하여 결혼식, 세자책봉식 그리고 문무백관의 하례식 등 공식적인 국가 행사를 주관하던 중요한 건물입니다.

이 인정전은 광해군 때 중건된 이후 순조 3년(1803)에 일어난 화재로 인해 재건하였고, 철종 8년(1857년)에 보수공사를 한 이후 지금에 이르고 있습니다.

인정전 안에는 정면에 임금님의 용상이 있고, 그 뒤에는 나무로 만든 곡병과 곡병 뒤에는 일월오봉병이라는 병풍이 있습니다.

일월오봉병

인정전

* **창경궁(사적 제123호)** : 조선 시대의 궁궐로, 태종이 거처하던 수강궁터에 지어진 궁궐입니다. 이 궁궐은 성종 14년(1483)에 정희왕후, 소혜왕후, 안순왕후를 위해 지었으며, 처음 지을 당시의 건물은 명정전·문정전의 정전과 수령전·환경전·경춘전·인양전·통명전 등의 침전 및 양화당·여휘당·사성각이 있었습니다.

조선 시대의 궁궐 중에서는 유일하게 동쪽을 향해 지어졌고, 처음에는 별로 사용되지 않다가 임진왜란 때에 경복궁·창덕궁과 함께 불에 탄 이후, 창덕궁과 같이 다시 지어져 조선 왕조 역사의 중심 무대가 되었습니다.

1909년 일제는 궁궐 안의 건물들을 헐어내고 동물원과 식물원을 설치하였으며, 궁의 이름을 창경원으로 낮추기도 하였으나, 1984년 궁궐 복원 사업이 시작되어 원래의 이름인 창경궁을 되찾게 되었고, 궐 안의 동물들을 서울대공원으로 옮기면서 벚나무 역시 없애버렸습니다.

창경궁은 장조·정조·순조·헌종을 비롯한 많은 왕들이 태어난 궁으로, 광해군 때 다시 지어진 정문·정전들이 보존되어 있으며, 옆에 있는 창덕궁과 함께 조선 시대 궁궐의 역사를 살피는데 없어서는 안 될 중요한 유적입니다.

통명전

홍화문

창경궁 명정전(국보 제226호) : 명정전은 창경궁의 정전으로, 신하들이 임금에게 새해 인사를 드리거나 국가의 큰 행사를 거행하던 장소로 사용하였으며, 외국 사신을 맞이하던 장소로도 이용하였습니다.

명정전은 조선 성종 15년(1484)에 처음 지었고, 임진왜란 때 불에 탄 것을 광해군 8년(1616)에 다시 지은 것으로, 앞면 5칸, 옆면 3칸 규모의 1층 건물이며, 경복궁의 근정전과 창덕궁의 인정전이 2층 규모로 거대하게 지어진 것에 비해 궁궐의 정전으로서는 작은 규모입니다. 지붕은 옆면에서 볼 때 여덟 팔자 모양인 팔작지붕이며, 지붕 처마를 받치기 위해 장식하여 짜은 구조가 기둥 위뿐만 아니라 기둥 사이에도 있는 다포 양식입니다.

기둥 위의 장식적인 짜임은 그 짜임새가 매우 견실하며, 그 형태가 힘차고 균형이 잡혀 있어 조선 전기의 양식을 잘 보여주고 있습니다.

내부 바닥에는 벽돌을 깔았고 왕이 앉는 의자 뒤로 해와 달, 5개의 봉우리가 그려진 일월봉병도 병풍을 설치하였고, 건물 계단 앞에는 신하들의 신분을 나타내는 24개의 품계석이 놓여 있습니다.

창경궁의 명정전은 비록 임진왜란 이후에 다시 지은 건물이지만, 조선 전기 건축 양식의 특징을 잘 계승하고 있는 건물로, 우리 건축사 연구에 귀중한 자료가 되고 있습니다.

명정전

바닥

일월오봉병

천정

* **덕수궁(경운궁 ; 사적 제124호)** : 조선 시대의 궁궐로, 처음에는 경운궁으로 불리다가, 고종황제가 1907년 왕위를 순종황제에게 물려준 뒤에 이곳에서 계속 머물게 되면서 고종황제의 장수를 빈다는 뜻의 '덕수궁'으로 고쳐 부르게 되었습니다. 덕수궁 자리에는 원래 조선 9대 임금인 성종의 형 월산대군의 집이 있었는데, 임진왜란이 끝나고 한양으로 돌아온 선조는 궁궐이 모두 불에 타고 없어서 임시로 월산대군의 집을 거처로 정하고 선조 26년(1593)부터 궁으로 사용하기 시작하였습니다. 선조의 뒤를 이은 광해군은 즉위 3년(1611)에 이곳을 경운궁으로 고쳐 부르고, 1615년 창경궁으로 옮길 때까지 왕궁으로 사용하였습니다.

광해군이 인조반정으로 1623년에 물러나면서 인조는 즉조당과 석어당만을 남기고 나머지 건물들을 옛 주인에게 돌려주거나 없애버렸고, 그 뒤로 고종황제가 러시아공관에서 옮겨오면서 다시 왕궁으로 사용하였는데, 그 때부터 이 궁은 비로소 궁궐다운 건물들을 갖추게 되었습니다.

그러나 1904년의 큰 불로 대부분의 건물들이 불에 타 없어지자, 서양식 건물인 석조전들이 지어지면서, 원래 궁궐 공간의 조화를 잃어버리게 되었습니다. 비록 덕수궁은 조선 후기에 궁궐로 갖추어진 곳이지만, 구한말의 역사적 현장이었으며, 전통 목조 건축과 서양식의 건축이 함께 남아있는 곳으로, 조선 왕조의 궁궐 가운데 특이한 위치를 차지하고 있습니다.

덕수궁 중화전(보물 제819호) : 중화전은 덕수궁의 중심 건물로, 임금님이 하례를 받거나 국가 행사를 거행하던 곳입니다. 광무 6년(1902)에 지었으나 1904년 불에 타 버려 지금 있는 건물은 1906년에 다시 지은 것이며, 중화전의 규모는 앞면 5칸, 옆면 4칸이고, 지붕은 옆면에서 볼 때 여덟 팔자 모양을 한 팔작지붕입니다.

지붕 처마를 받치기 위해 장식하여 짜은 구조가 기둥 위와 기둥 사이에도 있는 다포 양식입니다. 밖으로 뻗쳐 나온 공포 부재의 형태가 가늘고 약해 보이며 곡선이 큰데, 이것은 조선 후기 수법의 특징을 보여주는 것입니다. 안쪽에는 임금님이 앉는 자리를 더욱 위엄 있게 꾸미기 위해 화려한 닫집을 달아 놓았습니다.

이 중화전은 19세기 말에서 20세기 초 궁궐 건축을 연구하는데 중요한 자료가 되고 있습니다.

* 경희궁(사적 제271호) : 조선 시대의 궁궐로, 광해군 9년(1617)에 인경궁 · 자수궁과 함께 건축을 시작하여 광해군 15년(1623)에 완공하였고, 처음에는 경덕궁이라 하였으나, 영조 36년(1760)에 경희궁으로 고쳤습니다.

경희궁 자리는 원래 인조의 생부인 정원군의 사저였는데, 여기에 왕기(王氣)가 서렸다고 하여 광해군이 빼앗아 궁궐을 지었습니다.

경희궁에는 원래 숭정전 · 융복전 · 집경당 · 흥정당 · 회상전 · 흥화문 등의 여러 부속 건물이 있었으나, 순조 29년(1829)에 화재로 대부분이 불에 타 없어졌고, 1831년에 다시 중건하였습니다.

그 후 다시 일부가 소실되고 국권피탈 때에는 숭정전 · 회상전 · 흥정당 · 흥화문 · 황학정만이 남아 있었으나, 일본인들이 들어와 숭정전은 1926년 동국대학교 구내로 이전되고, 2년 후에 흥정당은 광운사로 이건하였으며, 흥화문은 1832년에 박문사의 산문(山門)으로 이축되었다가 장충동 영빈관 정문으로 사용되었으며, 황학정은 1922년 사직단 뒤 등과정(登科亭) 터로 이건하였습니다.

1988년 경희궁 복원 작업에 착수하여 흥화문은 장충동 신라호텔에서 이건하고, 숭정전은 새 건물을 지어 복원하였습니다.

경희궁은 일명 '야주개 대궐(夜照峴大闕)'로도 불렸는데, 그 이유는 정문인 흥화문의 현판 글씨가 명필이었고, 글씨의 광채가 밤에도 훤히 비추었다고 해서 이 일대를 '야주개'라고 부른 데서 유래하였다고 합니다.

경희궁 숭정전(서울특별시 유형문화재 제20호) : 광해군 10년(1618)에 지어진 숭정전은 경희궁의 정전으로, 임금이 신하들의 조례를 받고 공식적인 행사를 하던 곳입니다.

숭정전은 앞면 5칸, 옆면 4칸 규모로, 지붕 옆면이 여덟 팔자 모양인 팔작지붕이며, 지붕을 받치면서 장식을 겸하는 공포가 기둥 위에만 있는 주심포 양식의 건물로 정전다운 품격을 갖추고 있습니다. 그러나 이 숭정전은 1910년 일본인들에 의해 강제로 철거되어 1926년 조계사로 옮겨 세워졌다가 현재는 동국대학교 안의 정각원이라는 법당으로 쓰이고 있는데, 내부가 불교 의례를 행하기에 알맞게 변형되어 있습니다. 경희궁 숭정전은 창경궁 명정전과 함께 조선 중기 궁궐 건축 연구에 중요한 자료가 되고 있습니다.

한편 궁은 아니지만 궁으로 불리는 건물들이 있고, 그 대표적인 것으로 행궁(行宮)을 들 수 있는데, 이것은 왕이 궁궐을 떠나 돌아다닐 때 머무는 궁입니다. 예를 들어 정조가 수원화성(사적 제3호)에 갈 때 머무는 곳이 바로 행궁입니다. 또 남한산성에도 행궁이 있었는데, 모두 전화에 파괴되었다가 최근에 복원된 곳들이기도 합니다.

* 수원 화성행궁(사적 제478호) : 정조가 수원 화성에 행차할 때 머물던 곳으로, 화성행궁은 조선 후기 정치와 군사 및 사회문화의 변화를 살필 수 있는 중요한 유산이며, 발

굴 조사 및 복원 정비 사업을 통해 조선 시대 행궁의 모습을 재현할 수 있게 된 중요한 문화유적으로 역사적·학술적 가치가 매우 큽니다.

또한 정조 시대 실학정신을 바탕으로 위민과 개혁을 실천하고자한 역사적 공간이자 혜경궁 홍씨의 회갑진찬연을 베풀었던 효의 상징적인 공간이며, 세계문화유산인 화성의 중심축이기도 합니다.

그런가 하면 운현궁(사적 제257호)처럼 고종의 아버지인 대원군이 살던 곳을 궁이라 부르기도 하는데, 엄격하게 말하면 궁이라고 할 수는 없는 곳들입니다.

* **운현궁(사적 제257호)** : 조선 제26대 임금인 고종의 아버지 흥선 대원군이 살던 집으로, 고종이 임금 자리에 오른 뒤 대폭 확장 신축하고 궁(宮)이라 부르게 하였던 곳입니다. 원래는 궁궐에 필적할 만큼 크고 웅장하였으며, 담에는 4문(門)을 두고 그 안에 아재당을 비롯하여 사랑채인 노안당, 안채인 이로당·노락당·영화루 등이 있었으나, 일제 침략기를 거치면서 파괴, 변형되어 지금은 그 원형을 알 수 없고, 현재 노안당과 이로당 만이 남아 있습니다.

궁궐은 어떤 구조로 되어 있을까요? 궁에는 우선 가장 핵이 되는 내전(內殿)이 있습니다. 이곳은 왕과 왕비의 숙소가 주를 이루는데, 이들은 이곳에서 생활하면서 많은 사람들을 만납니다. 경복궁의 경우 위에서 살펴본 '강녕전'과 '교태전'이 내전에 포함됩니다. 이 내전에는 왕이 신하들과 함께 국무회의를 하는 편전(便殿)도 포함됩니다. 경복궁의 편전은 '사정전'이고 창덕궁은 '선정전'인데, 모두 왕과 관계되어 있어 '전'이라는 글자를 사용한다는 것을 알 수 있습니다. 다음으로 살펴볼 곳은 외전으로, 이곳은 왕이 공식적으로 의식이나 잔치를 주관하는 곳입니다.

이곳에서 왕은 전체 신하들과 같이 조회를 하기도 하고 외국에서 온 사신들을 위해 공식 환영회를 열기도 합니다. 경복궁의 경우 근정전 영역이 바로 이 외전에 해당됩니다. 다음으로 중요한 곳은 동궁입니다. 동궁은 말 그대로 동쪽에 있는 궁을 말하는데, 이곳은 바로 세자가 사는 곳입니다. 그래서 세자는 '동궁마마'로 불리기도 하며, 이곳에서 세자는 앞으로 왕이 되기 위해 아주 엄격한 교육을 받았습니다.

궁궐의 업무 공간

궁궐에는 물론 왕실 사람들 외에 신하들이 업무를 보는 공간도 있습니다. 이 공간 중 궐 안에 있는 것은 '궐내각사'라 하고, 밖에 있는 것은 '궐외각사'라고 합니다. 궐 안에 있는 것은 왕과 직접적으로 관계된 부서들을 말합니다. 즉, 왕의 비서실인 '승정원'이나 외교문서를 작성하는 '예문관', 그리고 임시기관이지만 실록을 편찬하는 '춘추관' 등이 여기에 속합니다. 반면 국정 전반을 다루는 관청들은 주로 궐 바로 바깥에 위치합니다.

경복궁의 경우 이러한 궐외각사가 광화문 남쪽 좌우에 있었습니다. 여기에는 가장 중요한 행정부서인 육조나 의정부가 있고, 한양을 관리하는 한성부, 관리를 감찰하는 사헌부 등이 있습니다.

궁궐 유산 269

Chapter 4

성곽 유산

성곽의 정의

성곽의 기원

성곽의 구성 요소

성곽의 종류

우리나라 성곽의 특성

성곽 유산

성곽의 정의

성곽이란 성(城)과 곽(郭)의 합성어로, 성은 내성을 말하고, 곽은 성의 주위를 에워싼 나성(羅城)의 형태로, 우리나라는 내성의 성벽으로 둘러싸여 있는 공간을 성곽으로 지칭하는 것이 일반적입니다. 전형적인 성곽은 네모꼴로 쌓은 성과 다시 그 바깥에 네모꼴로 쌓은 곽으로 구성되는 이중의 벽으로 구성되는데, 안쪽의 것을 성, 또는 내성(內城)이라 하고, 바깥쪽의 것을 곽 혹은 외성(外城)이라고 합니다. 삼중인 경우에는 맨 안쪽을 내성, 다음을 중성(中城), 바깥을 외성이라고 하며, 만약 도성이면 왕성·궁성·황성이라 부르고, 그 바깥쪽의 것은 나성이라 부릅니다. 성은 외적의 침입이나 자연적인 재해로부터 성안의 인명과 재산을 스스로 보호하기 위한 것으로, 인위적 시설을 말하는 총체적인 개념입니다.

성곽의 기원

우리나라 사적(역사적 유적) 중에서 가장 많은 수를 차지하는 것이 성 또는 성터(城址)이나, 이처럼 많은 성이 언제부터 만들어지기 시작하였는지 그 기원은 분명하지 않습니다. 다만 B.C. 194년에 위만이 왕검성에 도읍을 정하고 위만조선을 건국하였다는 기록이 있고, B.C. 18년에는 백제의 온조왕이 위례성에서 즉위하였다는 기록으로 보아 성은 오래 전부터 우리나라에 축조되고 있었던 것으로 보이나, 그 성이 어떠한 형태의 성이었는지는 지금 현존하지 않아서 정확히 알 길은 없습니다. 그러나 백제 초기에 축성된 서울 풍납동 토성(사적 제11호)과 132년(개로왕 5)에 축성된 북한산성(사적 제162호)은 지금도 사적으로 남아 있어 당시의 규모를 짐작하게 하고 있습니다. 그 후 삼국 시대를 통하여 나라마다 많은 성을 축조하였고, 그 중에서 신라의 보은 삼년산성(사적 제235호)과 경주 월성(사적 제16호)은 유명합니다. 우리나라의 성곽 축성술은 아마도 삼국 시대부터 발달하기 시작한 것으로 보이며, 이후 우리나라의 성곽은 지형과 환경에 적응하는 독특한 방식으로 발전하여 왔던 것으로 보입니다.

* **서울 풍납동 토성(사적 제11호)** : 한강변에 남아 있는 초기 백제 시기의 흙으로 쌓은 성곽으로, 주로 '풍납토성'이라 부릅니다. 이 토성은 원래 둘레가 4km에 달하는 큰 규모의 토성이었으나, 1925년 홍수로 남서쪽 일부가 잘려나가 현재는 약 2.7km 가량만 남아 있습니다. 토성의 형태는 남북으로 길게 뻗은 타원형이며, 성벽은 돌이 없는 평야 지대에서 성을 쌓는 방식으로 고운 모래를 한 층씩 다져 쌓았으며, 높이는 일정하지 않습니다. 이 토성은 초기 백제의 중요한 성으로서 당시의 모습을 살필 수 있는 유적이며, 주변에 몽촌토성 및 석촌동 고분군과 관련되어 역사적으로도 매우 가치 있는 토성입니다.

* 북한산성(사적 제162호) : 백제가 수도를 하남 위례성으로 정했을 때 도성을 지키던 북방의 성으로, 이 성에는 대서문, 동서문, 북문 등 13개의 성문과 불을 피우던 곳인 동장대, 남장대, 북장대가 있었습니다.

　현재 북한산성에는 삼국 시대의 토성이 약간 남아 있기는 하나, 지금의 것은 대개 조선 숙종 때 다시 쌓은 것으로, 여장은 허물어 졌고, 대서문과 장대지·우물터·건물터로 생각되는 방어시설 일부가 남아 있을 뿐입니다.

　이 지역은 고구려, 백제, 신라가 서로 차지하기 위해 쟁탈전을 벌였던 곳이었으며, 조선 시대에는 도성을 지키는 중요한 곳이었습니다.

* **보은 삼년산성((사적 제235호)** : 돌로 쌓은 산성으로, 신라 자비왕 13년(470)에 처음 쌓았고, 소지왕 8년(486)에 다시 고쳐 쌓았습니다. 『삼국사기』에는 성을 쌓는데 3년이 걸렸기 때문에 삼년산성이라 부른다고 기록되어 있습니다.

성의 둘레는 약 1,800m이고, 성벽은 납작한 돌을 이용해서 한 층은 가로 쌓기를 하고, 한 층은 세로 쌓기를 하여 튼튼하며, 성벽의 높이는 지형에 따라 다릅니다. 남쪽과 북쪽은 안팎을 모두 돌을 이용하여 쌓는 방법을 사용하고 있으며, 문터는 4곳에 있으나 모두 그 형식이 다릅니다.

이 산성은 5세기 후반 신라의 성 쌓는 기술을 대표하는 산성이며, 우리나라에서 돌을 이용하여 쌓은 대표적인 산성으로 평가되는 곳이기도 합니다.

* **경주 월성(사적 제16호)** : 신라 궁궐이 있었던 도성으로, 성의 모양이 반달처럼 생겼다하여 반월성·신월성이라고도 하며, 왕이 계신 성이라 하여 재성(在城)이라고도 하였습니다. 『삼국사기』에 의하면 파사왕 22년(101)에 성을 쌓고 금성에서 이곳으로 도성을 옮겼다고 전해지며, 문무왕 때에는 안압지·임해전·첨성대 일대가 편입되어 성의 규모가 확장되었습니다.

성의 동·서·북쪽은 흙과 돌로 쌓았으며, 남쪽은 절벽인 자연지형을 그대로 이용하였습니다. 성벽 밑으로는 물이 흐르도록 인공적으로 마련한 방어시설인 해자가 있었으며, 동쪽으로는 경주 동궁과 월지로 통했던 문터가 남아있습니다. 현재 성 안에는 많은 건물터가 남아있으며, 1741년에 월성 서쪽에서 이곳으로 옮겨온 석빙고가 있습니다.

성곽의 구성 요소

성곽을 구성하는 요소는 크게 보아 성벽, 성문, 그리고 성벽에 부가하는 방어 시설로 나눌 수 있습니다.

성벽

흙으로 쌓는 토성과 돌로 쌓는 석성이 일반적이고, 특수하게 벽돌로 성벽을 쌓는 벽돌 성이 있습니다. 토성은 흙으로 쌓는 성으로, 고려 시대 이전에 많이 축조되었으나, 쌓는 데 힘이 덜 드는 대신 큰비가 오면 무너져 내리기 쉽고 자주 손을 보아야 하는 번거로움이 있었습니다.

토성의 축조 방법

* 삭토법(削土法) : 자연 지세를 이용하여 지형의 안팎을 적절히 깎아 급경사의 성벽을 조성하는 방법입니다.
* 판축법(板築法) : 일정한 두께씩 흙을 펴서 다진 다음 다시 쌓아 올리는 방식입니다.
* 성토법(盛土法) : 흙을 일정 높이까지 쌓아 올리고 위에서 두들겨 일정한 성벽 형태를 조성하는 방법으로, 가장 일반적인 토성 축조 방식입니다.
* 보축법(補築法) : 성벽 연결이 힘든 곳을 메워 성을 축조하도록 하는 방법입니다.

석성은 돌로 쌓는 성으로, 삼국 시대부터 중요한 성곽에 축조되었는데, 보은의 삼년산성이 대표적입니다. 조선 시대에 들어와서는 기존의 토성을 석성으로 다시 쌓는 일이 잦았고, 그 결과 현재 남아 있는 성곽의 대부분은 석성입니다.

석성의 축조 방법

* 성돌은 초기에 자연석에 가까운 할석을 많이 이용하고, 점차 장방형의 마름돌을 이용하였습니다.

* 산성에서는 자연석에 가까운 할석을 이용하고, 도성과 읍성에서는 가공된 규격돌을 주로 사용하였습니다.

벽돌 성은 벽돌로 쌓는 성으로, 조선 초기에 의주나 함흥 읍성에 쌓은 적이 있으며, 숙종 때 강화 외성과 정조 때 화성의 일부 구간에서 축조했지만 다른 곳에서는 거의 활용되지 않았습니다. 토석혼축성은 흙과 돌을 함께 사용하여 성벽을 쌓은 것을 말합니다.

성벽의 축조 방식

* 협축법 : 성의 안과 밖을 모두 돌로 쌓는 방법으로, 매우 안정적이어서 평지나 성문 좌우의 중요한 지점에 사용합니다.
* 편축법 : 외벽만 돌로 쌓고 안쪽은 흙으로 채우는 방법으로, 내탁과 산탁의 방법이 있습니다. 내탁은 내부에 흙과 잡석을 채우는 것으로, 우리나라 대부분의 석성에서 사용하고 있으며, 산탁은 산을 의지하여 내탁한 경우로, 산지에서 주로 사용하고 있습니다.

성문

성문이란 도성·산성·읍성 등에 속하여 있는 모든 문으로, 현재 대부분 조선 시대의 것이 남아 있고, 그 이전 것은 유적만 남아 있습니다.

성문의 형식

* 개거식 : 성문의 개구부 상부가 개방된 형태로, 성문의 개구부 폭, 높이 등을 마음대로 조정할 수 있습니다.
* 평거식 : 성문의 양쪽 벽석을 쌓고, 그 위에 장대석이나 판석을 걸쳐 네 모진 모양의 개구부를 만든 형태로, 성문의 개구부의 형태가 작은 곳에 주로 사용하였습니다.
* 홍예식 : 개구부의 윗부분을 둥글게 틀어 홍예(무지개) 모양으로 만든 형태를 말합니다.
* 현문식 : 성문의 개구부가 설치된 위치가 일반 성문의 출입구와는 달리 성벽의 일정 높이에서부터 시작되는 형태로, 일명 다락문 형식이라고도 합니다.

서울성곽(사적 제10호)은 도성의 좋은 예로서 동서남북 사방에 문이 있는데, 동쪽에는 흥인지문(동대문), 서쪽에는 돈의문(서대문), 남쪽에는 숭례문(남대문), 북쪽에는 숙정문이 있고, 다시 그 사이인 동북쪽에 홍화문, 서북쪽에 창의문, 동남쪽에 광희문, 서남쪽에 소덕문이라 하여 모두 8개의 크고 작은 문이 있었습니다.

* **서울 성곽(사적 제10호)** : 서울의 주위를 둘러싸고 있는 조선 시대의 도성(都城)으로, 조선 건국 초에 태조가 한양으로 수도를 옮기기 위하여 궁궐과 종묘를 먼저 지은 후, 태조 4년(1395) 도성축조도감을 설치하고 한양을 방위하기 위해 성곽을 쌓도록 하였습니다. 석성과 토성으로 쌓은 성곽에는 4대문과 4소문을 두었는데, 4대문은 동의 흥인지문, 서의 돈의문, 남의 숭례문, 북의 숙정문이고, 4소문은 동북의 홍화문, 동남의 광희문, 서북의 창의문, 서남의 소덕문을 말합니다.

서울 성곽은 조선 시대 성 쌓는 기술의 변화 과정을 살펴볼 수 있는 좋은 유적이며, 조상들이 나라를 지키려는 호국 정신이 깃든 귀중한 문화유산입니다.

창의문

광희문

숙정문

* **숭례문(국보 제1호)** : 숭례문은 조선 시대 서울 성곽 남쪽의 문으로, 조선 시대 한양 도성을 둘러싸고 있던 성곽의 정문이며, 남쪽에 있다고 해서 '남대문'이라고도 불렀습니다. 최근까지 서울에 남아 있던 목조 건물 중 가장 오래된 것으로 태조 4년(1395)에 짓기 시작하여 태조 7년(1398)에 완성하였습니다.

　이 문은 돌을 높이 쌓아 만든 석축 가운데에 무지개 모양의 홍예문을 두고, 그 위에 앞면 5칸, 옆면 2칸 크기로 지은 누각형 2층 건물이며, 지붕은 앞면에서 볼 때 사다리꼴 형태를 하고 있는데, 이러한 지붕을 '우진각 지붕'이라 합니다. 지붕 처마를 받치기 위해 기둥 위부분에 장식하여 짠 구조가 기둥 위뿐만 아니라 기둥 사이에도 있는 다포 양식으로, 그 형태가 곡이 심하지 않고 짜임도 건실해 조선 전기의 특징을 잘 보여주고 있습니다. 『지봉유설』의 기록에는 '숭례문'이라고 쓴 현판을 양녕대군이 썼다고 하며, 지어진 연대를 정확히 알 수 있는 서울 성곽 중에서 제일 오래된 목조 건축물이었으나, 2008년 2월 10일 방화로 소실되는 안타까움이 있었습니다.

* 흥인지문(보물 제1호) : 서울 4대문 중 하나로, 서울 성곽 8개의 문 가운데 동쪽에 있는 문이며, 흔히 '동대문'이라고도 불렸습니다. 이 문은 태조 7년(1398)에 완성하였다가 단종 원년(1453)에 고쳐지었고, 지금 있는 문은 고종 6년(1869)에 새로 지은 것입니다. 이 문은 앞면 5칸, 옆면 2칸 규모의 2층 건물로, 지붕은 앞면에서 볼 때 사다리꼴 모양을 한 우진각 지붕입니다.

이 문은 지붕 처마를 받치기 위해 장식하여 만든 공포가 기둥 위뿐만 아니라 기둥 사이에도 있는 다포 양식인데, 그 형태가 가늘고 약하며 지나치게 장식한 부분이 많아 조선 후기의 특징을 잘 나타내주고 있습니다.

또한 바깥쪽으로는 성문을 보호하고 튼튼히 지키기 위하여 반원 모양의 옹성을 쌓았는데, 이는 적을 공격하기에 합리적으로 계획된 시설이라 할 수 있습니다. 흥인지문은 도성의 8개 성문 중 유일하게 옹성을 갖추고 있으며, 조선 후기 건축 양식을 잘 나타내고 있는 문입니다.

서울성곽 외에 도성문의 좋은 예는 정조 때 세워진 수원 화성(사적 제3호)의 문으로, 남쪽에 팔달문, 북쪽에 장안문이 있는데, 밑에는 돌로 된 홍예 위에 중층의 누문을 올려서 남대문, 동대문과 같이 세웠고, 또 문밖에는 전축의 옹성을 쌓았는데 옹성은 평면 형태가 반원형을 이루고 있습니다.

* **수원 화성(사적 제3호)** : 서쪽으로는 팔달산을 끼고 동쪽으로는 낮은 구릉의 평지를 따라 쌓은 평산성으로, 이 성은 정조가 그의 아버지 장헌세자에 대한 효심에서 화성으로 수도를 옮길 계획을 세우고, 정조 18년(1794)에 성을 쌓기 시작하여 2년 뒤인 1796년에 완성하였습니다. 성곽의 둘레는 약 5.7km이고, 성벽의 높이는 4~6m 정도입니다. 이 성은 실학자인 유형원과 정약용이 설계하고, 거중기 등의 신기재를 이용하여 과학적이고 실용적으로 쌓은 성입니다. 성벽은 서쪽의 팔달산 정상에서 길게 이어져 내려와 산세를 살려가며 쌓았는데, 크게 타원을 그리면서 도시 중심부를 감싸는 형태를 취하고 있습니다. 특히 화성은 다른 성곽에서 찾아볼 수 없는 창룡문·장안문·화서문·팔달문의 4대문을 비롯한 각종 방어시설 및 돌과 벽돌을 섞어서 쌓은 점이 큰 특징입니다. 수원 화성은 과학적이고 합리적이며 실용적인 구조를 갖고 있어, 1997년 유네스코 세계문화유산으로 등재되었습니다.

* **수원 팔달문(보물 제402호)** : 수원 화성의 남쪽문으로, 이름은 서쪽에 있는 팔달산에서 따 왔습니다. 문루는 앞면 5칸, 옆면 2칸의 2층 건물이며, 지붕은 앞면에서 볼 때 사다리꼴을 한 우진각 지붕입니다. 지붕 처마를 받치기 위해 기둥 윗부분에 짠 구조가 기둥 위뿐만 아니라 기둥 사이에도 있는 다포 양식으로 꾸몄으며, 문의 바깥쪽에는 문을 보호하고 튼튼히 지키기 위해 반원 모양으로 옹성을 쌓았습니다. 또한 문의 좌우로 성벽이 연결되어 있었으나 도로를 만들면서 헐어버려 지금은 성문만 남아 있습니다. 이 문은 수원성 안쪽에 있는 여러 건물 중 가장 크고 화려하며, 발달된 조선 후기의 성문 건축 형태를 고루 갖추고 있는 소중한 문화재입니다.

* **수원 화서문(보물 제403호)** : 수원 화성의 서쪽문으로, 네모난 큰 돌을 높이 쌓아 만든 축대 위에 1층의 건물을 세웠는데, 규모는 앞면 3칸, 옆면 2칸으로, 기둥 사이는 모두 개방되어 있습니다.

지붕은 옆면에서 볼 때 여덟 팔(八)자 모양을 한 팔작지붕 건물이고, 축대의 가운데에 무지개 모양의 홍예문과 문의 앞쪽에 벽돌로 쌓은 반달모양의 옹성이 있습니다.

옹성의 북쪽으로 조금 떨어진 곳에는 공심돈이 성벽을 따라서 연결되어 있고, 안에는 계단을 따라 오르내릴 수 있으며, 층마다 바깥을 향해 총이나 활을 쏠 수 있도록 구멍이 있어 철저한 방어가 되도록 하였습니다.

우리나라의 산성으로서 현재 성문이 남아 있는 예는 남한산성(사적 제57호), 강화산성(사적 제132호), 문경 관문성(사적 제48호), 공주 공산성(사적 제12호) 등이 있지만, 목조 누문은 거의가 조선 시대에 세워진 것들입니다. 읍성의 경우도 동서남북에 4대문을 두고 있는데, 현존하는 유구인 서산 해미읍성(사적 제116호), 고창읍성(사적 제145호) 등의 유적에서 볼 수 있고, 또 조선 시대에 그려진 성곽도 등에서도 볼 수 있습니다. 이 중 경주읍성은 현재 유구로는 성곽 일부만 남아 있고, 조선 말기에 그려진 성곽도에는 사방에 4문이 뚜렷하게 나타나 있는데, 여기에서는 돌홍예를 짜 그 위에 목조누문을 올리고 있음을 볼 수 있습니다. 해미읍성도 4방에 문이 있었으나, 현재는 조선 시대에 만들어진 진남문만이 남아 있는데, 이 문은 외부에 홍예를 두르고, 내부에는 방형의 출입구를 돌로 짜 문짝을 달게 되어 있어 내외에 홍예를 짠 것과는 다릅니다.

* **남한산성(사적 제57호)** : 북한산성과 함께 수도 한양을 지키던 조선 시대의 산성으로, 남한산성이 현재의 모습으로 갖춘 것은 후금의 위협이 고조되고 이괄의 난을 겪고 난 인조 2년(1624) 경입니다. 인조는 병자호란 때인 인조 14년(1636)에 이 남한산성으로 피신하였는데, 후에 강화가 함락되고 성안에 양식이 부족해지자, 세자와 함께 성문을 열고 삼전도에서 치욕적인 항복을 하였습니다. 현재 남아있는 시설은 동·서·남문루와 장대·돈대·보 등의 방어시설과 비밀통로인 암문, 우물, 관아, 군사 훈련 시설 등이 있습니다. 남한산성은 각종 시설이 잘 정비되어 있어, 현재 우리나라 산성 가운데 시설이 잘 정비된 곳으로 손꼽히고 있습니다.

* **강화산성(사적 제 132호)** : 강화읍을 에워싸고 있는 고려 시대의 산성으로, 성은 흙으로 쌓았고, 내성·중성·외성으로 이루어져 있는데, 내성은 주위 약 1,200m로 지금의 강화성입니다. 중성은 내성을 지키기 위해 쌓았고, 외성은 1233년 강화 동쪽 해안을 따라 쌓았는데, 이 외성은 몽골군이 바다를 건너 공격하지 못하게 한 가장 중요한 방어시설이자, 정부가 39년간 육지로부터 물자를 지원받았던 곳이기도 합니다.

고려 원종 11년(1270) 개경으로 수도를 다시 옮기면서 몽골과 강화조약의 조건으로 성을 모두 헐게 되었고, 조선 전기에 내성이었던 강화성을 축소하여 다시 지었으며, 1637년 병자호란 때 청군에 의해 다시 파괴당한 것을 숙종 3년(1677)에 성을 보수하면서 모두 돌로 쌓고 넓혀서 지었습니다. 현재 남문인 안파루, 북문인 진송루, 서문인 첨화루, 동문인 망한루가 남아 있으며, 비밀 통로인 암문 4개와 수문 2개가 남아 있습니다. 이 성은 조선 후기 병인양요, 신미양요와 일본 침략에 의한 강화조약을 체결한 수많은 외세침략의 역사적인 현장이기도 합니다.

* **문경 관문성(사적 제48호)** : 왜적의 침입으로부터 경주를 보호하기 위해 신라 성덕왕 21년(722)에 쌓은 산성으로, 원래 이름은 모벌군성, 모벌관문이었는데, 조선 시대에 관문성으로 부르게 되어 오늘에 이르고 있습니다. 관문성은 경주의 다른 산성들과 다르게 산과 산을 연결하며 길게 쌓은 특수한 방식의 산성으로, 그 규모가 12km에 달해 신라의 만리장성으로 불리기도 하였으며, 성 안에는 성문자리로 보이는 곳과 창고자리, 건물자리 등이 군데군데 남아 있습니다.

이 성은 잘 다듬은 돌과 자연석을 이용하여 쌓은 산성으로, 경주의 남산성과 비교해볼 때 성 쌓기 방식에서 훨씬 발달된 모습을 보여주고 있습니다.

* **공주 공산성(사적 제12호)** : 백제의 수도가 공주였을 때 공주를 지키던 백제의 산성으로, 원래는 흙으로 쌓은 토성이었으나, 조선 시대에 석성으로 고쳤습니다. 이 성은 쌓은 연대가 정확하지 않으며, 백제 때에는 웅진성으로, 고려 시대에는 공주산성·공산성으로, 조선 인조 이후에는 쌍수산성으로 불렀습니다.

공산성은 동서로 약800m, 남북으로 400m 정도의 장방형을 이루고 있고, 4곳에 문이 있었으나, 남문인 진남루와 북문인 공북루는 그대로 남아 있고, 동문과 서문은 터만 남아 있던 것을, 1993년에 동문 터에는 영동루를, 서문터에는 금서루를 복원하였습니다.

이 공산성은 백제 멸망 직후에 의자왕이 잠시 머물렀던 곳이고, 백제부흥 운동의 거점지이기도 하였습니다.

진남루

공산정

금서루

* **서산 해미읍성(사적 제116호)** : 고려 말부터 국정이 혼란한 틈을 타서 왜구가 해안 지방에 침입하여 막대한 피해를 입히자, 이를 효과적으로 제압하기 위하여 조선 태종 17년(1417)부터 세종 3년(1421) 사이에 축성한 성으로, 해발 130m인 북동쪽의 낮은 구릉에 넓은 평지를 포용하여 축조하였습니다.

성벽의 아랫부분은 큰 석재를 사용하고 위로 오를수록 크기가 작은 석재를 사용하여 쌓았습니다. 성벽의 높이는 4.9m로서 안쪽은 흙으로 내탁되었고, 성벽 상부 폭은 2.1m 정도이며, 성문은 동·서·남·북 4곳에 있는데, 네모지게 잘 다듬은 무사석(武砂石)으로 쌓았으며, 주 출입구인 남문은 아치모양의 홍예문으로 이루어져 있습니다.

성의 둘레에는 적이 쉽게 접근하지 못하도록 탱자나무를 돌려 심어서 탱자성이라는 별칭이 있었습니다.

해미읍성 진남문 : 해미읍성의 남문이자 정문입니다. 해미읍성에는 남문·동문·서문이 있는데, 예전 모습 그대로 남아 있는 것은 이 남문뿐이고, 붕괴되었던 동문과 서문은 1974년 다시 복원한 것입니다. 진남문은 화강석으로 만든 무지개 모양의 홍예문이고, 문 위에는 정면 3칸, 측면 2칸의 팔작지붕 단층 문루가 있습니다. 진남문 북서쪽에는 적의 접근을 막기 위해 깊이 판 해자가 남아 있습니다.

* **고창읍성(사적 제145호)** : 조선 시대 고창 고을의 읍성으로 나주진관, 입암산성 등과 더불어 호남 대륙을 방어하는 요충지였으며, 모양성(牟陽城)이라고도 하였습니다. 성벽은 비교적 잘 남아 있고, 최근 보수공사를 하여 원형에 가깝도록 복구하였습니다.

성 둘레는 1,684m이며, 동·서·북문과 옹성이 3개소, 장대지 6개소와 해자들로 된 전략적 요충 시설이 갖춰져 있습니다.

이 성은 조선 시대의 읍성에서 흔히 보기 어려운 주초와 문짝을 달던 홈이 파인 누문(樓門)을 가지고 있어, 평양에 있는 고구려 시대의 성문, 보은의 삼년산성이나 강화읍성 등에서 볼 수 있는 양식과 비교되어 성곽을 연구하는 데 좋은 자료가 되고 있습니다.

또한 이 읍성은 여성들의 성벽 밟기 풍습으로 유명한데, 한 해의 재앙과 질병을 쫓고 복을 비는 의식의 하나로 좋은 민속자료가 되고 있습니다.

성곽의 방어 시설

옹성(甕城)

옹성은 성문을 밖으로부터 보호하기 위하여 성문의 외부에 설치한 이중 성벽을 말합니다. 옹성은 모양이 반으로 쪼개진 독(항아리)과 같다고 해서 붙여진 이름으로, 이러한 옹성은 서울의 남대문이나 개성의 남대문이 대표적입니다. 모든 성에 옹성이 설치된 것은 아니었으며, 옹성은 평면 형태에 따라 사각형, 반원형, 기타 특수형 옹성 등으로 구분됩니다.

적대(敵臺)

적의 정세를 살피는 망대(望臺)로, 이는 성문을 보호하기 위해 성문 주변 가까운 측면에 공격할 수 있게 만든 방어 시설물의 하나입니다.

치(雉)

성벽 밖으로 돌출한 부분으로, 우리나라에서는 치를 잘 설치하지 않았는데, 17세기 이후에는 읍성의 방어력을 높이기 위해 설치하는 경우가 늘어났습니다. 특히 화성에는 치를 적극적으로 도입했으며, 여기에 건물을 세워 군인들이 머물 수 있는 포루(鋪樓)나 적루(敵樓) 같은 시설물을 세웠습니다.

성곽의 종류

성곽은 인류의 역사와 함께 오랜 것으로 역사적·사회적·자연적·시대적 조건에 따라서 그 규모와 형식·구조 등이 매우 다릅니다. 우리나라의 성곽은 대체로 다음의 5종류로 구분하여 볼 수 있습니다.

산성

산의 정상에서 계곡을 따라 성벽을 쌓은 것으로, 이러한 산성은 주로 돌로 쌓았고, 절벽을 이용하였으며, 산기슭에는 특별히 견고히 하는 한편 계곡에는 수문(水門)을 설치하였습니다.

산성은 한국의 성 가운데 대부분을 차지하고 있으며, 그 형식은 입지 조건과 지형 선택의 기준에 따라 테뫼식(또는 머리띠식)과 포곡식(包谷式)으로 구분하는 것이 보통입니다.

테뫼식은 산봉우리를 중심으로 하여 그 주위에 성벽을 두른 모습이 마치 머리에 수건을 동여맨 것과 같아서 붙여진 이름이며, 대개 규모가 작은 산성에 이용되었습니다. 포곡식은 성 내부에 넓은 계곡을 포용(包容)한 산성으로, 계곡을 둘러싼 주위의 산릉에 따라 성벽을 축조한 것이며, 성내의 계곡 물은 평지 가까운 곳에 마련된 수구(水口)를 통하여 외부로 유출되고, 성문도 대개 이러한 수구 부근에 설치되어 있습니다. 이러한 산성은 특히 전쟁 때에 그 기능이 발휘되었는데, 임진왜란 때의 행주산성, 병자호란 때의 백마산성, 남한산성(사적 57호) 등은 유명합니다.

이밖에도 부여 가림성(사적 제4호), 부소산성(사적 제5호), 공주산성(사적 제12호), 경주 남산신성(사적 제22호), 경주 부산성(사적 제25호), 부여 청마산성(사적 제34호), 명활성(사적 제47호) 등 많은 산성이 사적으로 보존되고 있습니다.

* **부여 가림성(사적 제4호)** : 백제의 수도였던 웅진성과 사비성을 지키기 위하여 금강 하류 부근에 쌓은 석성(石城)으로, 산 정상에서는 강경읍을 비롯한 금강 하류 일대가 한눈에 내려다보이며, 백제 동성왕 23년(501)에 쌓았다고 전해지고 있습니다. 성의 형태는 산꼭대기를 빙둘러 쌓은 테뫼식으로, 돌과 흙을 함께 사용하여 성벽을 쌓았으며, 성 안에는 남·서·북문터와 군창터, 우물터 3곳과 돌로 쌓았던 방어시설인 보루가 남아 있습니다. 또한, 백제 부흥 운동군의 거점지이기도 한 이곳에는 고려 전기의 장수 유금필이 이곳에 들러 빈민구제를 하였다고 하여 해마다 제사를 드리는 사당이 있습니다. 이 성은 백제 때 쌓은 성곽 가운데 연대를 확실히 알 수 있는 유일한 성이고, 옛 지명을 알 수 있는 유적으로 매우 중요합니다.

토성

흙으로 쌓은 성으로, 구릉의 토루에서 보새에 이르는 각종의 형식이 있습니다. 그중 청해토성, 해성토성 등 평지에 설치한 것은 중국의 영향을 받은 것이며, 낙랑군의 토성, 점제현의 어을동토성, 대방군의 토성 등은 토석혼축의 한대(漢代)의 토성입니다. 현재 전라북도 익산에 있는 익산 토성(사적 제92호)은 고구려의 부흥을 위하여 싸우던 고구려 유민이 쌓은 토성입니다.

* **익산 토성(사적 제92호)** : 오금산 정상에서 남쪽으로 작은 계곡을 둘러싸고 있는 백제 시대의 토성으로, 흙과 돌을 사용하여 쌓았으며, 오금산성 또는 삼국 통일 후 고구려의 왕족인 안승이 보덕국을 세웠던 곳이라고도 전하여 보덕성이라 부르기도 합니다. 성을 쌓은 시기는 이곳에서 발견되는 유물들을 볼 때 6세기 후반에서 7세기 전반으로 추정되고 있습니다. 이 성은 오금산의 구릉에 계곡을 감싸고 쌓은 포곡식 성으로, 둘레가 약 450m 정도 되는 토성이었으나, 현재는 남문이 있던 자리와 성문 밑으로 개울물이 흐르도록 했던 수구자리, 그리고 건물이 있었던 자리가 남아 있을 뿐입니다.

도성 또는 읍성

도시나 읍의 둘레를 둘러막은 성으로, 주로 고려 이후에 도읍을 보호하기 위하여 축조한 것입니다. 이 성은 대부분의 도읍에 설치하였는데 1395년(태조 4)에 쌓은 서울 한양 도성(사적 제10호)과 조선 정조 때 축조한 주위 약 5km에 달하는 석축의 수원 화성(사적 제3호)은 그 규모와 형식에 있어서 우리나라의 대표적인 도성이며, 신라 때의 도성인 경주읍성(사적 제96호)은 가장 오래된 도성의 하나로, 토석혼축의 축조물입니다.

* 경주읍성(사적 제96호) : 신라 시대 때의 석축읍성으로 보이나, 이 읍성의 정확한 축성 연대는 알 수 없습니다. 지금의 읍성은 조선 전기에 다시 짓고, 임진왜란(1592) 때 불에 탄 것을 조선 인조 10년(1632)에 동·서·북문을 만들면서 다시 지었다고 하며, 규모에 대해서는 조선 시대에 둘레가 약 1.2km, 높이가 약 4m 정도였다는 기록이 보입니다. 동서남북에 각각 문이 있어 그 문을 통해 출입을 할 수 있었다고 하지만 지금은 문의 흔적을 찾을 수 없습니다. 당시 남쪽에 있던 징례문에는 봉덕사의 성덕대왕신종(에밀레종)을 달아놓고 매일 울렸다고 합니다. 경주읍성은 현재 거의 헐리고 약 50m만 남아 있는데, 가로 40~50cm, 세로 20~30cm의 잘 다듬은 돌로 축성되어 있습니다.

성곽 유산 293

장성

장성은 행성이라고도 하며, 외적 특히 북방 민족의 방비를 위해 쌓은 성으로, 수십 리에 이르는 석벽, 진문(鎭門) 등을 연결한 것입니다. 고구려 영류왕 14년(631)에 당나라의 침입을 막기 위하여 동북쪽 부여로부터 서남쪽으로 요수를 거쳐 서해에 이르는 천리장성을 쌓은 일이 있으며, 고려 예종 때의 장성은 압록강에서 강원도 정평의 해안까지 이르러 여진과의 경계선을 이루었습니다.

진성

국경 해안 지대 등 국방상 중요한 곳에 군선(軍船)을 배치한 것을 말합니다. 이러한 진성은 특히 조선 시대에 제도화되었는데, 이는 육지에 성을 쌓는 것이 아니라, 바다나 강의 어귀에 일정한 수의 병선(兵船)을 배치하여 외적의 침입에 대항하게 한 수군진관을 말합니다.

우리나라 성곽의 특징

평면 구성상의 특징

우리나라의 성곽은 평면 구성이 중국의 방형이나 중세 서양의 별모양과 같이 일정한 형태를 갖는 것이 아니라, 자연적인 지형을 그대로 이용하여 복잡한 평면을 이루기 때문에, 우리나라의 대부분의 성곽은 여러 개의 계곡을 둘러싸고 설치되기도 하고, 산등성이의 구불거리는 지형을 그대로 이용하기도 합니다. 대체로 우리나라는 산지가 많으므로, 이 산지를 그대로 이용하며, 축성에 필요한 각종 재료도 부근의 산돌을 깨어 이용하거나, 돌이 없는 산은 흙을 깎아 성벽을 구성하였습니다. 한편, 적의 침입 때 산성에 들어가 지키는 전통적인 전술 때문에 따로 부대시설을 갖추지 않고 적당한 지형을 이용하는 경우가 많은데, 옹성·치성·망루 등의 시설을 따로 축조할 필요가 없게 되므로 축조 비용을 절감할 수 있는 이점이 있었습니다.

방어적 측면에서 본 특징

우리나라의 성곽들은 평지의 경우에는 물을 이용한 천연의 저지선을 만들었고, 산성의 경우는 넘겨다보는 산을 피하여 위에서 공격을 못하도록 위치 선정을 하고 있습니다. 평지성의 경우는 대개 앞에는 물이 좌우에서 합쳐져 자연적 참호를 이루게 하고, 뒤에는 험준한 산에 의지하도록 하여 방어력을 높였는데, 이러한 위치 선정은 사람의 힘을 가장 덜 들이고 적을 방어할 수 있는 점에서 지형의 유리함을 최대한 활용했다는 특징을 보이고 있습니다. 이러한 성곽의 배치 상태는 이른바 기각(앞뒤에서 서로 호응하여 적을 몰아치는 것)의 형태를 이루는데, 이것이 더욱 큰 규모의 지역에 적용되면 산성들 사이에 기각지세(掎角之勢)가 이루어집니다. 우리나라 산성의 대부분은 이 기각지세에 해당하여 하나의 단위 성곽이 적의 공격 목표가 되면, 다른 성들이 적의 배후를 공격하도록 배치되어 있습니다.

재료상의 특징

우리나라의 성곽에서 가장 흔히 보이는 축성 재료는 돌입니다. 중국의 성이 주로 판축의 토성으로 축조되었다면 우리나라의 성은 주로 내탁의 석성이라고 할 수 있습니다. 자연할석의 평평한 한쪽 면을 성벽의 바깥 부분으로 맞대어 쌓고, 그 안쪽에 석재를 뗄 때 생긴 부스러기를 넣으며, 다시 그 안쪽에 흙과 잡석을 채우는 내탁의 방법은 작업의 비용을 최소화하는 방법이었습니다. 이는 성을 부수는 무기인 충차(衝車)가 산의 험한 지형을 올라오기 어렵다는 점을 충분히 이용한 것입니다.

우리나라 성곽의 구조상 특징

우리나라 성곽은 부대시설을 배치할 때 산의 능선을 최대로 활용하고 있습니다. 우선 수문과 성문을 계곡의 중앙과 그 좌우에 설치하여 통행을 편리하게 하였으며, S자형으로 굽이 드나들도록 하고 있습니다. 그 반대로 암문은 산등성이로 통하는 능선부의 바로 아래 비탈진 부분을 이용하여 설치되어 있고, 치성은 산성의 경우 비교적 평탄한 지형에 성벽이 곧게 뻗은 곳에서 산등성이 쪽에 배치되었으며, 대부분 곡성을 이루고 있습니다.

옹성은 가파른 계곡 경사면일 경우 대부분 곡성으로 대치되며, 대지일 경우 ㄱ자형으로 되어 있습니다. 망루는 가장 높은 정상부, 혹은 산등성이와 연결되는 각부에 위치합니다.

성내의 가장 낮은 부분에 연못이나 샘이 있으며, 대부분의 연못은 방형 혹은 원형으로 단을 두고 깊게 축조하여 가뭄에도 물이 마르지 않도록 하고 있습니다.

공산성 영지와 만하루

Chapter 5

고분 유산

고분의 정의

고분의 기원

선사 시대의 고분

삼국 시대의 고분

고려 시대의 고분

조선 시대의 왕릉

고분 유산

고분의 정의

　고분(古墳)이란 일정한 양식을 갖춘 고대 사회의 지배층 무덤을 의미하나, 엄밀히 말해서 고분은 역사학·고고학의 의미를 갖는 경우에 한정하여 사용하고 있습니다. 그 이유는 원시 공동체 사회에서도 고분은 존재하나 단순히 주검이 묻힌 장소의 의미밖에 없고, 고대 사회 이후가 되면 풍부한 다른 문헌 자료에 의해서 의미가 상쇄되기 때문입니다. 우리 역사에서 고대 사회란 원시 공동체 사회에서 불평등한 소유의 단계를 지나 지배·피지배 계급이 발생하고, 지배 계급이 자신들의 정치적·경제적·사회적 권력을 유지하기 위한 제도와 기구의 집합체로서 국가를 만든 이후부터 정치적·경제적·사회적 성격이 질적으로 크게 변화를 겪는 통일 신라 시대 말기까지를 말합니다. 그러므로 우리 역사에서 고분은 단순히 옛무덤이 아니라, 삼국 시대와 통일 신라 시대의 성격이나 문화 양상을 파악할 수 있는 많은 자료를 제공하는 지배층의 무덤을 의미합니다.

고분의 기원

　인류가 언제부터 무덤을 만들기 시작했는가는 알 수 없지만, 현재 흔적이 남아 있는 것으로는 구석기 시대 중기부터이며 약 7, 8만 년 전의 것이 가장 오래된 것입니다. 구석기 시대 때는 땅을 약간 파고 굽혀서 매장한 형태였는데, 신석기 시대 후기가 되면 고인돌[支石墓]과 같은 거대한 석조 건조물이 나타나고, 청동기 시대에는 피라미드 같은 거대한 무덤이 건설되기도 하였습니다. 우리나라의 무덤은 신석기 시대부터 나타나지만, 청동기 시대 이후로 무덤 형식이 다양해지고, 역사 시대에는 각지에 많은 고분군이 남아 있습니다. 그러나 통일 신라 시대 이후로는 껴묻거리가 빈약해지거나 아예 없어져서 고고학에서의 고분 연구 성과는 삼국 시대의 그것보다는 많이 줄어들고 있습니다. 고분은 기록에 나타나는 고대인의 생활과 풍속을 실지로 보여주거나 보충 설명해줄 뿐 아니라, 기록에 전혀 나타나지 않는 시기의 문화와 생활 내용을 구체적으로 알 수 있게 해주는 귀중한 문화유산입니다.

선사 시대의 고분

선사 시대의 고분은 돌무지무덤, 돌널무덤, 돌덧널무덤, 고인돌, 독무덤, 덧널무덤 등의 여섯 가지로 크게 분류하여 볼 수 있습니다.

연천 삼곶리 돌무지무덤

돌무지무덤

돌무지무덤은 시체를 땅 위에 놓고 그대로 돌로 덮어놓은 방법으로, 이 무덤의 형식은 후에 고인돌의 모태가 됩니다.

우리나라에서 볼 수 있는 곳은 압록강 북안에서 발견된 것이 있는데, 대략 기원전 3세기 정도에 제작된 것으로 추정되고 있으며, 이 무덤은 선사 시대를 지나 고구려 돌무지무덤의 선구가 되고 있습니다.

돌널무덤

돌널무덤은 무덤을 만들 때 구덩이를 파고 내벽을 네 장의 돌널로 짜 맞추어 만든 무덤으로, 제작 연대는 대략 기원전 9~8세기 정도로 알려지고 있습니다. 돌널은 처음엔 정방형 십자 모양이었다가 뒤에는 2m 정도의 길이로 판석이 커지면서 머리 쪽의 넓이가 발쪽보다 약간 크게 됩니다. 이러한 돌널무덤은 삼국 시대 초기까지 계속 이어집니다.

돌덧널무덤

돌덧널무덤은 돌널무덤의 벽을 형성하는 판석이 여러 장으로 이어졌거나 판석과 막돌이 이어져 쓰였거나, 또는 막돌만이 쓰였을 경우의 무덤 형식을 말합니다. 대전 괴정동, 아산 남성리의 청동기 시대의 돌덧널무덤들은 모두 우리나라에서 가장 오래된 청동기 시대의 돌덧널무덤들입니다.

고인돌

청동기 시대의 대표적인 무덤으로, 지석묘라고도 합니다. 고인돌은 거대한 돌을 이용해 만든 지배 계급의 무덤으로, 규모가 큰 것은 덮개돌이 수십 톤이 되는 것도 있고, 청동기 유물이 함께 묻혀있기도 합니다.

우리나라에는 한반도와 만주 일대 그리고 호남 지방의 2만여 개를 비롯하여 약 4만여 개의 고인돌이 있으며, 그 밀집도와 다양한 형식과 독특한 특색을 지닌 고창·화순·강화 고인돌 유적은 2000년 12월 세계문화유산으로 등재되었습니다. 강화·고창·화순의 고인돌 유적은 우리나라 청동기 시기였던 기원전 2,000~3,000년 경의 무덤으로, 당시 장례의식 등의 문화상과 선사 시대의 기술 및 정치·사회 구조를 보여주는 높은 보존 가치를 지닌 유적입니다.

독무덤

독무덤은 철기 시대의 대표적인 무덤 양식으로, 옹관묘라고도 하며, 두 개의 항아리를 옆으로 이어 만들었는데 철기 시대 전기에는 소형이었다가 점차 커졌습니다. 우리나라 여러 곳에서 발견되었는데, 특히 영산강 유역에서는 독자적이고 특수한 대형의 전용 독무덤이 발견되고 있습니다.

덧널무덤

덧널무덤은 무덤 속에 관을 넣어두는 묘실을 나무로 짜 만든 무덤으로, 우리나라의 덧널무덤은 낙랑 시대의 것이 대표적인데, 그 특징은 지하 움 안에 나무 각재(角材)로 네모난 방 모양의 곽을 짜고, 봉토는 피라미드의 위를 잘라 버린 것 같은 방대형(方臺形)이라는 데 있습니다.

일반적으로 이 고분 양식은 초기 철기 시대에 위만조선과 관련되어 대동강 유역으로 들어온 묘제로서 유력자들의 무덤으로 차츰 전국으로 퍼진 것으로 보고 있습니다.

고인돌의 유형 및 대표 유적지

고조선 시대에 만들어진 고인돌은 그 형태에 따라 대체로 다음과 같이 3가지로 구분됩니다.

1. 탁자식 고인돌 : 다듬어진 판돌로 ㄷ자 또는 ㅁ자로 무덤방을 만들고 거대한 판석상의 덮개돌을 얹은 형태인데, 한강 이북에 주로 분포하여 북방식이라고도 했습니다. 그러나 최근에는 전남 지방에도 존재가 확인되어 북방식이라는 명칭은 거의 쓰이지 않고 있습니다.

2. 기반식 고인돌 : 판돌, 깬돌, 자연석 등으로 쌓은 무덤방을 지하에 만들고 받침돌을 놓은 후 거대한 덮개돌을 덮은 형태인데, 주로 한강 이남에 분포하여 남방식 고인돌이라고도 했

으나, 이 역시 북쪽에서도 발견되어 남방식이라는 명칭은 거의 쓰이지 않습니다.

3. 개석식 고인돌 : 지하에 무덤방을 만들고 바로 뚜껑을 덮은 형태로 뚜껑식, 대석개묘 등으로 불리기도 합니다.

* 강화 부근리 고인돌(사적 제137호) : 부근리 고인돌은 청동기 시대의 대표적인 무덤 형식으로, 우리나라 고대사 연구에 좋은 자료가 되고 있는 고인돌입니다.

이 고인돌은 중학교 국사 교과서나 자료에 나오는 고인돌 사진으로 많이 쓰이고 있으며, 유네스코 세계문화유산으로 등록되어 있습니다. 강화도에서는 탁자식 고인돌을 볼 수 있는데, 탁자식이란 지하에 돌방을 만들지 않고 노상에 주검을 안치한 뒤 사면을 판석으로 가리고 그 위에 덮개돌을 얹은 것을 말합니다.

우리나라 탁자식 고인돌 가운데 가장 규모가 큰 강화 부근리 고인돌은 거대하고 웅장한 탁자식 고인돌의 형태를 뚜렷하게 보여주고 있습니다.

이 고인돌은 길이 7.1m, 높이 2.6m로 그 무게만 50t에 달한다고 알려져 있는데, 현재 이곳은 부근리 일대의 터를 깔끔하게 정리하고 청동기 시대의 주거 형태인 움집과 고인돌을 함께 볼 수 있도록 공원을 조성해 놓았습니다.

* **고창 고인돌 유적(사적 391호)** : 고창읍 죽림리 매산 마을을 중심으로 죽림리, 봉덕리, 상갑리 일대에 447기가 분포해 있는 유적지입니다.

죽림리 고인돌은 해발 15m~65m의 등고선을 따라 일정한 높이에 442기가 자리 잡고 있고, 도산리 지동 마을에도 고인돌 5기가 남아 있습니다.

고창 고인돌의 특징은 좁은 지역 안에서 440여기가 밀집되어 있다는 점이고, 고인돌의 형식은 탁자식·기반식·개석식과, 탁자식의 변형이라 할 수 있는 지상석곽형 등 다양한 형식이 있으며, 채석장 유적도 발견되었습니다.

* 화순 고인돌 유적(사적 제410호) : 화순군 도곡면 효산리와 춘양면 대신리 일대의 계곡을 따라 약 10㎞에 걸쳐 596기(효산리 277기, 대신리 319기)의 고인돌이 분포해 있는 유적지로, 고인돌에 쓰이는 돌을 캐기 위한 채석장도 발견되었습니다.

　대신리에는 해발 65~125m, 효산리에는 해발 45~90m에 분포하고 있어 일반적인 고인돌보다 높은 곳에 위치해 있으며, 숲속에 자리 잡고 있어 보존 상태가 매우 양호합니다. 화순 고인돌 유적은 좁은 지역 안에 고인돌이 밀집 분포하고 있고, 100톤 이상의 대형 고인돌 수십 기가 위치하고 있으며, 고인돌의 축조 과정을 보여주는 채석장이 발견되어 당시의 석재를 다루는 기술과 축조 방법을 확인할 수 있습니다.

삼국 시대의 고분

고구려 시대의 고분

고구려는 초기에 주로 돌무지무덤을 만들었으나, 점차 굴식 돌방무덤으로 바꾸어 갔습니다. 돌을 정밀하게 쌓아올린 돌무지무덤은 만주의 집안(지안) 일대에 1만 2,000여 기가 무리를 이루고 있습니다. 이러한 무덤의 가장 대표적인 것은 다듬은 돌을 계단식으로 7층까지 쌓아올린 장군총입니다. 굴식 돌방무덤은 돌로 널방을 짜고 그 위에 흙으로 덮어 봉분을 만든 것으로, 널방의 벽과 천장에는 벽화를 그리기도 하였습니다. 이런 무덤은 만주 집안, 평안도 용강, 황해도 안악 등지에 널려 있습니다. 고분 벽화는 당시 고구려 사람의 생활, 문화, 종교 등을 파악할 수 있는 귀중한 자료인데, 초기에는 주로 무덤 주인의 생활을 표현한 그림이 많이 있고, 후기로 갈수록 점차 추상화되어 사신도 같은 상징적 그림으로 변하였습니다.

* 장군총 : 중국 지린성 지안현에 있는 고구려 시대의 돌무지무덤입니다. 3세기 초부터 427년까지 고구려가 도읍한 지안현 퉁거우 평야에는 광개토왕릉비와 고구려 최대형급의 무덤인 태왕릉, 사신총 등 석릉과 토분 1만 기가 있으나 외형이 거의 완존한 석릉은 장군총뿐입니다.

장군총은 화강암 표면을 정성들여 가공한 절석을 7단의 스텝 피라미드형으로 쌓았기 때문에 중국인들은 이 장군총을 '동방의 피라미드'라고 부르기도 합니다. 장군총은 기단의 한 변 길이는 33m이고, 높이는 약 13m 나 됩니다. 기단의 둘레에는 너비 4m로 돌을 깔았으며, 그 바깥둘레에 너비 30m 의 역석을 깔아 능역을 표시하였습니다. 널방은 화강암의 절석을 쌓아 지었는데, 천장석이 있는 굴식이며, 2개의 널받침이 있습니다.

이 무덤의 주인공으로는 광개토대왕과 그 아들인 장수왕의 것이라는 두 설이 있는데, 중국 측에서는 태왕릉을 광개토대왕릉으로, 장군총을 장수왕릉으로 보고 있으나, 고분의 유품이 모두 도굴당하였기 때문에 추측에 의존하고 있습니다.

장군총은 2004년 유네스코가 세계 문화유산으로 지정하였는데, 아쉽게도 중국의 문화재로 등록되어 있습니다.

백제 시대의 고분

백제는 한강 유역에 있던 초기 한성 시기에는 계단식 돌무지무덤을 만들었는데, 서울 석촌동에 일부가 남아 있습니다. 이는 백제 건국의 주도 세력이 고구려와 같은 계통이라는 건국 이야기의 내용을 뒷받침하고 있습니다. 웅진 시기의 고분은 굴식 돌방무덤 또는 널방을 벽돌로 쌓은 벽돌무덤으로 바뀌었는데, 벽돌무덤은 중국 남조의 영향을 받은 것으로, 완전한 형태로 발견된 무령왕릉이 유명합니다. 사비 시기에는 규모는 작지만 세련된 굴식 돌방무덤을 만들었습니다. 백제 돌방무덤과 벽돌무덤에도 벽과 천장에 사신도와 같은 그림을 그려 넣기도 하였습니다.

* **서울 석촌동 고분군(사적 제243호)** : 서울 송파구 석촌동에 있는 초기 백제의 무덤으로, 석촌동 무덤들은 일제 때 처음 조사되었고 1호, 2호 무덤은 주민들이 농사짓는 땅으로 이용해서 내부 구조와 유물은 정확히 알 수 없었으며, 3호 무덤은 기원전·후부터 나타나는 고구려 무덤 형식인 기단식 돌무지무덤(기단식 적석총)입니다. 무덤은 높은 지형을 평평하게 하고 밑 테두리에는 매우 크고 긴 돌을 두르고 자연석으로 층단을 이루면서 쌓아올려 3단으로 되었습니다. 5호 무덤은 조사가 완전하게 되지 않아 구조와 유물에 대해서는 확실히 알 수 없고, 무덤 주변에는 무덤을 두르고 있는 돌을 2단으로 쌓았습니다. 이 무덤들은 가락동·방이동 무덤과 함께 초기 백제의 문화와 역사를 알려주는 중요한 자료입니다.

토광묘

* **공주 무령왕릉** : 공주 송산리 고분군의 7번째 발견된 고분으로, 백제 무령왕과 왕비의 능이며, 1971년 7월 7일 처음 발굴되었습니다. 무령왕릉에서는 지석이 발견되어 축조 연대를 분명히 제시해주었기 때문에 삼국 시대 고고학 편년연구에 기준 자료가 되고 있으며, 국보로 지정된 금제관식, 금제뒤꽂이, 금제 귀걸이, 지석, 석수, 청동신수경 등을 포함하여 총 2,900여 점의 많은 유물이 출토 되었습니다. 무령왕릉을 포함한 공주 송산리 고분군은 사적 13호로 지정되어 있습니다. 송산리 고분의 1~5호분은 깬돌을 쌓아 만든 반원 굴식 돌방무덤이고, 6호분과 무령왕릉은 굴식 벽돌무덤입니다. 무령왕릉은 우리나라에서 무덤의 주인공을 확인할 수 있게 된 최초의 왕릉이라는 점에서 고고학적·역사적 가치가 있고, 백제 고분이 대부분 도굴의 피해를 입었음에도 불구하고 무령왕릉은 완전하게 원형을 유지한 채 발견된 점도 역사적 중요성을 갖고 있습니다.

신라 시대의 고분

신라는 거대한 돌무지덧널무덤을 많이 만들었으며, 삼국 통일 직전에는 굴식 돌방무덤도 만들었습니다. 경주 시내에는 4세기~6세기 전반에 조영된 신라 시대의 대형 돌무지덧널무덤이 곳곳에 남아 있는데, 이 무덤은 지하·지상에 덧널을 짜 놓고 그 속에 널과 껴묻거리를 넣은 뒤 덧널의 상부에 돌을 쌓고 그 위에 봉토를 씌우는 특이한 구조입니다. 이 무덤에는 봉토의 크기에 걸맞게 금관을 비롯한 많은 유물이 껴묻혔는데, 대표적 무덤으로는 금관총·금령총·서봉총·식리총·천마총·황남대총 등을 들 수 있습니다. 통일 신라 시대에는 불교의 영향으로 화장이 유행하였고, 고분 양식도 거대한 돌무지덧널무덤에서 점차 규모가 작은 굴식 돌방무덤으로 바뀌었고, 봉토 주위를 둘레돌로 두르고, 12지신상을 조각하는 독특한 양식이 새롭게 나타났습니다.

* **경주 천마총** : 경북 경주시 황남동 고분군에 속하는 제155호 고분으로, 신라 22대 지증왕의 능으로 추정되고 있습니다. 천마총의 지름은 47m이고, 높이는 12.7m입니다. 천마총은 신라 특유의 돌무지덧널무덤(적석 목곽분)으로서 천마도장니(국보 제207호), 금관(국보 제188호), 금모(국보 제189호) 등 모두 1만 1,500여 점의 유물이 출토되었습니다. 이러한 출토품 중 순백의 천마 한 마리가 하늘로 날아 올라가는 그림이 그려진 자작나무 껍질로 만든 천마도장니는 회화 자료가 전혀 발견되지 않았던 신라의 유일한 미술품이라는 데 큰 의의를 가지며, 이러한 이유 때문에 이 고분은 천마총이란 이름이 붙여졌습니다.

* **경주 황남대총** : 경북 경주시 황남동에 있는 신라 시대의 돌무지덧널무덤으로, 황남동 제98호분이라고도 합니다.

이 고분은 경주 시내의 고분군 중에서 가장 규모가 큰 돌무지덧널무덤으로, 두 개의 봉분이 남북으로 표주박 모양으로 붙어 있습니다.

황남대총은 신라 고분을 여러 널무덤과 홑무덤으로 구분할 경우 어울무덤에 속하며, 형태상 표형분에 속하는 무덤으로 돌무지덧널무덤의 형식상 비교적 초기에 속하는 것으로 추측됩니다.

이 고분은 기원 4~5세기 경 돌무지덧널무덤의 등장과 그 구조를 연구하는 데 중요한 고분입니다.

고분 유산 311

고려 시대의 고분

고려 시대는 횡구식석실·석곽묘·토광묘·회곽묘 등이 만들어졌습니다. 횡구식석실은 신라 시대의 고분과 비슷하나 막돌로 연도 없이 축조하였고 평천장입니다. 개성 부근의 왕릉들과 지방의 귀족묘 등이 대개 이 형식을 택하였습니다.

석곽묘는 소형 토광묘와 함께 가장 많이 사용된 형식으로 지하에 비교적 깊게 장방형의 광을 파고 우두(牛頭)의 큰 돌로 1단 또는 2단으로 네 벽을 쌓고 판상석으로 천장을 덮었는데, 강화 외포리와 논산 득원리의 석곽묘가 널리 알려져 있습니다. 토광묘는 전통적인 목관용토광입니다. 석관묘나 토광묘 중에는 머리 부위의 측벽에 부실(副室)을 만들거나 광벽에 벽장 같은 감실(龕室)을 만들어 부장물을 넣은 것도 있습니다. 회곽묘는 고려 말기에 비롯되어 조선 시대에 성행한 형식이며, 토광 안에 생석회로 곽을 만드는데 겨우 관을 안치할 정도로 만듭니다.

고려 시대의 고분은 어느 형식이거나 분구는 토총이 주류이며, 그 형상은 원형 또는 장방형인데, 방형의 경우는 둘레를 장대석으로 두릅니다. 특이한 예로 거창 둔마리 벽화 고분의 경우 석실이 동서 2실로 되고 천녀상(天女像)이 그려져 있습니다.

고려 시대 무덤은 전시대에 비하여 두 가지의 특징이 있는데, 하나는 풍수지리사상이 더욱 철저해진 점이고, 또 하나는 부장품이 박해진 점입니다. 즉, 부장품에 금은옥석으로 만든 장신구가 거의 없어지고 대신 동경과 자기가 들어가게 되었는데, 이런 현상은 불교의 생활화와 북방계 문화의 영향이 증대된 까닭인 것으로 보고 있습니다.

* **거창 둔마리 벽화 고분(사적 제239호)** : 거창 둔마리 금귀봉의 동남쪽으로 뻗어있는 산등성이에 자리 잡고 있는 고려 시대의 무덤으로, 무덤 내부 구조는 상자형 쌍돌덧널로 먼저 땅을 판 후 판석으로 벽을 두르고 그 안에 덧널을 설치한 굴식돌방무덤(횡혈식석실묘)입니다.

양쪽 돌덧널 모두 벽면에 회칠을 하고 흑·녹·갈색으로 인물을 그린 벽화가 있고, 동쪽 돌덧널의 동쪽 벽에는 선녀 6명의 모습이 그려져 있으며, 북쪽 벽에 글자가 희미하게 나타나 있습니다.

서쪽 돌덧널의 서쪽 벽에는 여자 2명, 남자 1명의 얼굴이 그려져 있습니다. 벽화의 내용은 악기연주 그림으로 붓의 움직임이 자유롭고 생기가 있으며, 불교의 사상이 중심이 되면서 또한 도교의 요소도 포함되어 있습니다.

고분 유산 313

조선 시대의 왕릉

정의

조선 왕릉이란 고려가 멸망한 1392년부터 일제에 병합되던 1910년까지 500년 이상을 이어온 조선 왕조의 왕과 왕비 및 사후 추존된 왕과 왕비의 무덤을 망라한 것으로, 우리나라에 현존하는 왕릉 중 가장 완전한 형태를 갖춘 유적입니다.

한 왕조를 이끈 왕과 왕비의 무덤이 고스란히 보존, 한꺼번에 관리되는 경우는 동서고금을 통틀어 조선 왕릉이 유일한 사례로, 조선 왕조 500여 년의 역사와 문화, 가치관을 담고 있는 조선 왕릉은 우리만이 가질 수 있는 매우 독특한 문화유산이며, 조성 당시부터 계획적으로 조성되고 엄격하게 관리된 왕릉과 왕릉 주변의 산림은 도시화된 서울과 서울 주변 지역의 소중한 녹지 공간으로도 사랑받고 있습니다.

조선 왕릉의 가치

조선 왕릉은 왕릉 하나하나가 완전한 형태를 갖추고 있는 고유의 유적이고, 조선 왕릉의 가치는 왕릉 개개의 완전성은 물론이고 한 시대의 왕조를 이끌었던 역대 왕과 왕비의 왕릉이 모두, 그리고 대부분 원형 그대로 제자리에 보존되어 있다는 점에서 더욱 의미가 깊습니다.

특히 한 왕조의 왕릉이 이처럼 온전한 형태로 보존돼 있는 것은 세계적으로 유일한 사례이므로, 세계문화유산으로 등재되었는데, 여기에 등재된 조선 왕릉은 조선 시대의 27대 왕과 왕비의 무덤 총 44기(基) 중 북한 지역에 있는 태조(제1대)의 왕비인 신의왕후의 제릉, 정종(제2대)과 정안왕후의 후릉, 폐위된 연산군묘(제10대)와 광해군묘(제15대) 등 4기를 제외한 총 40기입니다.

조선 왕릉은 유교와 풍수적 전통을 기반으로 한 독특하고 예술적 가치가 뛰어난 건축과 조경 양식, 현재까지 계승되고 있는 제례의식 등을 통해 압축된 한국인의 세계관과 장묘 문화, 특히 왕실의 장례 및 제례 등을 알 수 있어 문화재로서 그 가치가 매우 뛰어납니다.

 조선 왕릉은 그 전체 형태나 석물의 예술적 표현에서 고유한 가치를 찾을 수 있습니다. 중국이나 일본의 능묘와 견주어 알 수 있듯이 조선 왕릉의 봉분 축조방식이나 원장설치, 각종 석물 배치는 주변의 나라들에서 찾아 볼 수 없는 독특한 요소들로 이루어져 있습니다.

 특히 문무인석의 조형이나 호석과 난간석은 조선 왕조 조형예술에서 달성한 독특한 경지를 잘 보여줍니다.

 또한 홍살문에서 향로를 따라 이어지는 정자각의 단순하면서 절제된 건축 형태는 조선 왕릉에서만 경험할 수 있는 엄숙하고 독특한 조형 세계입니다.

조선 왕릉의 기본적인 공간 구조

조선 왕릉의 기본적인 공간 구조는 크게 재실과 진입 공간, 제향 공간, 정자각, 전이 공간, 능침 공간으로 나뉩니다.

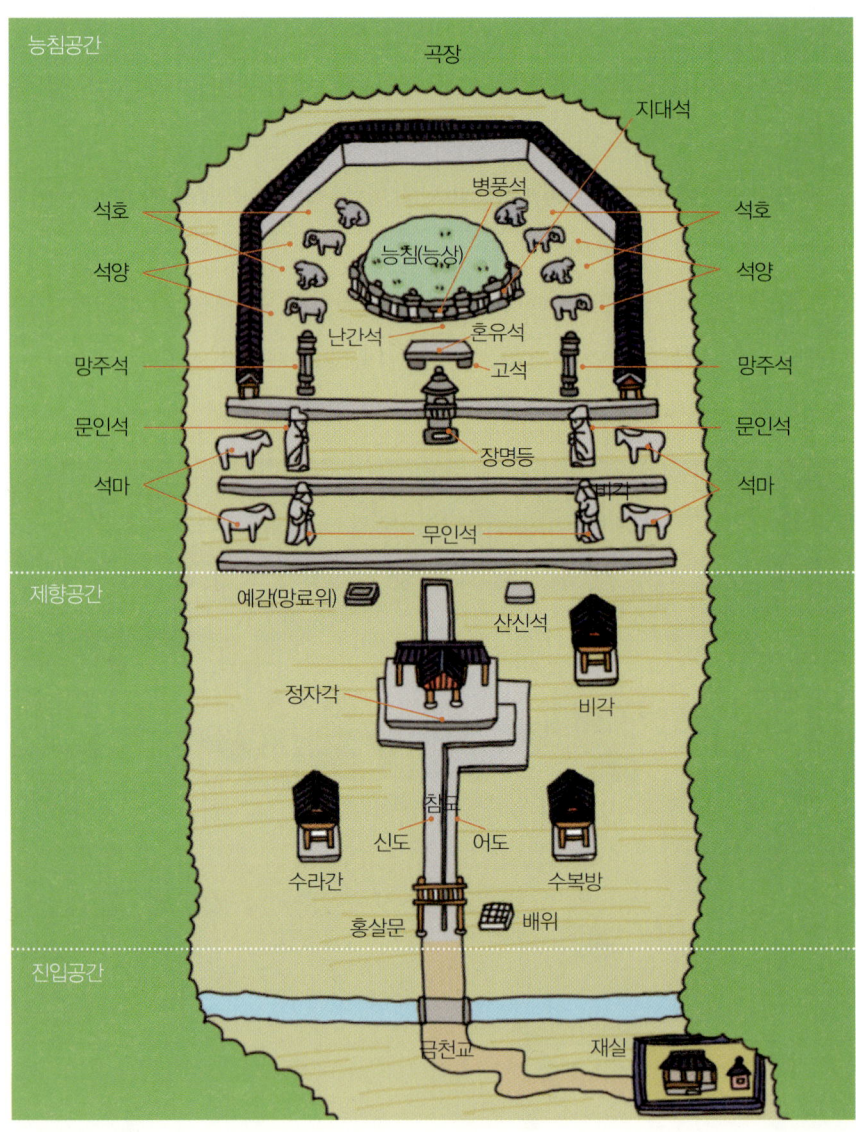

〈조선 왕릉 주요 상설〉

재실(齋室)

재실은 능이나 종묘에 제사를 지내기 위하여 지은 집으로, 제사를 지낼 때 쓰는 기구를 보관하고, 왕릉을 관리하는 벼슬직인 능참봉이 머무르던 용도로 사용되었습니다.

진입 공간

진입 공간은 살아 있는 자를 위한 공간으로, 이 공간에는 금천교와 홍살문이 있는데, 가장 먼저 나타나는 금천교는 속세와 왕릉을 구분하는 다리의 역할을 하였고, 금천교 뒤에 위치한 홍살문은 능·원·묘·궁전 앞에 세우던 붉은 물감을 칠한 나무로 만든 문으로, 둥근 기둥 두 개를 세우고, 위에는 지붕 없이 화살모양의 나무를 나란히 세워 놓았는데, 그 중간에는 태극 문양이 그려져 있습니다.

제향 공간

제향 공간은 살아 있는 자와 죽은 자가 만나는 공간으로, 이 공간에는 정자각으로 가는 참도와 정자각, 수복방이 있습니다. 참도는 신령이 다니는 신도와 임금이 다니는 어도로 구분됩니다.

정자각

정자각은 왕릉 바로 앞에 있는 「丁」자형의 제전(祭殿)으로, 황제국에서는 아주 크게 지었으나, 조선 시대는 제후국으로 자처하였기 때문에 「丁」자형의 집을 짓고 왕의 위패를 조각하여 두었습니다. 조선 왕릉이라면 기본적으로 있는 건물로, 정자각 내부에는 제사를 지내는데 쓰이는 제사 도구가 있고, 이것들은 대부분 붉은 색으로 칠해져 있으며, 황제로 추숭(追崇)된 왕릉의 제사 도구들은 황제를 상징하는 노란색으로 칠해져 있습니다.

* **구리 동구릉 건원릉 정자각(보물 제1741호)** : 건원릉 정자각은 태종 8년(1408)에 건원릉과 같이 건립되었고, 그 후 몇 차례의 중수가 있었지만 『국조오례의』 길례 단묘도설과 비교해 볼 때 초창기의 기본적 틀을 그대로 유지하고 있습니다.

이 정자각은 장방형의 기단 위에 정전 정면 3칸, 측면 2칸에, 배위청 정면 1칸, 측면 2칸이 전체적으로 丁자형을 이루며 서 있고, 기단은 장대석을 4단 이상 쌓은 단정한 모습을 하고 있습니다. 이 정자각은 조선을 건국한 태조 이성계의 능인 건원릉의 정자각이라는 상징적 의미 뿐 만 아니라, 조선의 능침 제도에서 정자각의 표준으로서 역사적, 예술적, 학술적 가치가 큰 건물입니다.

전이 공간

정자각 앞에 있는 전이 공간에는 왕릉의 주인을 설명하는 비석이 있는 비각이 있고, 축문을 태우는 예감과 왕릉이 위치한 본래의 산신에게 제사를 지내는 산신석이 있습니다.

능침 공간

능침 공간은 돌아가신 선왕과 선후를 위한 가장 성스러운 공간으로서, 상계·중계·하계의 세 단계로 나뉘며, 장대석으로 각 단계가 구분되어 있습니다. 가장 높은 상계에는 왕과 왕비의 침전인 봉분이 곡장에 둘러싸여 있고, 봉분 주변에는 석양과 석호, 혼유석, 망주석이 자리합니다. 중계에는 중앙에 장명등이 있고, 문석인과 석마(石馬)가 좌우 한 쌍씩 마주하고 있습니다. 가장 아래쪽의 하계에는 좌우 한 쌍씩 무석인과 석마가 있습니다. 제21대 영조 원릉부터는 중계와 하계가 합쳐져 문·무석인이 한 단에 세워졌습니다.

조선 왕릉과 풍수

조선 시대의 왕릉은 중국 『주례』의 기본질서를 바탕으로 하면서, 한양으로부터의 거리, 그리고 주변 능과의 거리, 방위, 도로와의 관계, 주변 산세 등과의 관계를 신중히 고려하여 결정하였습니다. 조선 왕릉의 입지는 왕릉으로서의 권위를 드러내면서 자연의 지세를 존중하는 자연 조화적인 조영술을 따랐습니다. 조선 왕릉은 자연의 지세와 규모에 따라 봉분의 형태를 달리하고 있는데, 이는 왕릉 또한 자연 환경의 일부로 여기는 풍수사상에 따라 이루어진 것입니다. 조선 왕릉은 단릉, 쌍릉, 합장릉, 동원이강릉, 동원상하릉, 삼연릉, 동봉삼실릉 등 다양한 형식으로 나타나고 있습니다.

◆ 왕릉의 형식 ◆

1. 단릉 : 왕과 왕비의 무덤을 단독으로 조성한 것
2. 쌍릉 : 평평하게 조성한 언덕에 하나의 곡장을 둘러 왕과 왕비의 봉분을 좌상우하의 원칙에 의해 쌍분으로 만든 것
3. 합장릉 : 왕과 왕비를 하나의 봉분에 합장한 것
4. 동원이강릉 : 하나의 정자각 뒤로 다른 줄기의 언덕에 별도의 봉분과 상설을 배치한 것
5. 동원상하릉 : 왕과 왕비의 능이 같은 언덕에 위아래로 조영된 것
6. 삼연릉 : 한 언덕에 왕과 왕비 그리고 계비의 봉분을 나란히 배치하고 곡장을 두른 것
7. 동봉삼실릉 : 왕과 왕비 그리고 계비를 하나의 봉분에 합장한 것

조선 왕릉의 분포

조선 왕릉은 북한 지역에 있는 후릉과 강원도 영월에 있는 6대 단종의 장릉을 제외하면 나머지 왕릉이 모두 서울과 경기도 일대에 조성되어 있는데, 그 이유는 '능역은 한양성 사대문 밖 100리 안에 두어야 한다.'고 밝힌 조선 시대 최고의 법전인 [경국대전]에 따랐기 때문입니다.

조선 왕릉은 단종 장릉과 단종왕비 정순왕후 사릉처럼 단릉(單陵)이 개별 능역을 이루기도 하고, 태종 · 태종왕비 원경황후 헌릉이나 세종 · 세종왕비 소헌왕후 영릉처럼 왕과 왕비가 한 능역을 이루기도 하지만, 여러 왕릉이 한 지역에 모여 왕릉군(王陵群)을 형성하기도 합니다.

경기도 구리시에 위치한 동구릉은 '도성의 동쪽에 있는 아홉 기의 왕릉'이라 하여 붙여진 왕릉군이고, 경기도 고양시에 위치한 서오릉은 '도성의 서쪽에 있는 다섯 기의 왕릉'이며, 경기도 남양주시에 있는 홍릉과 유릉은 '고종황제 홍릉과 순종황제 유릉'이 있는 왕릉군입니다.

* **구리 동구릉(사적 제193호)** : 동구릉은 조선 왕조를 세운 태조 이성계의 무덤인 건원릉을 비롯한 왕릉 9기가 모여 있는 최대 규모의 왕릉군입니다.

동구릉에는 1대 태조의 건원릉을 중심으로 5대 문종과 현덕왕후의 무덤인 현릉, 14대 선조와 의인왕후·계비 인목왕후의 무덤인 목릉, 16대 인조의 계비 장렬왕후의 무덤인 휘릉, 18대 현종과 명성왕후의 무덤인 숭릉, 20대 경종의 비 단의왕후의 무덤인 혜릉, 21대 영조와 계비 정순왕후의 무덤인 원릉, 추존 문조대왕과 신정왕후의 무덤인 수릉, 24대 헌종과 효현왕후·계비 효정왕후의 무덤인 경릉 등 9개의 무덤이 있습니다.

태조의 무덤인 건원릉은 고려 공민왕과 노국공주의 현릉·정릉을 기본으로 삼아서 만들었으며, 조선 왕조 최초의 왕릉으로서 이후 왕릉의 본보기가 되었습니다.

동구릉은 조선 건국 초기부터 말기에 이르기까지 조선 왕조 500년의 부침과 능제의 변화를 한눈에 볼 수 있는 문화유산으로, 능 전역에 우거져 있는 숲과 능역을 가로지르는 개울물 등 자연경관이 아주 훌륭합니다.

건원릉

휘릉

수릉과 정자각

재실

* 고양 서오릉(사적 제198호) : 동구릉 다음으로 규모가 큰 조선 왕실의 왕릉군으로, 5기의 능으로 구성되어 있습니다.

세조 3년(1457)에 세자의 장자 의경세자(덕종)의 묘(현 경릉)를 처음으로 만든 이후 의경세자가 덕종으로 추존되면서 경릉이라고 개명하고, 덕종비 소혜왕후가 훗날 경릉에 같이 안장되었으며, 이후 8대 예종과 계비 안순왕후의 창릉, 19대 숙종의 원비인 인경왕후의 익릉, 숙종과 제1계비 인현왕후·제2계비 인원왕후의 명릉, 21대 영조의 원비인 정성왕후의 홍릉이 차례로 조영되었습니다.

서오릉에서 흥미로운 것은 숙종과 숙종 왕비들의 능입니다. 현재 서오릉에는 숙종과 숙종이 사랑했던 왕비 네 명(왕비 인경왕후, 제1계비 인현왕후, 제2계비 인원왕후, 장희빈)이 모두 모여 있습니다. 우선 숙종과 인현왕후가 나란히 묻혔고, 숙종과 인현왕후의 무덤 좌측 언덕 높은 곳에 인원왕후가 홀로 묻힌 명릉이 있고, 숙종왕비 인경왕후가 묻힌 익릉, 숙종의 후궁이자 경종의 어머니인 희빈 장씨의 무덤인 대빈묘가 그것입니다.

숙종에게 한때 최고의 사랑을 받았으나 결국 숙종에게 사약을 받고 죽은 장희빈의 무덤은 경기도 광주에 거의 폐허로 자리하고 있다가 1970년 이곳으로 옮겨졌습니다.

순창원

익릉

명릉

수경원

* **남양주 홍릉과 유릉**(사적 제207호) : 홍릉과 유릉은 조선 왕릉 가운데 가장 마지막으로 조성된 왕릉입니다. 고종은 조선 말 개항기인 1897년 대한제국을 선포하고 황제가 되었기 때문에 이 홍릉과 유릉은 다른 조선 왕릉들과 달리 대한제국 황제릉의 격으로 조성되었습니다. 홍릉은 조선 26대 고종과 그의 부인인 명성황후의 무덤으로, 철종까지의 무덤 제도와 다르게 명나라 태조 효릉의 무덤 제도를 본떠서 12면의 병풍석을 세우고, 면석에 꽃무늬를 새겼으며, 난간 밖으로 둘레돌과 양석을 세우지 않았습니다. 무덤 아래에는 정자각 대신에 앞면 5칸, 옆면 4칸의 침방이 있는 집, 즉, 침전을 세웠으며, 문·무인석과 기린·코끼리·사자·낙타 등의 수석을 놓았습니다. 유릉은 순종과 동비 순명효황후, 동계비 순정효황후의 무덤입니다. 조선 왕조 무덤 중 한 봉우리에 3개의 방을 만든 동봉 삼실릉은 유릉뿐이며, 12면의 면석에 꽃무늬를 새긴 병풍석과 12칸의 난간석을 세웠고, 무덤 아래에는 침전이 정자각을 대신하였으며, 그 아래 문·무인석, 기린, 코끼리, 사자상 등을 배치하였습니다.

유릉

어정(우물)

홍릉

홍릉침전

* 여주 영릉(英陵)과 영릉(寧陵) [사적 제195호] : 영릉(英陵)은 조선 4대 세종과 부인 소헌왕후의 무덤입니다. 세종은 정치·경제·사회·역사·문화 등 각 분야에서 조선 시대 문화의 황금기를 이룩한 왕입니다.

세종 28년(1446)에 소헌왕후가 죽자 헌릉 서쪽 산줄기에 쌍실 무덤인 영릉을 만들었습니다. 동쪽 방은 왕후의 무덤으로 삼고, 서쪽 방은 왕이 살아 있을 때 미리 마련한 무덤으로 문종 즉위년(1450)에 세종이 죽자 합장하였습니다.

이 영릉은 조선 왕릉 중 최초로 한 봉우리에 서로 다른 방을 갖추고 있는 합장 무덤을 하고 있습니다. 한편 영릉(寧陵)은 17대 효종과 부인 인선왕후의 무덤으로, 처음엔 건원릉의 서쪽에 있었으나 석물에 틈이 생겨 현종 14년(1673)에 여주 영릉 동쪽으로 옮겼습니다. 영릉은 왕과 왕비의 무덤을 좌우로 나란히 하지 않고 아래·위로 만든 동원상하릉으로 쌍릉 형식을 취하고 있습니다. 이 영릉에는 다른 왕릉에서 볼 수 없는 홍살문과 정각 사 사이에 금천교가 위치하고 있는 것이 큰 특징입니다.

풍수지리에 의한 이런 쌍릉 형식은 조선 왕릉 중 최초의 형태이고, 경종의 무덤인 의릉이 이런 형태를 하고 있습니다.

금천교와 정자각

재실 (보물 제1532호)

* **서울 헌릉과 인릉(사적 제194호)** : 헌릉은 조선 3대 태종과 원경왕후의 무덤입니다. 헌릉은 쌍릉으로, 무덤 아랫부분이 병풍석으로 둘러있으며, 무덤의 형식은 태조의 건원릉을 따랐습니다. 각 무덤에 12칸의 난간석을 둘러서 서로 연결하였고, 무덤 앞에는 양석과 호석·문인석·마석을 배치하였습니다. 언덕 아래에는 정자각이 있고, 비각을 세웠습니다. 인릉은 23대 순조와 순원왕후의 무덤입니다. 인릉은 무덤에 병풍석을 세우지 않았고, 12칸의 난간석을 둘렀으며, 양석과 마석·상석·망주석을 세웠습니다. 원래 제사를 지내는 건물인 재실은 무덤과 같은 지역에 있는데, 헌릉·인릉의 재실은 서로 떨어져 있습니다.

◆ **능, 원, 묘의 차이** ◆

왕족의 무덤은 왕실의 위계에 따라 능, 원, 묘로 분류됩니다. 능(陵)은 추존왕, 추존 왕비를 포함한 왕과 왕비의 무덤을 말하고, 원(園)은 왕세자와 왕세자비, 그리고 왕의 사친(종실로서 임금의 자리에 오른 임금의 생가 어버이)의 무덤을 말하며. 묘(墓)는 나머지 왕족, 즉 왕의 정궁의 아들, 딸인 대군과 공주, 왕의 서자, 서녀인 군과 옹주, 왕의 첩인 후궁, 귀인 등의 무덤을 말합니다.

석조 유산

돌다리

석빙고

첨성대

석조 유산

돌다리

정의

다리는 하천·호소·해협·만·운하·저지 또는 다른 교통로나 구축물 위를 건너갈 수 있도록 만든 고가구조물로 교량이라고도 합니다. 지지할 시설의 종류 및 건너야 할 것의 종류에 따라 다종다양한 다리가 있으나 여기서는 문화재로서 가치 있는 돌로 만든 돌다리에 대하여 살펴봅니다.

삼국 시대 및 통일 신라 시대의 돌다리

기록상으로 볼 때 우리 나라에서 본격적이고 진보된 기술과 형식을 갖춘 다리는 삼국 시대에 비롯되었다고 할 수 있습니다. 문헌 기록에 나타난 최초의 다리는 413년에 완공된 평양주대교(平壤州大橋)로서, 그 위치는 알 수 없으나 당시로서는 꽤 큰 다리였던 것처럼 추측되고 있습니다. 이 밖에도 기록이나 구전으로 전해 오는 다리로는 지금의 경주 서천교 부근에 있었다고 생각되는 금교 또는 송교로 불리는 다리가 있었고, 당시 경주가 번성하였음을 보여 주는 육교인 궁남루교, 효불효교, 굴연천교, 신원교 등이 삼국 시대의 대표적인 다리들입니다. 우리나라 최초의 석교 아치교는 750년경 김대성이 불국사를 중창할 때 조성한 청운교와 백운교(국보 제23호)입니다. 이 다리는 현존하는 신라 시대의 다리로는 연화교 및 칠보교(국보 제22호)와 함께 가장 완전한 형태로 남아 있고, 연대 또한 가장 오래된 돌다리입니다.

* **경주 불국사 청운교 및 백운교(국보 제23호)** : 청운교와 백운교는 불국사 대웅전을 향하는 자하문과 연결된 다리로, 다리 아래의 일반인의 세계와 다리 위로의 부처의 세계를 이어주는 상징적인 의미를 지니고 있습니다.

이 다리는 통일 신라 경덕왕 10년(751)에 세워진 것으로 보이며, 신라 시대의 다리로는 유일하게 완전한 형태로 남아있는 매우 귀중한 유물이며, 무지개 모양으로 이루어진 다리 아래 부분은 우리나라 석교나 성문에서 보이는 반원 아치 모양의 홍예교의 시작점을 보여주고 있어 중요한 자료가 되고 있습니다.

* **경주 불국사 연화교 및 칠보교(국보 제22호)** : 연화교와 칠보교는 극락전으로 향하는 안양문과 연결된 다리로, 세속 사람들이 밟는 다리가 아니라, 서방 극락세계의 깨달은 사람만이 오르내리던 다리라고 전해지고 있습니다. 전체 18계단으로, 밑에는 10단의 연화교가 있고, 위에는 8단의 칠보교가 놓여 있습니다.

연화교의 맨 윗단에는 매우 큰 연꽃이 뚜렷하게 새겨져 있으며, 상하의 계단이 만나는 곳에서 천장이 약간의 곡선으로 되어 있는 완만한 아치교입니다. 이 다리는 헌강왕비가 비구니가 되어 오로지 망부(亡夫)가 극락왕생하기만을 부처님께 빌었다는 슬픈 이야기도 전합니다.

고려 시대의 돌다리

고려 시대의 돌다리로서는 우선 선죽교(북한 국보 문화유물 제159호)를 꼽을 수 있습니다. 이 다리는 개성 자남산 동쪽 기슭의 작은 개울에 놓인 돌다리로서 옛 이름은 선지교입니다.

전남 함평에 있는 고막교(독다리 ; 보물 제1372호)는 남한에 남아 있는 유일한 고려 시대의 다리로, 영산강의 지류에 놓인 이 다리는 투박한 인상을 주기는 하지만, 간결하고 다듬지 않은 돌기둥을 세운 뒤 그 위에 노면(路面)을 만들어 올린 평교 형식의 수수한 다리입니다.

* **선죽교(북한 국보 문화유물 제159호)** : 개성시 선죽동에 있는 고려 시대의 돌다리로, 이 다리는 고려 말엽 충신 정몽주가 이성계 일파에 의하여 숙청당한 곳으로 잘 알려져 있는 곳이며, 동쪽에 한호 글씨의 비석이 있습니다. 이 다리는 돌다리로서, 단순교로는 세계 최초의 것이라는 점이 특기할 만합니다.

문화재청

* 창녕 영산 만년교(보물 제564호) : 경남 창녕군 영산면 마을 실개천 위에 무지개 모양으로 만들어 놓은 돌다리로, 다리 길이는 13.5m, 폭은 3m이며, 높이는 5m입니다. 이 다리는 개울의 돌들과 흙 위에 자란 풀, 개울 주변의 숲, 물 위에 비친 반원 모양의 아치 구조 등이 조화를 이루며 아름다운 풍경을 연출하고 있습니다. 만년교는 개천 양쪽의 자연 암반을 바닥돌로 삼고 그 위에 잘 다듬어진 화강암 석재를 층층이 쌓아 무지개 모양의 홍예(虹霓)를 이루고 있고, 그 위로 둥글둥글한 자연석을 쌓아 올리고 맨 위에 얇게 흙을 깔아 다리 위로 사람이 다닐 수 있는 길을 만들어 놓았습니다.

이 돌다리는 조선 정조 4년(1780)에 처음 쌓았고, 고종 29년(1892)에 다시 쌓아 놓은 것으로, 지금도 마을 사람들이 통행할 만큼 튼튼하여 홍수 등에도 전혀 피해가 없습니다. 이 다리는 실개천이 남산에서 흘러내린다 하여 '남천교(南川橋)'라고도 합니다.

* 함평 고막리 고막교(독다리 ; 보물 제1372호) : 전라남도 함평군 고막리 고막천에 있는 고려 시대의 돌다리로, 전체 길이 20m, 너비 3m, 높이 2.1m이며, 남한에 남아 있는 유일한 고려 시대의 돌다리입니다.

이 다리의 돌쌓기 방식을 살펴보면 좀 투박해 보이면서도 멋을 부리지 않은 옛날식 그대로의 운치가 있습니다. 다듬거나 모양을 내지 않은 화강암의 석재 4~5개를 포개어 교각을 만들고 네모난 돌을 한두 개 받쳐 굄돌로 삼았고, 그 위에 다시 시렁돌을 올렸는데, 이 돌은 노면보다 양쪽으로 50cm 가량 튀어나와 있어서 멀리서 보면 마치 다리의 날개처럼 보입니다. 교각 위에는 넙적한 돌을 얹어 노면을 만들었고, 양쪽 가에 난간돌을 6개씩 놓고 그 사이에 두 줄로 빈틈없이 판석을 깔았습니다.

조선 시대의 돌다리

조선 시대에 이르러서는 많은 다리가 가설되어 현재 많은 돌다리가 전해지고 있는데, 그 중 대표적인 돌다리는 서울의 현재 성동교 동쪽에 위치해 있는 한강의 지류에 놓인, 조선 시대의 가장 긴 대교였다는 살곶이다리(전곶교 ; 보물 제1738호로)입니다. 이 다리는 구성의 면밀함과 균형, 각 부분 석재의 장대하고 소박함은 조선 전기 토목기술의 장중한 멋을 표현하고 있습니다. 이 다리는 현재 중간 부분이 훼손된 채 양쪽 가장자리만이 원형을 보존하고 있습니다. 서울 장충단공원 어귀 개천 위의 수표교(서울특별시 유형문화재 제18호)는 대표적인 조선 시대의 돌다리입니다. 수표교는 청계천에 놓였던 7개의 교량 가운데 가장 훌륭한 돌다리로 알려져 있으며, 또한 그 중 현존하는 유일한 돌다리입니다. 이 밖에도 조선 시대에는 창경궁 명정전에서 명정문에 이르는 길 위에 놓인 옥천교(보물 제386호)를 비롯하여, 순천 선암사 승선교(보물 제400호), 여수 흥국사 홍교(보물 제563호), 고성 건봉사 능파교(보물 제1336호), 송광사 삼청교 및 우화각(전라남도 유형문화재 제59호) 등이 있는데, 이들 다리는 조선 시대의 대표적 돌다리로, 현재까지도 그 아름다움과 정교함을 잘 전해 주고 있습니다.

* 창경궁 옥천교(보물 제386호) : 창경궁 홍화문 안쪽 명정문 앞에 있는 돌다리로, 전체적인 형태는 반원 아치 형태의 홍예 2개를 이어 붙여 안정감이 느껴지며, 궁궐의 다리에 맞는 격식을 갖추고 있습니다.

홍예가 이어지는 공간에는 억센 표정을 하고 있는 도깨비 얼굴을 새겨놓아 주의를 끄는데, 공간에 맞추려는 듯 이마가 넓고 턱이 좁아 삼각형을 이루고 있습니다. 다리 위는 중간 부분이 무지개처럼 약간 둥그스름하며, 다리의 너비는 널찍하게 두었습니다. 궁궐 안의 다리인 만큼 각 부분의 양식과 조각이 특별하며, 특히 다른 궐의 어느 것보다도 아름다운 모습을 지니고 있어 궐내에 있는 다리 중 이 다리만 보물로 지정되어 있습니다.

귀면석

십이지신상

* 순천 선암사 승선교(보물 제400호) : 순천시 승주읍 죽학리 선암사에 있는 돌다리로, 시냇물의 너비가 넓은 편이라서 다리의 규모도 큰 편인데, 커다란 무지개 모양으로 아름답게 놓여있습니다.

기단부는 자연 암반이 깔려 있어 홍수에도 다리가 급류에 휩쓸릴 염려가 없는 견고한 자연 기초를 이루고 있고, 다리의 아래 부분부터는 길게 다듬은 돌을 연결하여 무지개 모양의 홍예를 쌓았으며, 홍예를 중심으로 양쪽 시냇가와의 사이는 자연석을 쌓아 석벽을 이루고 그 윗부분에도 돌을 쌓았는데, 모두 주변의 냇돌을 이용하였습니다.

다리 한복판에는 용머리를 조각한 돌이 밑으로 삐죽 나와 있어 장식적 효과를 주고 있는데, 예로부터 이것을 뽑아내면 다리가 무너진다고 전해오고 있습니다.

* **여수 흥국사 홍교(보물 제563호)** : 흥국사 입구에 있는 무지개 모양의 돌다리로, 이 다리는 개울 양 기슭의 바위에 기대어 쌓았는데, 부채꼴 모양의 돌을 서로 맞추어 틀어 올린 다리 밑은 무지개 모양의 홍예를 이루고 있습니다.

그리고 홍예의 한복판에는 양쪽으로 마룻돌이 튀어 나와, 그 끝에 용머리를 장식하여 마치 용이 다리 밑을 굽어보고 있는 것처럼 보입니다. 양옆으로는 둥근 돌로 쌓아올린 벽이 학이 날개를 펼친 것처럼 길게 뻗쳐 조화를 이루고 있습니다.

흥국사 홍교는 조선 인조 17년(1639)에 세워진 다리로, 세속과 불국토의 갈림길이며, 흥국사의 불이문(不二門)이라 할 수 있고, 지금까지 알려진 무지개형 돌다리로서는 가장 높고 길며, 주변 경치와도 잘 어우러지는 아름다운 다리입니다.

* 고성 건봉사 능파교(보물 제1336호) : 고성 건봉사의 대웅전 지역과 극락전 지역을 연결하고 있는 무지개 모양의 다리로, 규모가 폭 3m, 길이 14.3m의 비교적 크고 원형이 잘 보존되어 있는 돌다리입니다. 조선 숙종 34년(1708)에 건립된 경내 불이문 옆의 '능파교신창기비'에 의하면 이 다리가 숙종 30년(1704)부터 숙종 33년(1707) 사이에 처음 축조되었다는 것을 알 수 있게 해주고 있으며, 그 후 영조 21년(1745)에 대홍수로 붕괴되어 영조 25년(1749)에 중수하였고, 고종 17년(1880)에 다시 무너져 그 석재를 대웅전의 돌층계와 산영루를 고쳐 쌓는 데에 이용하기도 하였습니다.

이와 같이 능파교는 축조 연대와 건립자 등을 알려주는 비석을 갖추고 있어 홍예교 연구에 좋은 자료가 되고 있습니다.

고성 건봉사에 있는 능파교를 건너면 대석단이 보이고, 대석단의 중앙 통로 좌우로 높이 158cm의 '십바라밀 석주'가 2개 있는데, 이 석주는 다른 절에서는 볼 수 없는 것으로, 시각적인 교육 효과를 지닌 중요한 유물입니다. 십바라밀은 피안 즉 열반에 이르기 위하여 보살 마하살이 수행하는 여섯 가지로 보시, 지계, 인욕, 정진, 선정, 지혜의 6바라밀에다 방편, 원, 력, 지의 4바라밀을 첨가한 것으로 그 하나하나에 깊은 의미가 간직되어 있습니다.

* **송광사 삼청교 및 우화각(전라남도 유형문화재 제59호)** : 순천시 송광면 신평리 송광사에 있는 조선 시대의 돌다리와 건물로, 송광사 대웅전으로 들어가는 통로인 다리(삼청교)와 그 위에 지은 건물(우화각)입니다. 삼청교는 일명 '능허교'라고도 하며, 19개의 네모난 돌로 무지개 모양을 만든 후, 양 옆에 다듬은 돌을 쌓아 올려 무게를 지탱하도록 하였습니다. 무지개 모양의 중심에는 여의주를 물고 있는 용머리돌이 나와 있습니다. 삼청교 위에 지어놓은 우화각은 사람들의 통행을 돕고자 만든 것으로, 지붕은, 입구 쪽은 팔작지붕이고, 출구 쪽은 맞배지붕으로 만들었습니다. 삼청교 및 우화각은 선암사 승선교나 흥국사 홍교와 같은 웅장한 멋은 없으나 두 유물이 다리 역할도 하면서 대웅전으로 들어가는 통로 역할도 하는 특이한 구조로 되어 있습니다.

석빙고

정의

석빙고는 얼음을 저장하기 위하여 만든 창고를 말합니다. 즉, 석빙고는 얼음을 저장해 두기 위해 돌을 쌓아 만든 창고로, 추운 겨울에 얼음을 보관해 두었다가 여름에 꺼내어 쓰는 옛날식 냉장고라고 할 수 있습니다. 옛날 우리 조상들은 음식을 차게 보관하기 위해서 물속에도 보관하였는데 보다 효과적으로 보관하기 위해서 이러한 석빙고를 만들어 얼음이나 찬 음식 같은 것을 보관하였습니다. 조선 숙종 때의 기록에 의하면 경북 경주에 있는 석빙고의 경우 한겨울에 얼려둔 얼음을 추석까지 사용했다고 합니다.

석빙고의 역사

얼음을 채취하여 저장하는 일은 신라 시대부터 있었고, 이 일을 맡은 관직을 빙고전(氷庫典)이라 하였습니다. 신라는 오래전부터 얼음을 저장하여 사용하였는데, 삼국유사의 기록에 의하면 신라 제3대 유리왕 때부터 얼음을 저장하여 사용하였으며, 『삼국사기』 신라본기에는 지증왕 6년 11월에 유사에게 명하여 얼음을 저장하도록 하였다는 기록이 나타납니다. 그러나 안타깝게도 당시에 축조된 빙고는 현재 남아 있는 것이 하나도 없습니다. 고려 시대에도 얼음을 나눠주는 반빙(頒氷) 제도가 있었으나, 고려 시대의 석빙고는 현재 발견, 조사된 바 없습니다. 조선 시대에는 건국 초기부터 장빙제도(藏氷制度)가 있었고, 석빙고는 1898년에 폐지될 때까지, 오랜 시간 조선에 얼음을 공급하는 창고로 사용되었습니다. 석빙고는 시대별, 지역별 형식상 다소의 차이가 있긴 하나 얼음을 효과적으로 보관하기 위해 독특한 구조적 특징을 갖고 발전해 왔고, 현존하는 빙고를 중심으로 볼 때, 빙고는 대개 성 밖의, 강가에서 그리 멀지 않은 곳에 위치하고 있습니다. 이것은 강에 얼어붙은 얼음을 채취하여 운반하기 쉬운 곳에 창고를 두었던 것으로 보입니다.

석빙고의 축조 방법

　석빙고는 보통 지하에 깊게 굴을 파고 안쪽 벽을 석재로 쌓아올리고, 내부의 밑바닥은 장방형으로 경사지게 만들었습니다. 그리고 바닥에는 배수구를 설치하여 빙고 안의 녹은 물을 내보내고 있습니다. 현재 우리나라에 남아 있는 대개의 석빙고의 경우, 빙실 공간의 절반은 지하에, 절반은 지상에 있는 구조가 대부분입니다. 석빙고의 외부 모습은 마치 무덤처럼 보이지만, 내부는 돌로 만들어져 계단을 통해 안으로 들어갈 수 있도록 만들었습니다. 석빙고는 화강암을 재료로 하여 천장을 아치형으로 만들고 그 사이에 움푹 들어간 구조로 만들었는데, 이런 구조는 더운 공기를 밖으로 빼어 낼 수 있도록 만든 것입니다.

　즉, 차가운 공기는 내려가고, 더운 공기는 위로 뜨기 때문에, 0℃ 안팎의 온도를 유지할 수가 있는 것입니다. 또한 빗물을 막기 위해 석회암과 진흙으로 방수층을 만들었고, 얼음과 벽 및 천장 틈 사이에는 왕겨, 밀짚, 톱밥 등의 단열재를 채워 외부 열기를 차단했습니다. 석빙고의 바닥은 흙으로 다지고 그 위에 넓은 돌을 깔아 놓았고, 바닥을 경사지게 만들어 얼음이 녹아서 생긴 물이 자연적으로 배수되도록 했고, 외부는 무덤처럼 만들어 잔디 같은 풀을 심어 햇빛을 반사하고, 풀에서 나온 습기로 석빙고의 온도를 낮추어 주도록 하였으며, 2 ~ 3곳에 환기구를 만들어 외부 공기와 통할 수 있게 만들었습니다.

석빙고의 특징

　현재 남아 있는 석빙고의 특징을 보면, 첫째, 돌로 지은 석빙고 위에 흙을 아주 두껍게 올려서 바깥의 열이 뚫고 들어오지 못하게 한 점입니다. 그 이유는 바깥의 온도에 영향을 받지 않고 일정한 실내 온도를 유지하도록 만든 건축 기술을 사용한 것입니다.

　둘째로, 석빙고 위에 덮은 무거운 힘을 지탱하기 위해서 힘을 분산시켜 지탱하는 둥글둥글 아치 형 구조로 만든 점입니다. 즉, 둥근 아치 구조는 힘의 분산뿐 아니라, 석빙고 안의 공기가 잘 순환하도록 도와주는 역할을 합니다. 공기가 잘 순환되어야 더운 공기는 빨리 빠져나가고, 찬 공기만 남아 얼음을 잘 보관해 줄 수 있습니다.

셋째로, 천장에 환기구를 만들어 석빙고 내부가 늘 건조한 상태를 유지하도록 만든 점입니다. 바깥의 시원한 공기가 들어오면 더운 공기는 위로 올라가고, 찬 공기는 바닥으로 내려앉는데, 천장의 환기구는 위로 올라간 더운 공기를 밖으로 빼내는 역할을 합니다.

넷째로, 석빙고의 벽을 만들 때 흙과 돌의 열전달 차이를 이용해 단열 효과를 극대화한 점입니다. 열전달률이 높은 돌로 내부 구조를 만들고, 진흙이나 석회 등으로 지붕을 덮어 열전달을 차단했기 때문에 한 여름에도 얼음이 녹지 않고 잘 보관되었습니다.

보물로 지정된 석빙고

현재 남아 있는 조선 시대의 석빙고에는 대부분 그 옆에 축조 연기를 새긴 석비가 건립되어 있어 축조 연대 및 관계자를 알 수 있는데, 대개가 18세기 초 숙종과 영조 때에 축조되었습니다.

현재 우리가 볼 수 있는 경주 석빙고(보물 제66호), 안동 석빙고(보물 제305호), 창녕 석빙고(보물 제310호), 청도 석빙고(보물 제323호), 달성 현풍 석빙고(보물 제673호), 창령 영산 석빙고(보물 제1739호) 등은 모두 보물로 지정된 석빙고로, 조선 시대에 재건축되거나 새로 지어진 것들입니다.

* 경주 석빙고(보물 제66호) : 경주 반월성 안의 북쪽 성루 위에 남북으로 길게 자리하고 있는 화강석으로 만든 얼음 창고로, 그 규모나 축성 기법 면에서 뛰어난 걸작으로 평가되고 있습니다.

경주 석빙고는 남쪽에 마련된 출입구를 들어가면 계단을 통하여 밑으로 내려가게 되어 있으며, 안으로 들어갈수록 바닥은 경사를 지어 물이 흘러 배수가 될 수 있게 만들었고, 북쪽 벽은 수직으로 쌓았습니다. 지붕은 반원 아치형으로 만들고, 3곳에 환기통을 마련하여 바깥 공기와 통하게 하였습니다.

이 석빙고는 석비와 입구 이맛돌에, 조선 영조 14년(1738)에 조명겸이 나무로 된 빙고를 돌로 축조하였다는 것과, 4년 뒤에 서쪽에서 지금의 위치로 옮겼다는 내용이 상세히 기록되어 있습니다.

현재 서쪽으로 약 100m 되는 지점에 옛터로 전하는 자리가 있습니다.

* **안동 석빙고(보물 제305호)** : 조선 시대 때 얼음을 저장하려고 화강석으로 만든 얼음 창고로, 낙동강에서 많이 잡히는 은어를 국왕에게 올리기 위해 만들어진 석빙고입니다. 안동 석빙고는 조선 영조 13년(1737)에 지어졌고, 형태는 동·서로 흐르는 낙동강 기슭의 넓은 땅에 강줄기를 향하여 남북으로 길게 누워 있으며, 입구는 특이하게 북쪽에 옆으로 나 있습니다. 석빙고 안으로 계단을 따라 들어가면 밑바닥은 경사져 있고, 중앙에는 물이 강으로 흘러가도록 만든 배수로가 있으며, 천장은 길고 크게 다듬은 돌들을 아치형(무지개 모양)으로 틀어 올린 4개의 홍예를 세워 무게를 지탱하도록 하고, 각 홍예 사이는 긴 돌들을 가로로 채워 마무리하였습니다. 천장의 곳곳에는 환기 구멍을 두었는데, 이는 안의 기온을 조절하기 위하여 설치한 것으로 바깥까지 연결되어 있습니다. 이 석빙고는 전체적으로 볼 때 규모가 큰 편은 아니나, 보존 상태가 매우 양호합니다. 지금의 안동 석빙고는 안동댐 건설로 수몰되게 되자, 정부가 1976년 안동시 도산면 서부리에 있던 것을 지금의 자리로 이전한 것입니다.

문화재청

* **창녕 석빙고(보물 제310호)** : 창녕군 교육청 바로 앞 개천 건너편에 언덕처럼 보이는 화강석으로 만든 얼음 창고로, 서쪽으로 흐르는 개울과 직각이 되도록 남북으로 길게 위치하고 있으며, 입구를 남쪽으로 내어 얼음을 쉽게 옮길 수 있도록 하였습니다.

　석빙고 입구 안의 계단을 따라 내려가면 밑바닥은 경사졌고, 북쪽 구석에는 물이 빠지도록 배수 구멍을 두었으며, 바닥은 네모나고 평평하게 만들었습니다. 내부는 잘 다듬어진 돌을 쌓아 양옆에서 틀어 올린 4개의 무지개 모양 띠를 중간 중간에 두었고, 각 띠 사이는 긴 돌을 가로로 걸쳐놓아 천장을 마무리하였으며, 천장의 곳곳에는 환기 구멍을 두어 바깥 공기가 드나들게 하였습니다.

　이 석빙고는 입구에 서 있는 비석의 기록을 통해 조선 영조 18년(1742)에 이곳의 현감이었던 신후서에 의해 세워졌다는 것을 알 수 있습니다.

* 청도 석빙고(보물 제323호) : 조선 시대 때 얼음을 저장하려고 화강석으로 만든 얼음 창고로, 현재까지 남아있는 우리나라 석빙고 가운데 경주 석빙고 다음으로 큰 규모이고, 만든 연대도 현재 남아 있는 석빙고 가운데 가장 오래된 석빙고입니다. 그러나 이 석빙고는 현재 양쪽 벽을 이어주던 반원 아치 형태의 홍예가 4군데 남아있을 뿐 천장은 완전히 무너져 불완전한 상태입니다.

이 석빙고는 동·서로 뻗은 직사각형 구조로, 서쪽에 문을 두었으며, 계단을 따라 안으로 들어가면 경사진 바닥이 보이고, 바닥 중앙에 물이 빠지는 길을 두고 동쪽에 구멍을 만들어, 석빙고 밖의 작은 개울로 물이 빠지도록 하였습니다.

이 석빙고는 입구 왼쪽에 세워져 있는 석비에 '계사(癸巳)년'이라는 기록이 있어 조선 숙종 39년(1713)에 만들어진 것으로 추정됩니다.

* 달성 현풍 석빙고(보물 제673호) : 조선 시대 때 얼음을 보관하기 위해 화강석으로 만든 얼음 창고로, 남북으로 길게 축조되어 있고, 출입구가 개울을 등진 능선쪽에 마련된 남향 구조의 석빙고입니다. 입구는 북쪽을 향하고 있으며, 길쭉한 돌을 다듬어 사각의 문틀을 만든 후 외부 공기를 막기 위해 돌로 뒷벽을 채웠고, 외부는 적석과 점토로 마치 고분처럼 둥글게 뒤덮었습니다.

그리고 잘 다듬어진 돌로 벽과 천장을 쌓았는데, 천장에는 무지개 모양의 홍예를 4개 틀어 올리고 그 사이사이에 길고 큰 돌을 얹어 아치형을 이루게 하였습니다. 천장에는 통풍을 위한 환기구가 두 군데 설치되어 있고, 빗물에 대비한 뚜껑이 있으며, 바닥은 평평한 돌을 깔고 중앙에 배수구를 두었습니다.

이 석빙고는 1982년 석빙고 주위의 보수 작업 때 축조 연대를 알려주는 건성비가 발견됨으로써 조선 영조 6년(1730)에 만들어진 것임을 알게 되었습니다.

문화재청

* **창녕 영산 석빙고(보물 제1739호)** : 이 석빙고는 화강석으로 쌓은 조선 중기의 얼음 창고로, 문쪽이 높고 그 반대쪽이 낮은 봉분형을 하고 있습니다.

영산 석빙고는 내부가 거칠게 다듬은 큰 돌로 만든 네모진 형태이고, 봉토 주변에는 자연석을 쌓아 둘레돌[護石]을 돌렸으며, 봉토 정상에는 환기 구멍으로 보이는 두개의 구멍이 있습니다.

다른 석빙고에 비해 약간 작은 규모이나, 쌓은 수법은 같습니다. 이 석빙고는 정확한 축조 시기는 알 수 없으나 『여지도서』와 조선 후기의 읍지에 따르면 현감 윤이일이 세운 것으로 추정됩니다.

첨성대

정의

첨성대는 별을 관측하기 위하여 높이 쌓은 대를 말합니다. 첨성대는 처음에는 '점성대'라고도 불려서 다소 점성적이던 것이 시대가 지남에 따라 '영대'라고도 하였다가 다시 관천대, 즉 더 정확하게는 간의대, 소간의대라고 하는 과학적인 명칭으로 변하여 왔습니다.

그러나 한편으로는 예로부터의 습성에 따라 후세에까지 여전히 첨성대라고 불렸던 것이 사실인 듯합니다.

첨성대 건립의 배경

삼국 시대에 별을 보는 데에는 크게 두 가지의 목적이 있었는데, 하나는 국가의 길흉을 점치기 위하여 별이 나타내는 현상을 관찰하는 것이고, 또 하나는 역법을 만들거나 그 오차를 줄이기 위하여 별이나 일월오성(해와 달, 그리고 지구에서 가까운 금성·목성·수성·화성·토성의 다섯 행성)의 운행을 관측하는 것입니다.

천문학은 하늘의 움직임에 따라 농사시기를 결정할 수 있다는 점에서 농업과 깊은 관계가 있으며, 관측 결과에 따라 국가의 길흉을 점치던 점성술(占星術)이 고대국가에서 중요시되었던 점으로 미루어 보면 정치와도 관련이 깊음을 알 수 있습니다.

따라서 천문 관측은 일찍부터 국가의 큰 관심사가 되었으며, 이는 첨성대 건립의 좋은 배경이 되었을 것으로 여겨집니다. 현존하는 첨성대 중 대표적인 것은 신라 시대 경주에 있었던 경주 첨성대입니다.

첨성대의 역사

고구려 시대의 첨성대

고구려의 첨성대에 대하여는 ≪세종실록≫지리지에 "평양성 안에 9묘와 9지(池)가 있는데…… 그 못가에 첨성대가 있다."는 기록이 있고, ≪신증동국여지승람≫에도 평양의 첨성대 옛터가 평양부 남쪽 3리에 있다고 하였는데, 이것은 모두 고구려의 첨성대를 말하는 것이나, 현재는 그 흔적조차 찾아볼 수 없습니다.

신라 시대의 첨성대

신라의 첨성대는 경주에 실물이 그대로 보존되어 있습니다. 경주에 있는 첨성대는 선덕여왕 때에 축조된 것으로, 상방하원(위는 네모지고, 아래는 둥근 모양)이며, 높이는 19척 5촌, 위의 원둘레가 21척 6촌, 아래의 원둘레가 35척 7촌이며, 중간 이상이 위로 뚫려서 사람이 그 속으로 오르내리며 별을 관측하였다는 기록이 현존 실물과 일치합니다.

국내에 삼국 시대의 석조 건축물이 몇 가지 있으나, 그 중에서도 경주 첨성대(국보 제31호)가 가장 오랜 천문대라는 점에서 역사적으로 더욱 귀중할 뿐 아니라, 현존하는 천문대 중에서는 동양에서 가장 오랜 것이라고 할 수 있습니다.

* 경주 첨성대(국보 제31호) : 천체의 움직임을 관찰하던 신라 시대의 천문 관측대로, 전체높이는 9.17m이며, 받침대 역할을 하는 기단부 위에 술병 모양의 원통부를 올리고 맨 위에 정(井)자형의 정상부를 얹은 모습입니다.

원통부는 부채꼴 모양의 돌로 27단을 쌓아 올렸으며, 매끄럽게 잘 다듬어진 외부에 비해 내부는 돌의 뒷뿌리가 삐죽삐죽 나와 벽면이 고르지 않습니다. 남동쪽으로 난 창을 중심으로 아래쪽은 막돌로 채워져 있고, 위쪽은 정상까지 뚫려서 속이 비어 있습니다. 동쪽 절반이 판돌로 막혀있는 정상부는 정(井)자 모양으로 맞물린 길다란 석재의 끝이 바깥까지 뚫고 나와 있는데, 이런 모습은 19~20단, 25~26단에서도 발견되며, 내부에서 사다리를 걸치기에 적당했던 것으로 보입니다.

　옛 기록에 의하면, "사람이 가운데로 해서 올라가게 되어 있다."라고 하였는데, 바깥쪽에 사다리를 놓고 창을 통해 안으로 들어간 후 사다리를 이용해 꼭대기까지 올라가 하늘을 관찰했던 것으로 보입니다.

　이 첨성대는 신라 선덕여왕 때 건립된 것으로 추측되며, 현재 동북쪽으로 약간 기울어져 있긴 하나 거의 원형을 간직하고 있습니다. 경주 첨성대는 동양에서 가장 오래된 천문대로 그 가치가 높으며, 당시의 높은 과학 수준을 보여주는 귀중한 문화재라 할 수 있습니다.

백제 시대의 첨성대

백제의 첨성대에 대해서는 문헌의 기록도 없고 건축물이 있었던 터도 없으나, 백제가 일본과 천문 역법을 교류한 역사적 사실로 보아서 ≪일본서기≫에 나타난 첨성대가 없었다고 할 수는 없습니다.

고려 시대의 첨성대

고려의 첨성대에 대한 기록도 별로 없으나, 강화도 마니산 정상의 참성단의 기록과 터, 그리고 개성 만월대 서쪽에 첨성대라고 구전되는 석조물이 전해오고 있습니다. 여러 지리지에 따르면, 참성단은 돌을 쌓아서 만든 것이며, 세간에 전하기를, 단군이 하늘에 제사를 올린 곳으로, 산기슭에 재궁(齋宮)이 있어서 매년 봄·가을에 제사를 올렸다고 합니다. 만월대의 첨성대는 높이 3m 가량의 다섯 개의 돌기둥으로 받친 석대(石臺)로서 위의 평면 넓이가 대략 3m×3m로 9㎡입니다.

조선 시대의 첨성대

조선 시대에 들어와서는 개국 초부터 고려의 서운관 제도를 그대로 답습하였는데, 세종 2년(1420)에는 첨성대를 세우고, 그 뒤에 다시 경복궁 안의 서운관을 확충하여 간의(장영실과 이천 등이 만든 관측기)를 비롯한 천문기기를 10여 종이나 만들어서 설치하고 관측하였는데, 그 중 간의를 올려놓은 간의대는 돌로 쌓은 것으로, 높이가 31척, 길이가 47척, 너비가 32척이나 되었습니다.

이 관상감(서운관의 바뀐 명칭)은 선조 25년(1592)에 임진왜란으로 경복궁과 더불어 불타 없어지자, 숙종 14년(1688)에 남구만이 북부 광화방에 터를 잡아 관상감을 재건하였는데, 이것이 곧 창덕궁 금호문(지금의 현대 계동 사옥) 밖에 있는 높이 3.5m, 넓이 2.4m×2.5m인 관상감 관천대(사적 제296호)로서 현재까지 남아 있습니다. 이 대 위에는 높이 1m의 네모진 돌이 있는데, 이것은 관측할 때에 소간의를 설치하는 곳이었고, 그래서 이 대를 일명 소간의대(小簡儀臺)라 하고, 속명으로는 첨성대라고 한다고 ≪서운관지≫에 적혀 있습니다.

이 관천대와 비슷한 것이 현재 창경궁(보물 제851호) 안에도 남아 있는데, 그 규모는 높이 3m, 넓이 2.9m×2.3m이며, 역시 그 위에 높이 1m 정도의 네모진 돌이 놓여 있습니다.

숙종 41년(1715)에 또 하나의 관상감을 경희궁 개양문 밖에 만들었는데, 거기도 관천대가 있었다고는 하나 지금은 흔적조차 없습니다.

창경궁 관천대

관상감 관천대

대한민국 국보

종목	이름	시대	장소
1호	서울 숭례문	조선(1396년)	서울특별시 중구 세종대로 40(남대문로4가 29)
2호	서울 원각사지 십층석탑	조선(1467년)	서울특별시 종로구 종로 99 탑골 공원
3호	서울 북한산 신라 진흥왕 순수비	신라(555년)	서울특별시 용산구 서빙고로 137(국립중앙박물관)
4호	여주 고달사지 승탑	고려	경기도 여주군 북내면 상교리 411-1
5호	보은 법주사 쌍사자석등	신라(720년)	충청북도 보은군 속리산면 연송로 405-11
6호	중원 탑평리 칠층석탑	신라(796년)	충청북도 충주시 가금면 탑평리 11
7호	천안 봉선 홍경사 갈기비	고려(1026년)	충청남도 천안시 서북구 성환읍 대홍3길 77-48
8호	성주사 낭혜화상 백월보광탑비	통일신라	충청남도 보령시 성주면 성주리 80-4
9호	부여 정림사지 오층석탑	백제	충청남도 부여군 부여읍 동남리 254
10호	남원 실상사 백장암 삼층석탑	통일신라(828년)	전라북도 남원시 산내면 대정리 975
11호	익산 미륵사지 석탑	백제(639년)	전라북도 익산시 금마면 기양리 97
12호	구례 화엄사 각황전 앞 석등	통일신라	전남 구례군 마산면 화엄사로 539(화엄사)
13호	강진 무위사 극락보전	조선(1476년)	전남 강진군 성전면 무위사로 308(무위사)
14호	영천 은해사 거조암 영산전	조선(1375년)	경북 영천시 청통면 거조길 400-67(은해사 거조암)
15호	안동 봉정사 극락전	고려(682년)	경북 안동시 서후면 봉정사길 222(봉정사)
16호	안동 법흥사지 칠층전탑	통일신라	경북 안동시 법흥동 8-1
17호	영주 부석사 무량수전 앞 석등	통일신라	경북 영주시 부석면 북지리 148(부석사)
18호	부석사무량수전	고려시대	경상북도 영주시 부석면 북지리 148(부석사)
19호	부석사조사당	고려시대	경상북도 영주시 부석면 부석사로 345(북지리)
20호	불국사다보탑	통일신라	경상북도 경주시 (진현동)불국로 385(불국사)
21호	불국사삼층석탑	통일신라	경상북도 경주시 (진현동)불국로 385(불국사)
22호	불국사연화교칠보교	통일신라	경상북도 경주시 (진현동)불국로 385(불국사)
23호	불국사청운교백운교	통일신라	경상북도 경주시 (진현동)불국로 385(불국사)
24호	석굴암석굴	통일신라	경상북도 경주시 (진현동)불국로 873-243(석굴암)
25호	신라태종무열왕릉비	통일신라 초기	경상북도 경주시 서악동 844-1임
26호	불국사금동비로자나불좌상	통일신라 경덕왕	경상북도 경주시 진현동 산1-1임(불국사 비로전)
27호	불국사금동아미타여래좌상	통일신라	경상북도 경주시 진현동 15-1종(불국사 극락전)
28호	백률사금동약사여래입상	통일신라	경상북도 경주시 인왕동 76대(국립경주박물관
29호	성덕대왕신종	통일신라 혜공왕	경상북도 경주시 인왕동 76대(국립경주박물관
30호	분황사석탑	신라 선덕여왕	경상북도 경주시 분황로 94-11(분황사)
31호	경주첨성대	신라	경상북도 경주시 인왕동 839-1
32호	해인사대장경판	고려	해인사
33호	창녕신라진흥왕척경비	신라 진흥왕	경상남도 창녕군 창녕읍 교상리 28-1
34호	창녕술정리동삼층석탑	통일신라	경상남도 창녕군 창녕읍 술정리 120

종목	이름	시대	장소
35호	화엄사사사자삼층석탑	통일신라	전라남도 구례군 마산면 화엄사로 539
36호	상원사동종	통일신라	강원도 평창군 진부면 오대산로 1211-50(상원사)
37호	경주구황리삼층석탑	통일신라	경상북도 경주시 구황동 103전, 102전 일원
38호	고선사지삼층석탑	통일신라 초기	경상북도 경주시 (인왕동)일정로 186(국립경주박물관)
39호	월성나원리오층석탑	통일신라 초기	경상북도 경주시 현곡면 라원리 676
40호	정혜사지십삼층석탑	통일신라	경상북도 경주시 안강읍 옥산리 1654
41호	용두사지철당간	고려 광종	충청북도 청주시 상당구 남문로2가 48-19
42호	목조삼존불감	미상	송광사
43호	고려고종제서	고려 고종	송광사
44호	보림사삼층석탑및석등	통일신라 경문왕	전라남도 장흥군 유치면 봉덕리 45(보림사)
45호	부석사소조여래좌상	고려 중기	경상북도 영주시 부석면 북지리 148
46호	부석사조사당벽화	고려 후기	경상북도 영주시 부석면 북지리 148
47호	쌍계사진감선사대공탑비	통일신라 정강왕	경상남도 하동군 화개면 운수리 207
48호	월정사팔각구층석탑	고려 초기	강원도 평창군 진부면 동산리 63-1(월정사)
49호	수덕사대웅전	고려 충렬왕	충청남도 예산군 덕산면 (사천리)사천2길 79(수덕사)
50호	도갑사해탈문	조선 성종	전라남도 영암군 군서면 도갑사로 306(도갑사)
51호	강릉 임영관 삼문	고려(936년)	강원도 강릉시 임영로131번길 6
52호	합천 해인사 장경판전	고려	경상남도 합천군 가야면 해인사길 122
53호	구례 연곡사 동 승탑	통일신라	전라남도 구례군 토지면 피아골로 806-16
54호	구례 연곡사 북 승탑	고려	전라남도 구례군 토지면 피아골로 806-16
55호	보은 법주사 팔상전	조선	충청북도 보은군 속리산면 법주사로 379
56호	순천 송광사 국사전	고려(1369년)	전라남도 순천시 송광면 송광사안길 100
57호	화순 쌍봉사 철감선사탑	통일신라(868년)	전라남도 화순군 이양면 증리 195-1
58호	청양 장곡사 철조비로자나불좌상 및 석조대좌	통일신라	충청남도 청양군 대치면 장곡리 14
59호	원주 법천사지 지광국사탑비	고려(1085년)	강원도 원주시 부론면 법천리 산70
60호	청자 사자형뚜껑 향로	고려	서울특별시 용산구 서빙고로 137(국립중앙박물관)
61호	청자 비룡형 주자	고려	서울특별시 용산구 서빙고로 137(국립중앙박물관)
62호	김제 금산사 미륵전	백제(600년)	전라북도 김제시 금산면 모악15길 1
63호	철원 도피안사 철조비로자나불좌상	통일신라(865년)	강원도 철원군 동송읍 도피동길 23
64호	보은 법주사 석연지	통일신라	충청북도 보은군 속리산면 법주사로 405-9
65호	청자 기린형뚜껑 향로	고려	서울특별시 성북구 성북로 102-11(간송미술관)
66호	청자 상감연지원앙문 정병	고려	서울특별시 성북구 성북로 102-11(간송미술관)
67호	구례 화엄사 각황전	통일신라	전라남도 구례군 마산면 화엄사로 539
68호	청자 상감운학문 매병	고려	서울특별시 성북구 성북로 102-11(간송미술관)
69호	심지백 개국원종공신녹권	조선(1397년)	부산광역시 서구 구덕로 255(동아대학교)
70호	훈민정음	조선(1446년)	서울특별시 성북구 성북로 102-11(간송미술관)

종목	이름	시대	장소
71호	동국정운 권1, 6	조선(1448년)	서울특별시 성북구 성북로 102-11(간송미술관)
72호	금동계미명삼존불입상	백제(563년)	서울특별시 성북구 성북로 102-11(간송미술관)
73호	금동삼존불감	고려	서울특별시 성북구 성북로 102-11(간송미술관)
74호	청자 오리모양 연적	고려	서울특별시 성북구 성북로 102-11(간송미술관)
75호	표충사 청동 은입사 향완	고려(1177년)	경상남도 밀양시 단장면 구천리 산31-2
76호	이순신 난중일기 및 서간첩 임진장초	조선(1598년)	충청남도 아산시 염치읍 현충사길 48
77호	의성 탑리리 오층석탑	통일신라	경상북도 의성군 금성면 오층석탑길 5-3
78호	금동미륵보살반가사유상	고구려	서울특별시 용산구 서빙고로 137(국립중앙박물관)
79호	경주 구황동 금제여래좌상	통일신라	서울특별시 용산구 서빙고로 137(국립중앙박물관)
80호	경주 구황동 금제여래입상	통일신라	서울특별시 용산구 서빙고로 137(국립중앙박물관)
81호	경주 감산사 석조미륵보살입상	통일신라(719년)	서울특별시 용산구 서빙고로 137(국립중앙박물관)
82호	경주 감산사 석조아미타여래입상	통일신라(719년)	서울특별시 용산구 서빙고로 137(국립중앙박물관)
83호	금동미륵보살반가사유상	고구려	서울특별시 용산구 서빙고로 137(국립중앙박물관)
84호	서산 용현리 마애여래삼존상	백제	충청남도 서산시 운산면 용현리 2-10
85호	금동신묘명삼존불입상	고구려(571년)	서울특별시 용산구 이태원로55길 60-16(리움미술관)
86호	개성 경천사지 십층석탑	고려	서울특별시 용산구 서빙고로 137(국립중앙박물관)
87호	금관총 금관 및 금제 관식	신라	경상북도 경주시 일정로 186(국립경주박물관)
88호	금관총 금제 허리띠	신라	경상북도 경주시 일정로 186(국립경주박물관)
89호	평양 석암리 금제 띠고리	낙랑시대	서울특별시 용산구 서빙고로 137(국립중앙박물관)
90호	경주 부부총 금귀걸이	신라	서울특별시 용산구 서빙고로 137(국립중앙박물관)
91호	도기 기마인물형 명기	신라	서울특별시 용산구 서빙고로 137(국립중앙박물관)
92호	청동 은입사 포류수금문 정병	고려	서울특별시 용산구 서빙고로 137(국립중앙박물관)
93호	백자 철화포도원숭이문 항아리	조선	서울특별시 용산구 서빙고로 137(국립중앙박물관)
94호	청자 참외모양 병	고려	서울특별시 용산구 서빙고로 137(국립중앙박물관)
95호	청자 투각칠보문뚜껑 향로	고려	서울특별시 용산구 서빙고로 137(국립중앙박물관)
96호	청자 구룡형 주전자	고려	서울특별시 용산구 서빙고로 137(국립중앙박물관)
97호	청자 음각연화당초문 매병	고려	서울특별시 용산구 서빙고로 137(국립중앙박물관)
98호	청자 상감모란문 항아리	고려	서울특별시 용산구 서빙고로 137(국립중앙박물관)
99호	김천 갈항사지 동·서 삼층석탑	통일신라(758년)	서울특별시 용산구 서빙고로 137(국립중앙박물관)
100호	개성 남계원지 칠층석탑	고려	서울특별시 용산구 서빙고로 137(국립중앙박물관)
101호	원주 법천사지 지광국사탑	고려	서울특별시 종로구 세종로 1(경복궁)
102호	충주 정토사지 홍법국사탑	고려(1017년)	서울특별시 용산구 서빙고로 137(국립중앙박물관)
103호	광양 중흥산성 쌍사자 석등	고려	광주광역시 북구 하서로 110(국립광주박물관)
104호	(전)원주 흥법사지 염거화상탑	통일신라(844년)	서울특별시 용산구 서빙고로 137(국립중앙박물관)
105호	산청 범학리 삼층석탑	통일신라	서울특별시 용산구 서빙고로 137(국립중앙박물관)
106호	계유명전씨아미타불비상	통일신라(673년)	충청북도 청주시 상당구 명암로 143(국립청주박물관)

종목	이름	시대	장소
107호	백자 철화포도문 항아리	조선	서울특별시 서대문구 이화여대길 52(이화여자대학교)
108호	계유명삼존천불비상	통일신라(673년)	충청남도 공주시 관광단지길 34(국립공주박물관)
109호	군위 아미타여래삼존 석굴	통일신라	경상북도 군위군 부계면 남산리 1477
110호	이제현 초상	고려(1319년)	서울특별시 용산구 서빙고로 137(국립중앙박물관)
111호	안향 초상	고려	경상북도 영주시 순흥면 소백로 2740(소수박물관)
112호	경주 감은사지 동·서 삼층석탑	통일신라(682년)	경상북도 경주시 양북면 용당리 55-3, 55-9
113호	청자 철화양류문 통형 병	고려	서울특별시 용산구 서빙고로 137(국립중앙박물관)
114호	청자 상감모란국화문 참외모양 병	고려	서울특별시 용산구 서빙고로 137(국립중앙박물관)
115호	청자 상감당초문 완	고려(1159년)	서울특별시 용산구 서빙고로 137(국립중앙박물관)
116호	청자 상감모란문 표주박모양 주전자	고려	서울특별시 용산구 서빙고로 137(국립중앙박물관)
117호	장흥 보림사 철조비로자나불좌상	통일신라(858년)	전라남도 장흥군 유치면 봉덕리 45
118호	금동미륵보살반가사유상	고구려	서울특별시 용산구 이태원로55길 60-16(리움미술관)
119호	금동연가7년명여래입상	고구려	서울특별시 용산구 서빙고로 137(국립중앙박물관)
120호	용주사 동종	고려	경기도 화성시 용주로 136
121호	안동 하회탈 병산탈	조선	서울특별시 용산구 서빙고로 137(국립중앙박물관)
122호	양양 진전사지 삼층석탑	통일신라	강원도 양양군 강현면 둔전리 100-2
123호	익산 왕궁리 오층석탑 사리장엄구	백제	전라북도 전주시 완산구 쑥고개로 249(국립전주박물관)
123-1호	익산 왕궁리 오층석탑 사리장엄구-은제 도금 금강경	백제	전라북도 전주시 완산구 쑥고개로 249(국립전주박물관)
123-2호	익산 왕궁리 오층석탑 사리장엄구-유리 사리병	백제	전라북도 전주시 완산구 쑥고개로 249(국립전주박물관)
123-3호	익산 왕궁리 오층석탑 사리장엄구-금제 방형 사리합	백제	전라북도 전주시 완산구 쑥고개로 249(국립전주박물관)
123-4호	익산 왕궁리 오층석탑 사리장엄구-금동 여래입상	백제	전라북도 전주시 완산구 쑥고개로 249(국립전주박물관)
123-5호	익산 왕궁리 오층석탑 사리장엄구-청동 주칠 도금 사리외함	백제	전라북도 전주시 완산구 쑥고개로 249(국립전주박물관)
124호	강릉 한송사지 석조보살좌상	고려	강원도 춘천시 우석로 70(국립춘천박물관)
125호	녹유골호(부석제외함)	통일신라	서울특별시 용산구 서빙고로 137(국립중앙박물관)
126호	불국사 삼층석탑 사리장엄구	통일신라	서울특별시 종로구 우정국로 55(불교중앙박물관)
126-1호	불국사 삼층석탑 사리장엄구-금동 사리외함	통일신라	서울특별시 종로구 우정국로 55(불교중앙박물관)
126-2호	불국사 삼층석탑 사리장엄구-은제 사리합	통일신라	서울특별시 종로구 우정국로 55(불교중앙박물관)
126-3호	불국사 삼층석탑 사리장엄구-은제 사리완	통일신라	서울특별시 종로구 우정국로 55(불교중앙박물관)
126-4호	불국사 삼층석탑 사리장엄구-유향	통일신라	서울특별시 종로구 우정국로 55(불교중앙박물관)
126-5호	불국사 삼층석탑 사리장엄구-금동 방형 사리합	통일신라	서울특별시 종로구 우정국로 55(불교중앙박물관)
126-6호	불국사 삼층석탑 사리장엄구-무구정광대다라니경	통일신라	서울특별시 종로구 우정국로 55(불교중앙박물관)
126-7호	불국사 삼층석탑 사리장엄구-동환	통일신라	서울특별시 종로구 우정국로 55(불교중앙박물관)
126-8호	불국사 삼층석탑 사리장엄구-경옥제곡옥	통일신라	서울특별시 종로구 우정국로 55(불교중앙박물관)
126-9호	불국사 삼층석탑 사리장엄구-홍마노환옥	통일신라	서울특별시 종로구 우정국로 55(불교중앙박물관)
126-10호	불국사 삼층석탑 사리장엄구-수정절자옥	통일신라	서울특별시 종로구 우정국로 55(불교중앙박물관)

종목	이름	시대	장소
126-11호	불국사 삼층석탑 사리장엄구-수정보주형옥	통일신라	서울특별시 종로구 우정국로 55(불교중앙박물관)
126-12호	불국사 삼층석탑 사리장엄구-수정환옥	통일신라	서울특별시 종로구 우정국로 55(불교중앙박물관)
126-13호	불국사 삼층석탑 사리장엄구-녹색유리환옥	통일신라	서울특별시 종로구 우정국로 55(불교중앙박물관)
126-14호	불국사 삼층석탑 사리장엄구-담청색유리제과형옥	통일신라	서울특별시 종로구 우정국로 55(불교중앙박물관)
126-15호	불국사 삼층석탑 사리장엄구-유리제소옥	통일신라	서울특별시 종로구 우정국로 55(불교중앙박물관)
126-16호	불국사 삼층석탑 사리장엄구-향목편	통일신라	서울특별시 종로구 우정국로 55(불교중앙박물관)
126-17호	불국사 삼층석탑 사리장엄구-금동 비천상	통일신라	서울특별시 종로구 우정국로 55(불교중앙박물관)
126-18호	불국사 삼층석탑 사리장엄구-동경	통일신라	서울특별시 종로구 우정국로 55(불교중앙박물관)
126-19호	불국사 삼층석탑 사리장엄구-차	통일신라	서울특별시 종로구 우정국로 55(불교중앙박물관)
126-20호	불국사 삼층석탑 사리장엄구-목탑	통일신라	서울특별시 종로구 우정국로 55(불교중앙박물관)
126-21호	불국사 삼층석탑 사리장엄구-수정대옥	통일신라	서울특별시 종로구 우정국로 55(불교중앙박물관)
126-22호	불국사 삼층석탑 사리장엄구-홍마노	통일신라	서울특별시 종로구 우정국로 55(불교중앙박물관)
126-23호	불국사 삼층석탑 사리장엄구-수정제가지형옥	통일신라	서울특별시 종로구 우정국로 55(불교중앙박물관)
126-24호	불국사 삼층석탑 사리장엄구-유리제과형옥	통일신라	서울특별시 종로구 우정국로 55(불교중앙박물관)
126-25호	불국사 삼층석탑 사리장엄구-유리소옥	통일신라	서울특별시 종로구 우정국로 55(불교중앙박물관)
126-26호	불국사 삼층석탑 사리장엄구-심향편	통일신라	서울특별시 종로구 우정국로 55(불교중앙박물관)
126-27호	불국사 삼층석탑 사리장엄구-섬유잔결	통일신라	서울특별시 종로구 우정국로 55(불교중앙박물관)
126-28호	불국사 삼층석탑 사리장엄구-중수문서	통일신라	서울특별시 종로구 우정국로 55(불교중앙박물관)
127호	서울 삼양동 금동관음보살입상	삼국시대	서울특별시 용산구 서빙고로 137(국립중앙박물관)
128호	금동관음보살입상	백제	경기도 용인시 처인구 포곡읍 에버랜드로572번길 38(호암미술관)
129호	금동보살입상	통일신라	서울특별시 용산구 이태원로55길 60-16(리움미술관)
130호	구미 죽장리 오층석탑	통일신라	경상북도 구미시 선산읍 죽장2길 90
131호	고려말 화령부 호적관련고문서	고려(1390년)	서울특별시 용산구 서빙고로 137(국립중앙박물관)
132호	징비록	조선	경상북도 안동시 도산면 퇴계로 1997(한국국학진흥원)
133호	청자 동화연화문 표주박모양 주전자	고려	서울특별시 용산구 이태원로55길 60-16(리움미술관)
134호	금동보살삼존입상	백제	서울특별시 용산구 이태원로55길 60-16(리움미술관)
135호	신윤복필 풍속도 화첩)	조선	서울특별시 성북구 성북로 102-11(간송미술관)
136호	금동 용두보당	고려	서울특별시 용산구 이태원로55길 60-16(리움미술관)
137호	대구 비산동 청동기 일괄	철기시대	서울특별시 용산구 이태원로55길 60-16(리움미술관)
137-1호	검 및 칼집 부속	철기시대	서울특별시 용산구 이태원로55길 60-16(리움미술관)
137-2호	투겁창 및 꺽창	철기시대	서울특별시 용산구 이태원로55길 60-16(리움미술관)
138호	전 고령 금관 및 장신구 일괄	철기시대	서울특별시 용산구 이태원로55길 60-16(리움미술관)
139호	김홍도필 군선도 병풍	조선	서울특별시 용산구 이태원로55길 60-16(리움미술관)
140호	나전 화문 동경	통일신라	서울특별시 용산구 이태원로55길 60-16(리움미술관)
141호	정문경	청동기시대	서울특별시 동작구 상도로 369(숭실대학교)
142호	동국정운	조선	서울특별시 광진구 아차산로 263(건국대학교)

종목	이름	시대	장소
143호	화순 대곡리 청동기 일괄	청동기시대	광주광역시 북구 하서로 110(국립광주박물관)
143-1호	화순 대곡리 청동기 일괄-검	청동기시대	광주광역시 북구 하서로 110(국립광주박물관)
143-2호	화순 대곡리 청동기 일괄-팔주령	청동기시대	광주광역시 북구 하서로 110(국립광주박물관)
143-3호	화순 대곡리 청동기 일괄-쌍두령	청동기시대	광주광역시 북구 하서로 110(국립광주박물관)
143-4호	화순 대곡리 청동기 일괄-삭도	청동기시대	광주광역시 북구 하서로 110(국립광주박물관)
143-5호	화순 대곡리 청동기 일괄-도끼	청동기시대	광주광역시 북구 하서로 110(국립광주박물관)
143-6호	화순 대곡리 청동기 일괄-정문경	청동기시대	광주광역시 북구 하서로 110(국립광주박물관)
144호	영암 월출산 마애여래좌상	통일신라	전라남도 영암군 영암읍 회문리 산26-8
145호	귀면 청동로	고려	서울특별시 용산구 서빙고로 137(국립중앙박물관)
146호	전 논산 청동방울 일괄	청동기시대	서울특별시 용산구 이태원로55길 60-16(리움미술관)
146-1호	전 논산 청동방울 일괄-팔주령	청동기시대	서울특별시 용산구 이태원로55길 60-16(리움미술관)
146-2호	전 논산 청동방울 일괄-간두령	청동기시대	서울특별시 용산구 이태원로55길 60-16(리움미술관)
146-3호	전 논산 청동방울 일괄-조합식 쌍두령	청동기시대	서울특별시 용산구 이태원로55길 60-16(리움미술관)
146-4호	전 논산 청동방울 일괄-쌍두령	청동기시대	서울특별시 용산구 이태원로55길 60-16(리움미술관)
147호	울주 천전리 각석	신라	울산광역시 울주군 두동면 천전리 산210
148호	십칠사찬고금통요	조선(1412년)	서울특별시 관악구 관악로 1(서울대학교), 서울특별시 서초구 반포대로 201(국립중앙도서관)
148-1호	십칠사찬고금통요 권16	조선(1412년)	서울특별시 관악구 관악로 1(서울대학교)
148-2호	십칠사찬고금통요 권17	조선(1412년)	서울특별시 서초구 반포대로 201(국립중앙도서관)
149호	동래선생교정북사상절	조선	서울특별시 성북구 성북로 102-11(간송미술관)
149-1호	동래선생교정북사상절 권4,5	조선	서울특별시 성북구 성북로 102-11(간송미술관)
149-2호	동래선생교정북사상절 권6	조선	서울특별시 중구 태평로 1가(성암고서박물관)
150호	송조표전총류 권7	조선	서울특별시 관악구 관악로 1(서울대학교)
151호	조선왕조실록	조선(1863년)	서울특별시 관악구 관악로 1(서울대학교)
151-1호	조선왕조실록 정족산사고본	조선(1863년)	서울특별시 관악구 관악로 1(서울대학교)
151-2호	조선왕조실록 태백산사고본	조선(1863년)	부산광역시 연제구 경기장로 28(국가기록원)
151-3호	조선왕조실록 오대산사고본	조선(1863년)	서울특별시 관악구 관악로 1(서울대학교)
151-4호	조선왕조실록 기타산엽본	조선(1863년)	서울특별시 관악구 관악로 1(서울대학교)
152호	비변사등록	조선(1892년)	서울특별시 관악구 관악로 1(서울대학교)
153호	일성록	조선(1910년)	서울특별시 관악구 관악로 1(서울대학교)
154호	무령왕 금제관식	백제	충청남도 공주시 관광단지길 34(국립공주박물관)
155호	무령왕비 금제관식	백제	서울특별시 용산구 서빙고로 137(국립중앙박물관)
156호	무령왕 금귀걸이	백제	충청남도 공주시 관광단지길 34(국립공주박물관)
157호	무령왕비 금귀걸이	백제	충청남도 공주시 관광단지길 34(국립공주박물관), 서울특별시 용산구 서빙고로 137(국립중앙박물관)
158호	무령왕비 금목걸이	백제	충청남도 공주시 관광단지길 34(국립공주박물관)
159호	무령왕 금제 뒤꽂이	백제	충청남도 공주시 관광단지길 34(국립공주박물관)

종목	이름	시대	장소
160호	무령왕비 은팔찌	백제	충청남도 공주시 관광단지길 34(국립공주박물관)
161호	무령왕릉 청동거울 일괄	백제	충청남도 공주시 관광단지길 34(국립공주박물관)
161-1호	무령왕릉 청동거울 일괄-신수문경	백제	충청남도 공주시 관광단지길 34(국립공주박물관)
161-2호	무령왕릉 청동거울 일괄-의자손명 수대문경	백제	충청남도 공주시 관광단지길 34(국립공주박물관)
161-3호	무령왕릉 청동거울 일괄-수대문경	백제	충청남도 공주시 관광단지길 34(국립공주박물관)
162호	무령왕릉 석수	백제	충청남도 공주시 관광단지길 34(국립공주박물관)
163호	무령왕릉 지석	백제	충청남도 공주시 관광단지길 34(국립공주박물관)
164호	무령왕릉 베개	백제	충청남도 공주시 관광단지길 34(국립공주박물관)
165호	무령왕 발받침	백제	충청남도 공주시 관광단지길 34(국립공주박물관)
166호	백자 철화매죽문 항아리	조선	서울특별시 용산구 서빙고로 137(국립중앙박물관)
167호	청자 인물형 주전자	고려	서울특별시 용산구 서빙고로 137(국립중앙박물관)
168호	백자 동화매국문 병	조선	서울특별시 용산구 서빙고로 137(국립중앙박물관)
169호	청자 양각죽절문 병	고려	서울특별시 용산구 이태원로55길 60-16(리움미술관)
170호	백자 청화매조죽문 유개항아리	조선	서울특별시 용산구 서빙고로 137(국립중앙박물관)
171호	청동 은입사 봉황문 합	고려	서울특별시 용산구 이태원로55길 60-16(리움미술관)
172호	진양군영인정씨묘출토유물	조선	서울특별시 용산구 이태원로55길 60-16(리움미술관)
172-1호	진양군영인정씨묘출토유물-백자상감초화문편병	조선	서울특별시 용산구 이태원로55길 60-16(리움미술관)
172-2호	진양군영인정씨묘출토유물-묘지	조선	서울특별시 용산구 이태원로55길 60-16(리움미술관)
172-3호	진양군영인정씨묘출토유물-잔	조선	서울특별시 용산구 이태원로55길 60-16(리움미술관)
173호	청자 퇴화점문 나한좌상	고려	서울특별시 강남구 압구정동 510
174호	금동 수정 장식 촛대	통일신라	서울특별시 용산구 이태원로55길 60-16(리움미술관)
175호	백자 상감연화당초문 대접	조선	서울특별시 용산구 서빙고로 137(국립중앙박물관)
176호	백자 청화 홍치2년 명 송죽문 항아리	조선(1489년)	서울특별시 중구 필동로1길 30(동국대학교)
177호	분청사기 인화국화문 태항아리	조선	서울특별시 성북구 안암로 145(고려대학교 안암캠퍼스)
178호	분청사기조화어문편병	조선	서울특별시 용산구 서빙고로 137(국립중앙박물관)
179호	분청사기 박지연화어문 편병	조선	서울특별시 관악구 남부순환로152길 53(호림박물관)
180호	김정희필 세한도	조선(1844년)	서울특별시 용산구 서빙고로 137(국립중앙박물관)
181호	장양수 홍패	고려(1205년)	경북도 울진군 울진읍 고성3길 31-68
182호	구미 선산읍 금동여래입상	통일신라	대구광역시 수성구 청호로 3321(국립대구박물관)
183호	구미 선산읍 금동보살입상	신라	대구광역시 수성구 청호로 321(국립대구박물관)
184호	구미 선산읍 금동보살입상	신라	대구광역시 수성구 청호로 321(국립대구박물관)
185호	상지은니묘법화연경	고려	서울특별시 용산구 서빙고로 137(국립중앙박물관)
186호	양평 신화리 금동여래입상	신라	서울특별시 용산구 서빙고로 137(국립중앙박물관)
187호	영양 산해리 오층모전석탑	통일신라	경상북도 영양군 입암면 산해리 391-6
188호	천마총 금관	신라	경상북도 경주시 일정로 186(국립경주박물관)
189호	천마총 관모	신라	경상북도 경주시 일정로 186(국립경주박물관)

종목	이름	시대	장소
190호	천마총 금제 허리띠	신라	경상북도 경주시 일정로 186(국립경주박물관)
191호	황남대총 북분 금관	신라	서울특별시 용산구 서빙고로 137(국립중앙박물관)
192호	황남대총 북분 금제 허리띠	신라	서울특별시 용산구 서빙고로 137(국립중앙박물관)
193호	경주 98호 남분 유리병 및 잔	신라	서울특별시 용산구 서빙고로 137(국립중앙박물관)
194호	황남대총 남분 금목걸이	신라	서울특별시 용산구 서빙고로 137(국립중앙박물관)
195호	토우장식 장경호	신라	경상북도 경주시 일정로 186(국립경주박물관), 서울특별시 용산구 서빙고로 137(국립중앙박물관)
196호	신라백지묵서대방광불화엄경 주본 권1~10, 44~50	통일신라(755년)	서울특별시 용산구 이태원로55길 60-16(리움미술관)
197호	청주 청룡사지 보각국사탑	조선(1394년)	충청북도 충주시 소태면 오량리 산32-2
198호	단양 신라 적성비	신라	충청북도 단양군 단성면 하방리 산3-1
199호	경주 단석산 신선사 마애불상군	신라	경상북도 경주시 건천읍 단석산길 175-143
200호	금동보살입상	통일신라	부산광역시 남구 유엔평화로 63(부산시립박물관)
201호	봉화북지리마애여래좌상	신라	경상북도 봉화군 물야면 북지리 산108-2
202호	대방광불화엄경 진본 권37	고려	서울특별시 서대문구 충정로9길 10-10((재)아단문고)
203호	대방광불화엄경 주본 권6	고려	서울특별시 중구 세종대로21길 22, 성암고서박물관 (태평로1가)
204호	대방광불화엄경 주본 권36	고려	서울특별시 중구 세종대로21길 22, 성암고서박물관 (태평로1가)
205호	충주 고구려비	고구려	충청북도 충주시 가금면 용전리 입석부락 280-11
206호	합천 해인사 고려목판	고려	경상남도 합천군 가야면 해인사길 122
206-1호	합천 해인사 고려목판-묘법연화경	고려	경상남도 합천군 가야면 해인사길 122
206-2호	합천 해인사 고려목판-화엄경관자재보살소설법문별행소	고려	경상남도 합천군 가야면 해인사길 122
206-3호	합천 해인사 고려목판-대불정여래밀인수증요의제보살만행수능엄경	고려	경상남도 합천군 가야면 해인사길 122
206-4호	합천 해인사 고려목판-대방광불화엄경세주묘엄품	고려	경상남도 합천군 가야면 해인사길 122
206-5호	합천 해인사 고려목판-금강반야바라밀경	고려	경상남도 합천군 가야면 해인사길 122
206-6호	합천 해인사 고려목판-금강반야바라밀경	고려	경상남도 합천군 가야면 해인사길 122
206-7호	합천 해인사 고려목판-화엄경보현행원품	고려	경상남도 합천군 가야면 해인사길 122
206-8호	합천 해인사 고려목판-법화경보문품	고려	경상남도 합천군 가야면 해인사길 122
206-9호	합천 해인사 고려목판-인천 보감	고려	경상남도 합천군 가야면 해인사길 122
206-10호	합천 해인사 고려목판-불설예수시왕생칠경	고려	경상남도 합천군 가야면 해인사길 122
206-11호	합천 해인사 고려목판-삼십팔분공덕소경	고려	경상남도 합천군 가야면 해인사길 122
206-12호	합천 해인사 고려목판-불설아미타경	고려	경상남도 합천군 가야면 해인사길 122
206-13호	합천 해인사 고려목판-대방광불화엄경략시준	고려	경상남도 합천군 가야면 해인사길 122
206-14호	합천 해인사 고려목판-화엄경변상도 주본	고려	경상남도 합천군 가야면 해인사길 122
206-15호	합천 해인사 고려목판-대방광불화엄경 정원본	고려	경상남도 합천군 가야면 해인사길 12
206-16호	합천 해인사 고려목판-대방광불화엄경 진본	고려	경상남도 합천군 가야면 해인사길 122
206-17호	합천 해인사 고려목판-대방광불화엄경 주본	고려	경상남도 합천군 가야면 해인사길 122

종목	이름	시대	장소
206-18호	합천 해인사 고려목판-대방광불화엄경소	고려	경상남도 합천군 가야면 해인사길 122
206-19호	합천 해인사 고려목판-대방광불화엄경수소연의초	고려	경상남도 합천군 가야면 해인사길 122
206-20호	합천 해인사 고려목판-금강반야바라밀경	고려	경상남도 합천군 가야면 해인사길 122
206-21호	합천 해인사 고려목판-불설장수멸죄호제동자다라니경	고려	경상남도 합천군 가야면 해인사길 122
206-22호	합천 해인사 고려목판-대각국사문집 권1~20, 23	고려	경상남도 합천군 가야면 해인사길 122
206-23호	합천 해인사 고려목판-대각국사외집 권1~13	고려	경상남도 합천군 가야면 해인사길 122
206-24호	합천 해인사 고려목판-남양선생시집	고려	경상남도 합천군 가야면 해인사길 122
206-25호	합천 해인사 고려목판-백화도량발원문약해	고려	경상남도 합천군 가야면 해인사길 122
206-26호	합천 해인사 고려목판-당현시범	고려	경상남도 합천군 가야면 해인사길 122
206-27호	합천 해인사 고려목판-약제경론염불법문왕생정토집 권상	고려	경상남도 합천군 가야면 해인사길 122
206-28호	합천 해인사 고려목판-십문화쟁론	고려	경상남도 합천군 가야면 해인사길 122
207호	경주 천마총 장니 천마도	신라	서울특별시 용산구 서빙고로 137(국립중앙박물관)
208호	도리사 세존사리탑 금동 사리기	통일신라	경상북도 김천시 대항면 북암길 89
209호	보협인석탑	고려	서울특별시 중구 필동로1길 30(동국대학교)
210호	감지은니불공견색신변진언경 권13	고려	서울특별시 용산구 이태원로55길 60-16(리움미술관)
211호	백지묵서묘법연화경	고려	서울특별시 관악구 남부순환로152길 53(호림박물관)
212호	대불정여래밀인수증료의제보살만행수능엄경(언해)	조선(1462년)	서울특별시 중구 필동로1길 30(동국대학교)
213호	금동탑	고려	서울특별시 용산구 이태원로 55길 60-16(리움미술관)
214호	흥왕사명 청동 은입사 향완	고려(1289년)	서울특별시 용산구 이태원로55길 60-16(리움미술관)
215호	감지은니대방광불화엄경 정원본 권31	고려	서울특별시 용산구 이태원로55길 60-16(리움미술관)
216호	정선필 인왕제색도	조선(1751년)	서울특별시 용산구 이태원로 55길 60-16(리움미술관)
217호	정선필 금강전도	조선(1734년)	서울특별시 용산구 이태원로55길 60-16(리움미술관)
218호	아미타삼존도	고려	서울특별시 용산구 이태원로55길 60-16(리움미술관)
219호	백자 청화매죽문 항아리	조선	서울특별시 용산구 이태원로55길 60-16(리움미술관)
220호	청자 상감용봉모란문 합 및 탑	고려	서울특별시 용산구 이태원로55길 60-16(리움미술관)
221호	평창 상원사 목조문수동자좌상	조선(1466년)	강원도 평창군 진부면 오대산로 1211-50
222호	백자 청화매죽문 유개항아리	조선	서울특별시 관악구 남부순환로152길 53(호림미술관)
223호	경복궁 근정전	조선(1395년)	서울특별시 종로구 사직로 161(경복궁)
224호	경복궁 경회루	조선(1412년)	서울특별시 종로구 사직로 161(경복궁)
225호	창덕궁 인정전	조선(1857년)	서울특별시 종로구 율곡로 99(창덕궁)
226호	창경궁 명정전	조선(1616년)	서울특별시 종로구 창경궁로 185(창경궁)
227호	종묘 정전	조선	서울특별시 종로구 종로 157(종묘)
228호	천상열차분야지도 각석	조선(1395년)	서울특별시 종로구 효자로 12(국립고궁박물관)
229호	창경궁 자격루	조선(1536년)	서울특별시 중구 세종대로 99
230호	혼천의 및 혼천시계	조선(1669년)	서울특별시 성북구 안암로 145(고려대학교 안암캠퍼스)

종목	이름	시대	장소
231호	전 영암 거푸집 일괄	청동기시대	서울특별시 동작구 상도로 369(숭실대학교)
232호	이화 개국공신녹권	조선(1392년)	전라북도 정읍시
233호	전 산청 석남암사지 납석사리호	통일신라(766년)	부산광역시 남구 유엔평화로 63(부산시립박물관)
234호	감지은니묘법연화경	고려(1330년)	서울특별시 용산구 이태원로55길 60-16(리움미술관)
235호	감지금니대방광불화엄경보현행원품	고려	서울특별시 용산구 이태원로55길 60-16(리움미술관)
236호	경주 장항리 서 오층석탑	통일신라	경상북도 경주시 양북면 장항리 1083
237호	고산구곡시화도 병풍	조선	서울특별시 종로구 인사동10길 17
238호	소원화개첩	조선	서울특별시 종로구 인사동10길 17
239호	송시열 초상	조선	서울특별시 용산구 서빙고로 137(국립중앙박물관)
240호	윤두서 자화상	조선	전라남도 해남군
241호	초조본 대반야바라밀다경 권249	고려	경기도 용인시 처인구 포곡읍 에버랜드로562번길 38 (호암미술관)
242호	울진 봉평리 신라비	신라(524년)	경상북도 울진군 죽변면 봉평리 52-1
243호	초조본 현양성교론 권11	고려	서울특별시 용산구 이태원로55길 60-16(리움미술관)
244호	초조본 유가사지론 권17	고려	경기도 용인시 처인구 명지로 116(명지대학교)
245호	초조본 신찬일체경원품차록 권20	고려	서울특별시 용산구 서빙고로 137(국립중앙박물관)
246호	초조본 대보적경 권59	고려	서울특별시 용산구 서빙고로 137(국립중앙박물관)
247호	공주의당금동보살입상	백제	충청남도 공주시 관광단지길 34(국립공주박물관)
248호	조선방역지도	조선	경기도 과천시 교육원로 86(국사편찬위원회)
249호	동궐도	조선	서울특별시 성북구 안암로 145(고려대학교 안암대학교), 부산광역시 서구 구덕로 255(동아대학교)
250호	이원길 개국원종공신녹권	조선(1395년)	서울특별시 서대문구 충정로9길 10-10((재)아단문고)
251호	초조본 대승아비달마잡집론 권14	고려	서울특별시 서대문구 충정로9길 10-10((재)아단문고)
252호	청자 음각'효문'명 연화문 매병	고려	서울특별시 용산구 이태원로55길 60-16(리움미술관)
253호	청자 양각연화당초상감모란문 은테 발	고려	서울특별시 용산구 서빙고로 137(국립중앙박물관)
254호	청자 음각연화문 유개매병	고려	서울특별시 서초구
255호	전 덕산 청동방울 일괄	청동기시대	서울특별시 용산구 이태원로55길 60-16(리움미술관)
255-1호	전 덕산 청동방울 일괄-팔주령	청동기시대	서울특별시 용산구 이태원로55길 60-16(리움미술관)
255-2호	전 덕산 청동방울 일괄-쌍두령	청동기시대	서울특별시 용산구 이태원로55길 60-16(리움미술관)
255-3호	전 덕산 청동방울 일괄-조합식쌍두령	청동기시대	서울특별시 용산구 이태원로55길 60-16(리움미술관)
255-4호	전 덕산 청동방울 일괄-간두령	청동기시대	서울특별시 용산구 이태원로55길 60-16(리움미술관)
256호	초조본 대방광불화엄경 주본 권1	고려	경기도 용인시 기흥구 상갈로 6(경기도박물관)
257호	초조본 대방광불화엄경 주본 권29	고려	서울특별시 서초구 바우뫼로7길 111
258호	백자 청화죽문 각병	조선	서울특별시 용산구 이태원로55길 60-16(리움미술관)
259호	분청사기 상감운룡문 항아리	조선	서울특별시 용산구 서빙고로 137(국립중앙박물관)
260호	분청사기 박지철채모란문 자라병	조선	서울특별시 용산구 서빙고로 137(국립중앙박물관)
261호	백자 유개항아리	조선	서울특별시 용산구 이태원로55길 60-16(리움미술관)

종목	이름	시대	장소
262호	백자 달항아리	조선	경기도 용인시 처인구 용인대학로 134(용인대학교)
263호	백자 청화산수화조문 항아리	조선	경기도 용인시 처인구 용인대학로 134(용인대학교)
264호	포항 냉수리 신라비	신라(530년)	경상북도 포항시 북구 신광면 토성리 342-1
265호	초조본 대방광불화엄경 주본 권13	고려	서울특별시 종로구
266호	초조본 대방광불화엄경 주본 권2, 75	고려	서울특별시 관악구 남부순환로152길 53(호림박물관)
267호	초조본 아비달마식신족론 권12	고려시대(12세기)	서울특별시 관악구 남부순환로152길 53(호림박물관)
268호	초조본 아비담비파사론 권11, 17	고려	서울특별시 관악구 남부순환로152길 53(호림박물관)
269호	초조본 불설최상근본대락금강불공삼매대교왕경 권6	고려	서울특별시 관악구 남부순환로152길 53(호림박물관)
270호	청자 모자원숭이모양 연적	고려	서울특별시 성북구 성북로 102-11(간송미술관)
271호	초조본 현양성교론 권12	고려	서울특별시 용산구 서빙고로 137(국립중앙박물관)
272호	초조본 유가사지론 권32	고려	서울특별시 용산구 서빙고로 137(국립중앙박물관)
273호	초조본 유가사지론 권15	고려	서울특별시 용산구 서빙고로 137(국립중앙박물관)
~~274호~~	~~귀함별황자총통(1596년조)~~	~~조선~~	~~경상남도 진해시 앵곡동 해군사관학교박물관~~ (1996. 08. 31. 해제(모조품))
275호	도기 기마인물형 뿔잔	삼국시대(5세기)	경상북도 경주시 일정로 186(국립경주박물관)
276호	초조본 유가사지론 권53	고려	인천광역시 연수구 청량로102번길 40-9(가천박물관)
277호	초조본 대방광불화엄경 주본 권36	고려	강원도 원주시
~~278호~~	~~태종11년이형원종공신록권부함~~	~~조선 태종 11년~~	~~충북 영동군~~ (2010. 08. 25 해제 보물 제 1657로 변경)
279호	초조본 대방광불화엄경 주본 권74	고려	서울특별시 서초구 바우뫼로7길 111
280호	성거산 천흥사명 동종	고려(1010년)	서울특별시 용산구 서빙고로 137(국립중앙박물관)
281호	백자 병형 주전자	조선	서울특별시 관악구 남부순환로152길 53(호림박물관)
282호	영주 흑석사 목조아미타여래좌상 및 복장유물	조선(1458년)	경상북도 영주시 이산면 이산로 390-40, 대구광역시 수성구 청호로 321(국립대구박물관)
282-1호	불상	조선(1458년)	경상북도 영주시 이산면 이산로 390-40
282-2호	전적	조선(1458년)	대구광역시 수성구 청호로 321(국립대구박물관)
282-3호	직물류	조선(1455년)	대구광역시 수성구 청호로 321(국립대구박물관)
282-4호	기타 복장물 오향, 칠약, 오곡, 칠보류, 사리함	조선	대구광역시 수성구 청호로 321(국립대구박물관)
283호	통감속편	조선(1422년)	경기도 성남시 분당구 하오개로 323(한국학중앙연구원)
284호	초조본 대반야바라밀다경 권162, 170, 463	고려	서울특별시 강남구 연주로
285호	울산 대곡리 반구대 암각화	청동기시대	울산광역시 울주군 언양읍 반구대안길 285
286호	백자 '천''지''현''황'명 발	조선	서울특별시 용산구 이태원로55길 60-16(리움미술관)
287호	백제 금동대향로	백제	충청남도 부여군 부여읍 금성로 5(국립부여박물관)
288호	부여 능산리사지 석조 사리감	백제(567년)	충청남도 부여군 부여읍 금성로 5(국립부여박물관)
289호	익산 왕궁리 오층석탑	고려	전라북도 익산시 왕궁면 왕궁리 산80-1
290호	양산 통도사 대웅전 및 금강계단	조선(1645년)	경상남도 양산시 하북면 통도사로 108
291호	용감수경 권3~4	고려(997년)	서울특별시 성북구 안암로 145(고려대학교 안암캠퍼스)
292호	평창 상원사 중창권선문	조선(1464년)	강원도 평창군 진부면 동산리 63(성보박물관)

종목	이름	시대	장소
293호	부여 규암리 금동관음보살입상	백제	충청남도 부여군 부여읍 금성로 5(국립부여박물관)
294호	백자 청화철채동채초충문 병	조선	서울특별시 성북구 성북로 102-11(간송미술관)
295호	나주 신촌리 금동관	백제	광주광역시 북구 매곡동 산83-3(국립광주박물관)
296호	칠장사오불회괘불탱	조선	경기도 안성시 죽산면 칠장로 399-18
297호	안심사영산회괘불탱	조선(1652년)	충청북도 청원군 남이면 사동길 169-28
298호	갑사삼신불괘불탱	조선(1650년)	충청남도 공주시 계룡면 갑사로 567-3
299호	신원사노사나불괘불탱	조선(1644년)	충청남도 공주시 계룡면 신원사동길 1
300호	장곡사미륵불괘불탱	조선(1673년)	충청남도 청양군 대치면 장곡길 241
301호	화엄사영산회괘불탱	조선(1653년)	전라남도 구례군 마산면 화엄사로 539
302호	청곡사영산회괘불탱	조선(1722년)	경상남도 진주시 금산면 월아산로1440번길 138(문화박물관)
303호	승정원일기	조선(1910년)	서울특별시 관악구 관악로 1
304호	여수 진남관	조선(1718년)	전라남도 여수시 동문로 11
305호	통영 세병관	조선(1604년)	경상남도 통영시 세병로 27
306호	삼국유사 권3~5	조선	서울특별시 종로구
306-2호	삼국유사	조선(1512년)	서울특별시 관악구 관악로 1(서울대학교)
307호	태안 동문리 마애삼존불상	백제	충청남도 태안군 태안읍 원이로 78-132
308호	해남 대흥사 북미륵암 마애여래좌상	고려	전라남도 해남군 삼산면 구림리 산8-1
309호	백자 달항아리	조선	서울특별시 용산구 이태원로55길 60-16(리움미술관)
310호	백자 달항아리	조선	서울특별시 종로구 효자로 12(국립고궁박물관)
311호	안동 봉정사 대웅전	조선	경상북도 안동시 서후면 봉정사길 222
312호	경주 남산 칠불암 마애불상군	통일신라	경상북도 경주시 남산동 산36-4
313호	강진 무위사 극락전 아미타여래삼존벽화	조선(1476년)	전라남도 강진군 성전면 월하리 1194
314호	순천 송광사 화엄경변상도	조선	전라남도 순천시 송광면 송광사안길 100
315호	문경 봉암사 지증대사탑비	통일신라	경상북도 문경시 가은읍 원북길 313
316호	완주 화암사 극락전	조선(1605년)	전라북도 완주군 경천면 가천리 1078
317호	조선 태조 어진	조선	전라북도 전주시 완산구 태조로 44 어진박물관

찾아보기

ㄱ

강릉 굴산사지 당간지주 ············ 220
강릉 굴산사지 승탑 ················ 190
강릉 신복사지 3층석탑 ············ 122
강릉 신복사지 석조보살좌상 ······· 165
강진 무위사 극락전 아미타여래삼존벽화 230
강진 무위사 극락전 ·················· 61
강진 무위사 선각대사편광탑비 ····· 202
강진 월남사지 3층모전 석탑 ······· 134
강화 고인돌 ······················· 304
강화 마니산 참성단 ················ 350
강화 산성 ························· 285
강화 전등사 대웅전 ·················· 48
강화 전등사 약사전 ·················· 70
강화 정수사 법당 ···················· 44
거창둔 마리 벽화고분 ············· 313
경복궁 ····························· 259
경복궁 근정전 ····················· 259
경주 감산사 석조미륵보살입상 ····· 159
경주 감산사 석조아미타불입상 ···· 155
경주 감은사지 동·서 3층석탑 ······ 113
경주 고선사 서당화상비 ··········· 198
경주 고선사지 3층석탑 ············ 112
경주 구황동 금제여래입상 ········· 154
경주 구황동 금제여래좌상 ········· 156
경주 기림사 건칠보살반가상 ······· 170
경주 기림사비로자나삼불회도 ····· 229
경주 남산 동·서 3층석탑 ·········· 134
경주 남산 불곡석불좌상 ··········· 151
경주 남산 탑곡마애불상군 ········· 159
경주 배리 석불입상 ··············· 150
경주 분황사 모전석탑 ············· 131
경주 불국사 3층석탑 ·············· 111
경주 불국사 다보탑 ··············· 110
경주 불국사 연화교 및 칠보교 ····· 329
경주 불국사 청운교 및 백운교 ····· 329

경주 서악동 3층석탑 ·············· 133
경주 서악리 마애석불상 ··········· 150
경주 석굴암 본존불상 ············· 158
경주 석빙고 ······················· 341
경주 월성 ························· 275
경주 읍성 ························· 293
경주 천마총 ······················· 310
경주 첨성대 ······················· 349
경주 황남대총 ····················· 311
경희궁 ····························· 266
경희궁 숭정전 ····················· 267
고성 건봉사 능파교 ··············· 336
고성 건봉사 불이문 ················· 99
고양 서오릉 ······················· 322
고창 고인돌 ······················· 305
고창 문수사 문수전 ················· 80
고창 선운사 대웅전 ················· 50
고창 선운사 도솔암 마애불 ······· 146
고창읍성 ··························· 288
곡성 태안사 일주문 ················· 90
곡성 태안사 적인선사탑 ··········· 187
공주 갑사 승탑 ··················· 192
공주 공산성 ······················· 286
공주 마곡사 대광보전 ··············· 56
공주 마곡사 응진전 ················· 77
공주 마곡사 천왕문 ················· 96
공주 마곡사 해탈문 ················ 100
공주 무령왕릉 ····················· 309
공주 영은사 칠성탱화 ············· 234
공주 청량사지 5층석탑 ············ 124
광양 중흥산성 쌍사자석등 ········ 211
괴산 원풍리 마애이불병좌상 ······ 166
구례 화엄사 각황전 앞 석등 ······ 209
구례 연곡사 동부도 ··············· 177
구례 화엄사 대웅전 ················· 53
구리 동구릉 ······················· 321

구리 동구릉 건원릉 정자각	318
구미(선산) 해평동 석조여래좌상	160
구미 낙산리 3층석탑	133
구미 선산읍 관음보살입상	152
구미 죽장리 5층석탑	132
군위 아미타여래 삼존석굴	157
군위 인각사 보각국사탑	193
군위 지보사 3층석탑	121
금동계미명삼존불	144
금동미륵보살반가사유상	148, 149
금동신묘명삼존불	145
김제 금산사 5층석탑	119
김제 금산사 당간지주	222
김제 금산사 미륵전	66

ㄴ

나주 서성문안 석등	204
남양주 봉선사 동종	247
남양주 홍릉과 유릉	323
남원 실상사 석등	210
남원 실상사 동·서 3층석탑	114
남원 실상사 백장암 3층석탑	113
남원 실상사 수철화상(능가보월)탑	186
남원 실상사 증각대사탑	186
남한산성	284
논산 개타사지 석불입상	163
논산 관촉사 석등	213
논산 관촉사 석조미륵보살입상	162

ㄷ

달성 현풍 석빙고	345
담양 개선사지 석등	204
덕수궁(경운궁)	264
덕수궁 중화전	265

ㅁ

문경 관문성	285
문경 봉암사 지증대사적조탑	188

ㅂ

보은 법주사 마애불	146
보은 법주사 사천왕 석등	208
보은 법주사 쌍사자 석등	210
보은 법주사 금강문	93
보은 법주사 팔상전	73
보은 삼년산성	275
부산 범어사 동종	251
부산 범어사 조계문	89
부안 개암사 대웅전	52
부안 내소사 대웅보전	51
부안 내소사 동종	245
부여 가림성	291
부여 대조사 석조미륵보살입상	162
부여 무량사 극락전 아미타여래삼존좌상	171
부여 정림사지 5층석탑	107
북한산성	274

ㅅ

산청 율곡사 대웅전	54
상원사 동종	240
서산 개심사 대웅전	42
서산 마애삼존불상	147
서산 보원사지 법인국사보승탑	191
서산 해미읍성	287
서울 계동 관상감 관천대	351
서울 삼양동 금동관음보살입상	152
서울 석촌동 고분군	308
서울 성곽	279
서울 원각사지 10층석탑	125
서울 풍납동 토성	273
서울 헌릉과 인릉	325
서울 화계사 동종(사인비구)	250
선죽교	330
성거산천흥사명 동종	243
성남 망경암 마애여래좌상	146
성남 봉국사 대광명전	59
성덕대왕신종	242
송광사 삼청교 및 우화각	337
수원 팔달문	282
수원 화서문	283
수원 화성	282

수원 화성 행궁· · · · · · · · · · · · · · · · · · · 267
순천 선암사 33조사도 · · · · · · · · · · · · 233
순천 선암사 승선교· · · · · · · · · · · · · · · 334
순천 선암사 일주문· · · · · · · · · · · · · · · 83
순천 선암사 팔상전· · · · · · · · · · · · · · · 74
순천 송광사 약사전· · · · · · · · · · · · · · · 71
숭례문(남대문) · · · · · · · · · · · · · · · · · · 280

ㅇ

안동 봉정사 극락전· · · · · · · · · · · · · · · 62
안동 봉정사 대웅전· · · · · · · · · · · · · · · 41
안동 석빙고 · 342
안동 운흥동 5층전탑 · · · · · · · · · · · · · 128
안동 이천동 마애여래입상· · · · · · · · · 168
안동 조탑동 5층전탑 · · · · · · · · · · · · · 129
안양 중초사 지당간지주· · · · · · · · · · · 223
양산 통도사 금강계단· · · · · · · · · · · · · 184
양산 통도사 대광명전· · · · · · · · · · · · · 57
양산 통도사 반야용선도· · · · · · · · · · · 60
양산 통도사 불이문· · · · · · · · · · · · · · · 99
양산 통도사 영산전 팔상도 · · · · · · · · 228
양산 통도사 응진전· · · · · · · · · · · · · · · 77
양산 통도사 천왕문· · · · · · · · · · · · · · · 97
양양 낙산사 7층석탑 · · · · · · · · · · · · · 126
양양 진전사지 3층석탑 · · · · · · · · · · · 115
양주 회암사지 무학대사앞 쌍사자 석등 216
양주 회암사지 무학대사탑· · · · · · · · · 195
여수 흥국사 16나한도 · · · · · · · · · · · · 232
여수 흥국사 홍교· · · · · · · · · · · · · · · · · 335
여주 고달사지 쌍사자 석등 · · · · · · · · 214
여주 신륵사 보제존자석종앞 석등 · · 214
여주 고달사지승탑 · · · · · · · · · · · · · · · 189
여주 신륵사 다층석탑· · · · · · · · · · · · · 126
여주 신륵사 다층전탑· · · · · · · · · · · · · 130
여주 신륵사 보제존자석종· · · · · · · · · 183
여주 영릉과 영릉· · · · · · · · · · · · · · · · · 324
연가7년명금동여래입상· · · · · · · · · · · 143
연천 삼곶리돌무지무덤 · · · · · · · · · · · 301
영양 산해리 5층모전석탑 · · · · · · · · · 131

영주 부석사 무량수전 앞 석등· · · · · · 206
영주 가흥리 마애여래삼존불상· · · · · 146
영주 부석사 3층석탑 · · · · · · · · · · · · · 116
영주 부석사 당간지주· · · · · · · · · · · · · 221
영주 부석사 무량수전· · · · · · · · · · · · · 63
영주 성혈사 나한전· · · · · · · · · · · · · · · 78
영주 숙수사지 당간지주· · · · · · · · · · · 222
영천 은혜사 백흥암 극락전· · · · · · · · 64
예산 수덕사 대웅전· · · · · · · · · · · · · · · 45
예천 용문사 대장전· · · · · · · · · · · · · · · 43
완주 송광사 금강문· · · · · · · · · · · · · · · 93
완주 송광사 나한전· · · · · · · · · · · · · · · 79
완주 송광사 일주문· · · · · · · · · · · · · · · 88
운현궁· 268
울산 용화사 산신도· · · · · · · · · · · · · · · 235
울진 불영사 응진전· · · · · · · · · · · · · · · 76
원주 법천사 지광국사현묘탑비· · · · · 202
원주 법천사 지지광국사현묘탑· · · · · 181
원주 영전사 지보제존자사리탑· · · · · 182
원주 흥법사 지진공대사탑· · · · · · · · · 193
원주 흥법사 진공대사비· · · · · · · · · · · 201
의성 탑리리 5층석탑 · · · · · · · · · · · · · 112
의왕 청계사 동종(사인비구)· · · · · · · · 250
익산 남원사 미륵전· · · · · · · · · · · · · · · 67
익산 미륵사지 석탑· · · · · · · · · · · · · · · 108
익산 토성 · 292
임실 용암리(진구사지) 석등 · · · · · · · · 209

ㅈ

장흥 보림사 남·북 3층석탑 · · · · · · · 114
장흥 보림사 보조선사탑· · · · · · · · · · · 187
장흥 보림사 보조선사탑비· · · · · · · · · 158
장흥 보림사 사천왕문· · · · · · · · · · · · · 97
전흥법사 염거화상탑 · · · · · · · · · · · · · 174
제천(월악산) 덕주사 마애여래입상· · · · 166
제천 사자빈신사지 사사자 9층석탑· · · 120
제천 장락동 7층모전석탑 · · · · · · · · · 132

ㅊ

창경궁 관천대 · · · · · · · · · · · · · · · · · · 351

창경궁	262
창경궁 명정전	263
창경궁 옥천교	333
창녕 관룡사 약사전	69
창녕 관룡사 대웅전	49
창녕 석빙고	343
창녕 영산만년교	331
창덕궁	260
창덕궁 인정전	261
창령 영산 석빙고	346
천안 천흥사지 당간지주	224
철원 도피안사 3층석탑	115
철원 도피안사 철조비로자나불좌상	156
청녕4년명 동종	244
청도 석빙고	34
청양 장곡사 상대웅전	46
청양 장곡사 금동약사여래좌상	165
청양 장곡사 하대웅전	47
춘천 근화동 당간지주	224
충주 미륵리사지 사각 석등	213
충주 정토사지 흥법국사실상탑	179
충주 청룡사 보각국사정혜원융탑	180
충주 청룡사 보각국사탑 앞 사자석등	216
칠곡 송림사 5층전탑	129

ㅌ

탑산사 명동종	245
태안 마애삼존불	147
태자사 낭공대사 백월서운탑비	202

ㅍ

파주 보광사 숭정7년명 동종	249
파주 용미리 마애불입상	167
평창 상원사 문수전	81
평창 월정사 8각9층석탑	118

ㅎ

하동 쌍계사 금강문	92
하동 쌍계사 나한전	79
하동 쌍계사 일주문	89
하동 쌍계사 진감선사대공탑비	199
하동 쌍계사 천왕문	95
하동 쌍계사 팔상전	74
하동 쌍계사 팔상전 영산회상도	227
함양 벽송사 3층석탑	127
함양 용추사 일주문	88
함평 고막리 고막교	332
합천 영암사지 쌍사자석등	211
합천 해인사 동종	248
해남 대흥사 대광명전	58
홍천 수타사 동종(사인비구)	250
홍천 희망리 당간지주	225
화성 용주사 동종	244
화순 고인돌	306
화순 쌍봉사 철감선사징소탑비	198
화순 쌍봉사 철감선사탑	178
화순 운주사 9층석탑	123
화순 운주사 와불	169
화순 운주사 원형다층석탑	123
흥국사 수월관음도	231
흥인지문(동대문)	281
흥천사명 동종	247

지수와 함께 떠나는
문화유산을 찾아서

초판인쇄 2013년 1월 3일 1판 1쇄 인쇄
초판발행 2013년 1월 7일 1판 1쇄 발행
저자 김광호 / 발행인 김상일 / 발행처 혜성출판사 / 편집 미학 / 표지 미학
등록 제5-597호 / 주소 서울특별시 동대문구 신설동 114-91 삼우B/D A동 205호
구입문의 TEL : 02-2233-4468 FAX : 02-2253-6316
홈페이지 www.hyesungbook.com
ISBN 978-89-91423-88-6 (03910)
정가 / 값 17,000원 (문화유산 답사 수첩 포함)
※ 이 책의 무단 복제, 복사, 전재 행위는 저작권법에 저촉됩니다.
※ 파본은 구입처에서 교환하실 수 있습니다.
※ 문화유산 해설 동영상 강의는 홈페이지 참조.